뱀파이어, 이미지에 관한 생각

뱀파이어, 이미지에 관한 생각

김성태 지음

불란서책방

일러두기

1. 이 책에서 영화명은《 》로, 잡지와 도서명은『 』로, 논문과 글은「 」로 표기했다.
2. 이름과 제목 등 고유명사의 원어, 인물의 생몰연도는 필요한 경우에만 병기했다.
3. 저자의 화법을 드러내기 위해 구어와 문어를 함께 사용했으며 첨언과 부연을 ( )로 넣었다.
4. 인용문에서 독자의 이해를 위해 첨언을 한 부분은 [ ] 표시로 구분했다.

건너기 전의 다리 이 편에서

여기 뱀파이어에 대한 보고서가 있다. 물론, 그 존재에 대해 다룬 훌륭한 책들은 넘쳐난다. 이 보고서는 특이할 뿐이다. 왜냐하면 그를 '영화'와 이어서 말하고 있기 때문이다. 먼저, 이 표기부터 분명하게 해두어야겠다. 영화에 관한 모든 책에서 내가 쓰는 표기는 항상 정해져 있다. 따옴표로 강조한 '영화'와 문장부호가 없는 영화이다. 따옴표가 붙은 '영화'는 시네마cinema를 지시한다. 우리가 극장에 가서 보는 하나하나의 필름들이 아니라, 그것을 만들어내고 작동하게 한, 19세기 발명품으로서의 시네마 말이다. 반면, 따옴표 없는 영화는 바로 그 자식인 개개의 서사를 담은 영화들을 말한다. 이 구별, 늘 강조하지만 아주 중요하다. 방식으로서의 '영화'와 그 방식이 적용된 결과물이라고 생각하면 될 것이다. 종종 착각하는 것 같은데, 엄밀히 말하면 우리는 영화들을 분석하지 않는다. 거기에서 작동하는 '영화'를 분석한다. 그가 그렇게 작동해서 그 영화가 만들어지기 때문이다.

이렇게 보면, 사실 '영화'는 아직도 우리에게 생소한 대상이다. 우리가 잘 안다고 생각하는 것은 대개 영화들이며, 어렴풋이 '영화'의 작동법도 고려하기는 하지만, 자주, 영화들이 빚어낸 '서사'에 그치곤 한다. '영화'는 엄밀히 말해, 역사적으로 이제 막 시작한 존재이다. 이제는 백삼 십여년 되었는데, 자기를 드러내기도 했지만, 그가 자리 잡기 이전의 것들을 따라잡는 일부터 자기의 방식으로 소화하는 일, 거기에 대부분 매달렸다. 그 '영화'가 과거의 채무에서 벗어난 것은 그리 오래된 일은 아니다. '영화'가 문학이나 회화의 세계와는 다른 세계를 펼치는 것은 지극히 최근이다. 우리 인류의 의식 수준에서 잠재적으로 작동하는 문학과 회화 등의 전통 예술은 결과물들과 상관없이 이미 사고의 방식으로 자리 잡았고, '영화'는 자신도 그러한 사고방식이라는 것을 여전히 더디긴 하지만 열심히 채워나가고 있기 때문이다. 물론 과거 안에서도 얼마든지 그 시도를 찾을 수 있다. 그러나, 언제나 부분이었지, 완벽하게 자기 방식을 드러내지 않았다. '영화'가 우리를 바라보듯, 관객인 우리가 '영화'의 그 시도를 봐 줄 생각이 없으면, 그가 자신을 떳떳하게 보여줄 수 없기 때문이다. 이 책은 사실 이 과정에 대해서 묻는 것이기도 하다. '영화'의 방법들이 무엇이며, 어떻게 작동하고, 기원들을 뒤지지만, 이제 막 시작이라는…. 이 방법을 이해하는 데 '뱀파이어'가 관련된다. 아니, 이 무슨 뜬금없는?

소재로서의 뱀파이어가 아니다. 뱀파이어라는 존재가 지닌 문제인데, 물론 '악'의 개념과 긴밀한 끈이 있지만 그처럼 존재의 정체를 파악하겠다는 말은 아니다. 하긴 당연히 우리는 뱀파이어를 캐는 이상,

그의 그림자로 작용하는 '악'의 역사도 돌아볼 것이다. 하지만 악이란 무엇인가, 뱀파이어란 어떤 존재인가에 초점을 맞추지는 않는다. 악은 이 세계의 것이 아니다. 이 세계에 침투했을 뿐이지, 그는 다른 차원의 존재이고 어쩌면 그 때문에 이 세상에서 그와 마주했을 때, 끔찍해진다. 여기 있어서는 안 되는 것이 여기 있는 셈이니까. 뱀파이어의 서사는 온통 그러한 공포로 채워져 있지 않은가? 그런데, 바로 그렇기에 그들에게는 차원의 넘나듦에 관한 문제가 끼어있다. 우리들 인간이 세계라는 것을 인식할 때 발생하고 있는 차원의 개념들 말이다. 이러한 차원의 뒤섞임은 냉정히 말하면 '악' 자체가 지니기보다는 세계가 지니고 있는 문제이다. 그렇게 바라보면, 차원에 대한 인간의 보편적 문제들을 생각해 볼 수 있는데, 그것과 '영화'의 작동이 지니고 있는 인접성, 바로 그가 우리의 관심사이다.

*

이 책은 내가 '영화학'에 첫 발을 담글 무렵부터 시작된, 아주 오래된 구상이다. 그것은 레이몽 벨루의 수업을 들을 때, 혹은 1992년, 사실 같은 해였는데, 프란시스 포드 코폴라의《브램 스토커의 드라큘라》를 보았을 때, 시작되었다. 그래, 역시 행운이었다. 벨루 교수의 '최면Hypnose' 강의, 코폴라의 영화, 둘 중의 하나라도 없었다면 이 세계의 매혹에 빠져 춤을 출 생각은 하지도 않았을 테니까. 정신이 두들겨 맞은 듯한 아득함, 기억의 틈새로 빠져나가 여기저기 흩어진 의식들, 하지만 의식의 저편을 거닐며 이미지들이 넘쳐나는 매혹을 맛보게 한 것이

벨루 교수의 강의였다면, 오히려 거기에서 다시 집으로, 빠져든 것에 관해 생각하는 시간으로 돌아오도록 한 것은 코폴라의 영화였기 때문이다(그 반대기 아니라는 점을 따져보기를). 겨울의 입구였는데, 밤거리, 인적도 끊긴 어두운 길을 걸어 '진짜 집'으로 걸어오는 그날의 기억은 지금도 분명하다. 나는 공포영화를 좋아하지 않는다. 지금도 그러한데, 하지만 그냥 즐긴다. 거기에, 묘하게도 '영화'가 버무려져 있으니까. 하긴 그런 시대는 지나가는 것 같다. 요즈음에는 삶에서나 영화에서의 '공포'는 그저 다루는 대상에 지나지 않으니….

'영화'를 설명하고 이해하는 경로는 무수하다. 이 책은 당연히 그렇게 열려 있는 많은 길 중의 하나이다. 『영화의 역사-첫 번째 발걸음』을 작년에 마감했는데, 수순대로라면 2부인 두 번째 발걸음을 걷고 있어야 하지만, 1부에 해당하는 지난 작업에서 '영화'의 의미를 덜 풀었다는 아쉬움이 있었다. 역사책은 하지만 그에 관한 모든 포괄적인 이론들을 죄다 풀어내는 자리는 아니다. 해서 매혹의 창고에서 '뱀파이어'를 꺼내 들었다. 이미 말했듯이 그때 시작했다는 말이 아니고 이미 상당 부분 쓰여 있는 것을 '구성'을 위해 손에 잡았다는 말이다. 최근 영화까지 들먹이고 있지만, 여기에 나와 있는 '영화'의 개념은 오히려 『영화의 역사 – 첫 번째 발걸음』에 해당한다. 그 시기, 무성의 시기에 멈췄다는 말이 아니다. '영화'가 근본적으로 지니고 있는 개념, 그것이 구축되는 시기였다는 뜻이고, 따라서 시간에 구속되지 않는다. 왜냐하면 이 '영화', 이 '미지'의 힘은 앞으로도 사라지지 않을 것이기 때문이다. 사라지기는커녕, 더 강해지고 있으며, 그렇게 '영화'가 있는 한, 끝까지 갈 것이다. 그래, 『영화의 역사-첫 번째 발걸음』은 이 기간의 문제만 제외하면 끝나지 않을 영화들에 대한 이야기이다. 2부에 해당하는 『영화의 역사 – 두 번째 발걸음』은 물론 내년 중에 나올 것이다. 1부와 이 끔찍한 뱀파이어를 털어냈으니, 이제는 2부, 두 번째 발걸음을 마감할 때다. 하긴, 내 목의 구멍을 타고 흘러든 징그러운 그의 타액이 몸 어딘가를 여전히 돌아다니겠지만 말이다. 그래서인지 연이어 두 권을 더 써보려 한다(나는 책을 내겠다고 글을 쓰는 사람이 아니다. 그저 매일, 읽고, 생각하고, 쓰고, 본다! 그렇게 이것저것 다양한 것들이 이미 내 창고들에 그득하다).

본문에서도 언급될 '기괴한 것들'이 그중 하나이다. 영화들이 애호하는 것이기도 하며, 우리 삶에 편만한 내용이기도 하다. 사실 '기괴함', 이 역시 보고 싶지 않은데, 눈을 떼지 못하는 마성이 있다. 그러고 보면, '영화'가 얼마나 그것을 연모해 왔던가 ?

그런데 '기괴함'이라 하면 몇 발짝 안 떨어진 곳에 기거하는 인물이 있다. 바로 '데이비드 린치'! 그가 두 번째가 될 것이다. 데이비드 린치야말로 영화들을 너무나 잘 다루니, '영화'를 말하기 위해서도 아주 좋은 양식糧食이겠지만, 그 모든 것을 다 떠나서 나는 그가 보여준 것들처럼 매혹적인 것들을 본 일이 없다. 그래, 결국 '매혹'이다. 지식이나 창조나, 하는 모든 일의 근본에는 이 자가 존재한다. 그렇지 않은가, 도대체 '매혹'이 없다면 어떻게 살아가겠는가?

이 책은 그러한 연장으로 가는 돌이다. 그렇게 세 개의 돌다리를 놓으면, 어두움에 대한 글은 마감될 수 있으리라. 그 이상의 어둠, '악'에서 '악마'로 넘어가기는 싫으니까.

*

고다르라는 우리가 기억하는 멋진 사람이 그런 영화를 만든 적이있다:《다른 것들과 같은 영화un film comme les autres》!

내 책도 그러하다. 다른 것들과 같은 책이다. 하지만 다른 것들과 별개로 만들어진 또 하나이기에, 아주 중요한 의미가 들어가는데, 다른 것들과 다른 시선이 있다는 말이다. 나는 다르게 본다. 사실 언제나 그러려고 애를 쓰고, 써왔다. 다르지 않으면, 같아야 할 마땅한 것들도 없으니까.

이 책의 선택을 가능하다고 보아준, 내 친구 김영신에게 감사한다. 그가 아니라면 아직도 한참의 여남은 시간을 들여서야 가능했을 일이고, 어쩌면 게으름 탓에 기어이 생각만 하고 끄적거리다 멈추었을지도 모른다. 그와 만나서 걸어온 길은 오래됐다. 하지만 처음에는 그가 내 글을 마무리 짓는 일을 하리라고 짐작도 못 했다. 그런데, 문득 이 책을 쓰면서 발견한 사실이 있다. 내가 내 의지로 영화에 대해서 말하려고 했던 책마다 항상 그가 있었다는 사실이다. 멀어 보이고 관계없어 보이지만 삶은 이처럼 묘한 끈들로 이어진다. 아무쪼록 내 책이 그에게도 마음에 드는 성과를 주었으면 좋겠다. 그러기 위해서는 역시 내가 더 열심히 해야겠지만.

언제나 그렇듯, 가족에게 감사한다. 나는 몇 년째, 살림을 하며 어머니를 '모시고' 있는데, 천만에, 나는 남들이 말하듯 그렇게 '모시고' 있었던 게 아니다. 어머니가 당신 삶의 여남은 조각에 기운을 내어 버텨주지 않았다면 오히려 내가 폐인이 되었을 것이다. 혼자뿐이라면 제대로 먹지도, 때에 따라 건강을 챙기지도 못했을 테니까. 가끔 드는 생각인데, 어머니께서 계셔서 덩달아 나도 건강을 유지하고 의식을 유지한다. 가족들은 그렇다. 그저 '있음'으로 버티게 만든다. 은희, 영우, 소영, 늘 미안하고, 늘 그들에게 볼품없다. 그래도 가족으로 남아있게 해주어 감사하다. 그리고 항상 가족이었던 또 하나, 하나님께도 당연히 감사한다. 하도 편만해서 종종 잊지만, 어쩌면 이 책이 '악'을 다루는 데서 유독 떠올랐는지 모른다. '악'을 생각하면 방패막이가 필요하니까. 그는 칼로도, 주먹질로도, 기계로도 상대할 수가 없다. 그의 상대는 내가 될 수 없다. 언제나 하나님뿐이다.

— 궁색하지만… 덕분에 달리 비빌 것이 없어 생각에 잠기게 되는
내 반평짜리 공간에서….

차례

II. 어지러진 '사건의 지평선event horizon'

I.

드라큘레아Drăculea에서 노스페라투Nosferatu

1. 드라쿨레아Drăculea, 19C

이 괴물이 런던으로 가는 것을 내가 돕고 있었다니. 이자가 런던으로 가면 무슨 일이 생길 것인가? 아마도 장차 수백 년 동안 그는 수백만 이나 되는 그 풍부한 희생양들 속에서 피에 대한 그의 욕망을 마음껏 충족시킬 수 있을 것이며, 반은 사람이고 반은 악마인 새로운 집단이 형성되어 힘없는 사람들을 제물로 삼으면서 점점 퍼져 나갈 것이다. 생각만 해도 몸서리가 쳐지는 일이었다.

— 브램 스토커, 『드라쿨라』

1) 끔찍함의 기원 — 악과 마법, 마녀

여기 가톨릭 교구에 제출된 보고서가 있다. 마을 외곽의 무덤가, 사건의 출발은 비슷하고 경과와 결과가 얼마간 다르다. 대체로 묻은 지 얼마 되지 않은 시체이며, 그가 살아 돌아오거나(우리와 같은 의식을 지녔다면 이 표현을 사용하지는 않았겠지만, 당시는 11세기이다), 그/그녀/아이의 관이 파헤쳐져 심하게 무언가에 의해 뜯어먹힌 데 대한 보고서들이다.

물론, 11세기 이전에도 이러한 '일들'은 도처에서 회자하였을 것이다. 기록으로 남은 보고서는 하지만 그다지 많지는 않다. 사실상 사회적 의미로 볼 때, 이 시기까지는 이러한 현상들, 사건들은 그리 심각하게 다뤄지지 않았다. 할머니가 들려주는 무서운 이야기 수준보다는 좀

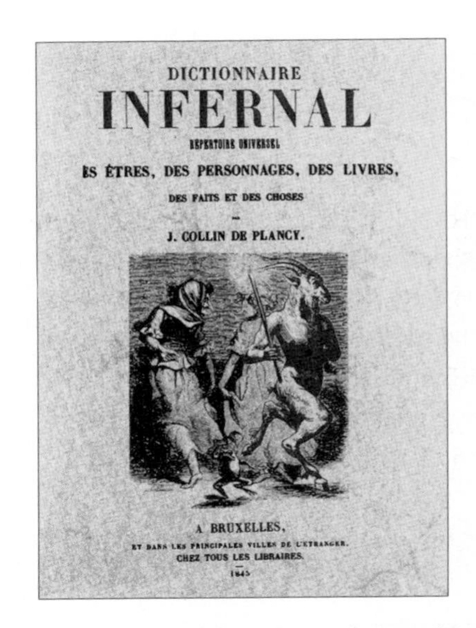

DICTIONNAIRE

INFERNAL

RÉPERTOIRE UNIVERSEL

ES ÊTRES, DES PERSONNAGES, DES LIVRES,

DES FAITS ET DES CHOSES

J. COLLIN DE PLANCY.

A BRUXELLES,

ET DANS LES PRINCIPALES VILLES DE L'ÉTRANGER.

CHEZ TOUS LES LIBRAIRES.

1845

지옥의 사전(Dictionnaire infernal) 1845 이들 보고서와 각종 자료를 모아, 자끄 알뱅 시몽 꼴랭 드 쁠랑시 Jacques Albin Simon Collin de Plancy (1793–1881)가 『지옥의 사전Dictionnaire Infernal』 (Imp. Plancy–l'Abbaye)을 출간했다. '쁠랑시–라바이'는 꼴랭 드 쁠랑시가 운영했던 출판 서점이다. 산송장에관한 1081년의 알사스 지방의 한 주교의 보고서 내용이 이 사전에 기록되어 있다. 당시 보고서는 파문을 당하고 죽은 기사를 매장한 뒤, 여러 곳에서 살아 돌아다니는 그를 목격한 이야기를 담고 있으며, 연이은 사전 항목들에서는 그보다 연대가 이후이기는 하지만 반쯤 뜯어먹힌 시체, 죽은 지 얼마 안 되어 피가 마른 시체 등에 대한 기록들이 첨부된다. 산송장과 관련된 기록은 대체로 10세기에서 12세기에 퍼져 있으며, 이후로는 서서히 나중에 '브리콜라카스'의 한 유형이 될 수 있는 늑대를 비롯한 짐승으로 화한 죽은 자들의 이야기들이 나타난다(이 브리콜라카스에 대해서는 우리가 다른 부분에서 자세히 다룰 것이다).[1]

더 구체적이고 사실화되어 있기는 했지만, 아직 이 시대는 악의 형상화에 주목하지 않았다. 물론, '공포'에 관한, '피'에 관한, '괴물들'과 유령들에 대한 수많은 담론은 더욱 오래된 시간을 건드리고 탐색한다. 진지한 탐구 논문들부터 대중들을 위한, 그러나 나름 역사적 사실들을 캐며 정리한 갈리마르 총서에 이르기까지 아주 먼 시대를 더듬곤 한

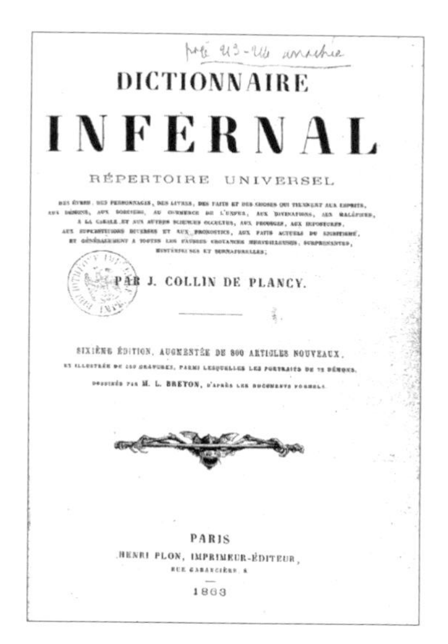
DICTIONNAIRE

INFERNAL

RÉPERTOIRE UNIVERSEL

PAR J. COLLIN DE PLANCY.

SIXIÈME ÉDITION, AUGMENTÉE DE 800 ARTICLES NOUVEAUX,

PARIS

HENRI PLON, IMPRIMEUR-ÉDITEUR,

1863

지옥의 사전(Dictionnaire infernal) 1863

악마의 명부

다. 기원을 찾는 일은 늘 그렇다. 구체적인 사실들 이전으로 넘어가, 맹아, 혹은 잠재 상태의 희미한 그림자들을 뒤지는 작업이며, 그로부터 의미망을 엮는 작업이기 때문이다. 하지만—

나는 좀 다르게 출발하고 싶다. 그 아득한 시간대를 넘보는 일은 즐

---

1) 이 『지옥의 사전』은 당시 자료의 보충과 수정(이 시대는 사실적 '자료'라는 의미가 불분명했던 때이다)에 따라 다양한 버전이 있으며, 동시에 빈번하게 수정되어 재판된 판본들이 존재한다. 위의 사진은 1845년 판형이며 가장 유명한 것은 두 번째의 1863년 판이다. 프랑스의 해양 풍경 화가로 유명한 루이 르 브르똥Luois Le Breton (1818~1866)의 삽화가 들어갔으며 공식적인 의미에서 악마의 일반적 형상을 제시한 것으로 유명하다. 세 번째의 그림이 바로 그가 이 사전에 첨부한 '악마의 명부'를 모아놓은 것이다.

겁지만, 사람들의 머릿속에 '실재화된 의미'가 형성된 기점을 잡는다면 그만큼 내려갈 일은 없기 때문이다. 이 시기에 '악마'는 교회에서나 떠들어대고 유포하며 그 이데올로기에 의해서 무지한 평민들을 협박하던 때였을 뿐, 그 정체조차 명확하게 그려지지 않는 대상이었을 뿐이다. 그것이 의식 속에서 보편적 조건에서 구체화되기까지는 꽤 시간이 걸렸고, 일련의 과정들이 필요했다. 우리가 바로 그 과정을 들여다보게 될 것이다. 하지만 '악마'에 대한 현대 서적들을 보면 이 존재의 오늘날과 같은 명백한 개념하의 활동이 엄청 오래된 것인 듯 다룬다. 과연 이것이 옳은 것일까? 오히려 사실의 왜곡은 아닐까….

이를테면, '미학' 역시 그러하다. 플라톤과 아리스토텔레스, 그리고 이따금 그 너머까지 내려가 기원을 뒤지지만, 그때 오랜 과거의 그들이 '미'라 여겼던 개념과 '미학'이 다루는 '미'의 개념은 사실상 거의 관련이 없다(냉정하게 혹은 어떤 측면에서). 바움가르텐Alexander Gottlieb Baumgarten(1714~1762)이 1750년에 제시한 단어인 '미학Aesthetica'은 물론 어느 만큼은 아직 근대화된 개념이 형성되기 전의 전통적 의미와 결합하고는 있지만 그때조차 이미 '미'를 독립적인 대상으로 간주하려는 경향이 있었고, 따라서 전혀 독립적으로 다뤄지지 않았던 이전과는 다른 의미를 지닌다(이 시기는 정확히 전통과 근대의 갈림길이었다). 따라서 진짜 '미학'의 기원을 뒤진다면, 철학의 하위개념 안에서 하나의 가지로 뻗어나가는 과정이 대체 왜 발생했으며, 어떤 필요가 가능케 했는가를 찾아보아야 한다. 하지만 고대부터 일렬로 늘어놓은 '미학사'는 이를 불가능케 하는데, 그렇기 때문에 오히려 '미학'에서 '미'는 자꾸 불명확해지는 경향이 있다. 말하자면 아리스토텔레스의 '시학'에서의 '시'는 오늘날 우리 머릿 속에 떠오르는 개념으로서의 '시'와는 완전히 다른 대상임에도 줄기차게 오늘날 '시'에 대한 이해를 그 시기부터 적용하는 오류처럼 말이다. 전거reference로 보아 생각해볼만한 중요한 표지는 되겠지만, 의미를 포장하기 위해 세운 과거에서 쭉 뻗은 계통수는 어느 만큼은 차라리 위장이고 거짓처럼 보인다. 자칫 지식의 계통수화로 넘어가 연구자의 욕망이나 의식과 결합해 실제 사람들의 세계에서 계급화하고 있다고 보면 지나친 생각일까.[2)]

'악'은 예컨대 인간의 의식에서 아주 오래된 역사를 지니고 있을 것이다. 하지만 오늘날 우리가 아는 '악'의 의미들은 그렇게 오랜 기원을 지니지 않는다. 적어도 이는 기독교와 결합함으로써 구체화된 대상이 되어 가는데, 그 과정도 생각보다 더디고 오래 걸렸다. 10세기를 전후한 시기까지도 모호한 의미들이 뒤범벅된 채 남아있다가 일반적인 사람들의 의식에서까지 분명해진 것은 몇백 년이 지난 후이다. 앞서 예로 든 『지옥의 사전』만 해도 그렇다. 그 안에 담긴 11세기의 보고서들은 당시에는 전혀 사회적 물의를 일으키지 않았다. 만일, 14세기쯤으로 시간을 감아본다면 얘기는 달라진다. 사회적으로 엄청난 물의를 빚

---

2) 만일 '미학'을 사랑하는 전공자라면 사실 인터넷의 허황된 정의들이 미학에 관해서 설명하고 있는 것부터 바로 잡아야 한다. 대개 '미학'은 무조건 철학의 하위개념이라 언급하는 데서 시작하는데, 그것은 출발지점이지 우리가 현재 알고 있는 '미학'의 정의는 아니지 않은가? 그렇다고 인터넷에서 어휘사전을 꾸리는 일이 아주 진지한 본래의 의미를 적시하자는 학문적 태도가 아닐 것도 분명하다. 유용한 정보들을 담고 있지만 실상은 정확하지 않은 경우가 대부분이다. 즉, 인터넷의 정보들, 현대의 정보들은 너무나 넘쳐나지만, 그 유용성은 해석의 판단력을 지녀야 실제 활용도도 높아진다.

었을 것이며, 교회는 공식조사를 명했을 것이다. 하나님의 임재와 그의 창조야 당연했고, 따라서 기독교가 한갓 종교가 아니라 전반적인 존립 근거라는 점은 분명했지만, 그것이 인간 사회에서 세밀하게 구체화된 것은 아닌 시대였다. 그럴 것이 이 기독교 사회는 아직 외부와 갈등을 빚지 않았으며 내부에서만이 땅따먹기하는 상태였다. 즉, 이데올로기의 강화가 문제가 될 만큼 위협 요소가 없었다는 말이다. 교회와 왕들이 뻔한 권력을 가지고 아옹다툼을 하는 데 불과했다. 그렇기에 '악'이라는 개념이 구체화되지 않은 시기였다. 『지옥의 사전』도 출판 시기는 19세기 초임에도 분명하게 용어로야 기독교 카테고리에서 문제시하는 것들로 채워져 있지만 실제 설명이나 기록들은 엄정한 교리적 입장에 기준을 두고 분별된 것이 아니다. 그저 산만하게 유럽 사회에 소문으로 돌던 것들을 주섬주섬 꼴랭 드 쁠랑시가 아는 대로 정리한 것에 불과했다. 개인적인 연구에 불과하다지만, 악마에 대한 진중한 연구나 정리가 얼마나 뒤로 밀려 있는지를 짐작하게 해주는 사례임은 분명하다.

그러니까 '악'은 개념이 명확하다는 의미에서가 아니라 정말로 모호하다는 의미에서 추상적이었으며 이 시기 이전까지 대체로 모호한 방식으로 다양한 문명들, 다양한 족속들의 신화들과 마구 뒤엉켜 있었다. 유럽 사회가 지배 논리로서 일찌감치 기독교를 받아들였다 할지라도 초기에는 여전히 자신들이 믿던 어설픈 정령의 세계를 대치한 정도에 머물렀으며, 그것이 세상과 삶의 구체적 질료들마저 규정하고 논리화하는 데는 정말이지 수백 년, 거의 천년에 이르는 기간을 필요로 했다. 생각보다 무척 더딘 과정이지만 이는 당연했을 것이다. 우선, 유럽으로의 세계화는 영토나 정치적인 방면에서는 일찌감치 이루어졌더라도 생식생활 수준의 필요로 인한 것이 먼저였다. 사실 냉정하게 보면, 우리가 오늘날처럼 이해할 수 있는 '유럽' 자체는 무척 오랜 기간 속에서 서서히 이루어진다. 로마가 브리태니커로 진출하고, 라인강 유역에 문화의 방벽(정복 영토의 방벽에 더 어울리지만)을 세웠다고 하지만 사실 그때부터 로마는 이미 해체되고 있었다. 문화, 민족, 의미의 충돌과 영향 때문이었을까, 로마 외의 야만족들이 기독교를 비롯해 색다른 문화를 접하게 된 이후, 비로소 '유럽'으로의 여러 시도가 시작된다. 물론 여기서도 우리는 문명의 충돌이라는 의미는 지우는 편이 나을 듯하다. 이미 말했듯이 무엇보다 생존경제를 둘러싼 이해관계의 충돌이며, 보다 나은 생산, 정치 시스템에 대한 영향에 지나지 않았기 때문이다(과하게 말하면, 이미 하나님에 의해서 주어진 땅 안에서 서로의 영향력을 다투는 식의). 문제는 경계 너머에서 시작된다. 말하자만 이 로마 라인 너머, 라인 북부의 게르만, 거대한 숲 복판의 골족(Gaul, 현재의 프랑스의 뿌리인 족속으로 프랑스, 벨기에, 스위스, 룩셈부르크, 독일, 네덜란드, 심지어 이탈리아 북부까지 엄청나게 넓은 지역에 분포하고 있던 이들로, 로마 명칭으로는 여기가 바로 갈리아이다. 시저가 황제가 되기 전에 전략적으로 상당한 권력을 지녔던 이유는 그가 바로 이 갈리아를 지배하는 총독이었던데 기인한다) 등이 가장 광범위한 영역에 퍼져 있었는데, 부족 시스템에 지나지 않았던 이들은 로마와 만나면서 부족 너머의 보다 폭넓은 족속 단위를 의식하게 된다. 사실 지역에 대한 의식도 하지 않은 채 살아가던 이들에게 갈리아 지역이라는 개념을 제공한 것이 바로 로마이다.

여기에 당연히 맞물려 있는 것이 그들 부족의 생활 풍습을 결정짓는 종교적 이해일 것이다. 수많은 정령에 대한 산만한 믿음들은 로마의 유일신 믿음과 충돌했으며 삶과 마찬가지로 그 의식의 체계, 추상의 체계에서의 통일성이 대두하게 된다. 이들의 로마화가 기독교 세계화라지만, 어느 만큼은 맞고 어떤 부분에서는 아직 적용하기 힘든 말이다. 물론 아직 생활 형태가 '부족'이라는 개념에 의해 유지되는 세상은 좀 더 쉽게 통치 논리가 적용된다. 부족장과 제사장의 결정이 절대적이기 때문이다. 새롭게 의식되고 조명된 로마의 통치 논리가 결국 부족 구성원들에게까지 의식화되며 퍼지기에는 상당한 시간이 걸리기 마련이다. 그리고 사실상 그에 이르러야 비로소 문명의 영향 관계가 구체화된다. 개개인의 의식에 이르기까지 자연스럽게 수용되는 과정이 여기서 시작되며, 그때에야 기독교에 의한 세계에 대한 인식들이 첫발을 떼게 된다. 말은 간단하지만 이 과정에는 엄청난 세월이 필요하다. 자신들이 생각하고 있던 모든 추상들을 기독교화시키는 것, 달리 말하면 기독교의 기준에서 재편성하고 재구성해 나가는 과정은 세대에 세대를 물려, 오랜 기간을 두고서야 이루어지게 마련이다.

아주 간단하게 이 10세기 전후한 광대한 기간을 약술했지만 바로 이 시기에 이루어진 민족의 대 교환(이동)도 마찬가지 공식이 적용된다. 바이킹들(노르드인들), 그들은 자신들의 신화와 추상을 끌고 유럽 안으로 들어온다. 유럽으로의 첫발을 뗀 후에 그들은 기독교를 서서히 수용해 나가는데, 그렇다고 자신들의 존재 자체를 규정했던 추상 세계(북구 신화)를 내치지도 않았다. 기독교 세계 안에서 의식을 재구성해 나가면서 이것저것 새로운 정제 작업을 거치게 되고, 결국에는 기독교 안으로 모든 것을 밀어 넣어 전체를 재편성하기에 이른 것이다. 버려진 것은 오직 '이름들'뿐이다. '오딘'이나 '라그나로크', '발할라'가 그저 동화 같은 수준의 연대기로 물러서는 반면, 그 개념들은 기독교 안에서 새로운 대상들로 치환되기에 이른다. 따지고 보면, 결국, 이 노르드인들까지 포함해, 그야말로 대륙을 마감하는 영토 전체가 '유럽'이라는 세계를 형성하는데 이르기까지 이러한 과정은 계속 반복되고 되풀이되었으며, 우리가 주목해야 하는 지점은 바로 이 부분이다. 왜냐하면, 이에 이르러서야 오늘날 우리가 알고 이해하는 추상적 개념들이 정돈되기 때문이다. 그러니까 14세기쯤(이를 전후한 꽤 오랜 연대를 고려해야 하지만) 되어서야 이 개념들이 당연하게 정립되고 의식화되었다는 말이다. 이전에도 기독교 세계였던 것은 물론 분명하다. 어떤 면에서 보면, 위에서 '부족' 수준의 개념단계를 언급했듯이 전체적으로 볼 때, 유럽/로마 문명 자체를 하나의 부족으로 이해한다면, 13, 14세기쯤에 이르기까지는 비록 이전보다 체계화되고 문명화되기는 했지만 아직도 일반인들의 수준은 형편없었으며, 그만큼 하나의 부족처럼 아주 손쉽게 이데올로기화되는 상태였다. 이것은 이 세기들에서 멀리 갈수록 오늘날 입장에서 너무나 야만적인 수준으로 진행되었을 것이다. 이데올로기의 힘은 물론 강하다. 하지만 그것은 아직 구체화된 단계는 아니다. 구체는 이데올로기의 수준에서는 오히려 느슨해 보이지만 사실 이데올로기가 그만큼 당연한 구성/구조 원리로 녹아있는 것이어서, 거기에 이르면 그것은 단순한 '힘'이 아니라 세계에 대한 인식 체계가 된다. 정복 시기의 기독교는 더 강력하고 엄청난 '힘'을 행사하지만, 생활로 퍼진 다음에는 '힘'보다 더 강한 의식 체계 수준에서 작동하는 것이다.

이 이전의 '악'은 즉, 13, 14세기의 '악'이 아니다. 무섭고 두려우며, 공포감에 있어서 성질은 같겠지만, 그래서 나는 '끔찍함'이라는 의미로 해석하기는 힘들다고 생각한다. 아무리 무서운 일도 위대한 신들에게 속한 운명이지, 악마가 영혼을 노리는 일은 아니었기 때문이다. 기독교와 만나면서 그렇게 되었는데 신화화 되어버린 많은 추상적/종교적 통치 원칙들은 사실 기독교에 속하기 전까지는 '끔찍했다'는 개념을 적용하기는 힘들 듯하다. 왜냐하면 이 '악'은 그저 추상에 머물러있기에 아직 자신들에 대한 구체적 위협들로 다가오지는 않았다. 때문에, 이 '악'과의 조우는 그저 재수 없는, 보다 보편적 용어로는 '운명'에 속한 것에 불과했다. 두렵고 무섭기는 하지만, '운'에 속해있을 때는, 자신들의 의지와 불가항력적인 것이어서 단지 '별세계'에 지나지 않게 된다. 기독교는, 추상적인 이 '악'이 실은, 상당히 구체적 대상이라는 사실을 일깨워주었다. 그것은 하나님의 적대자로서, 별세계가 아니라 이 세계 안에서 끊임없이 자신을 내어 보이는 존재인 것이다.

*

다시 말하자. 내용은 똑같다.

여기 가톨릭 교구에 제출된 보고서가 있다. 마을 외곽의 무덤가, 사건의 출발은 비슷하고 경과와 결과가 얼마간 다르다. 대체로 묻은 지 얼마 되지 않은 시체이며, 그가 살아 돌아오거나(우리와 같은 의식을 지녔다면 이 표현을 사용하지는 않았겠지만, 당시는 11세기이다), 그/그녀/아이의 관이 파헤쳐져 심하게 무언가에 의해 뜯어 먹힌 데 대한 보고서

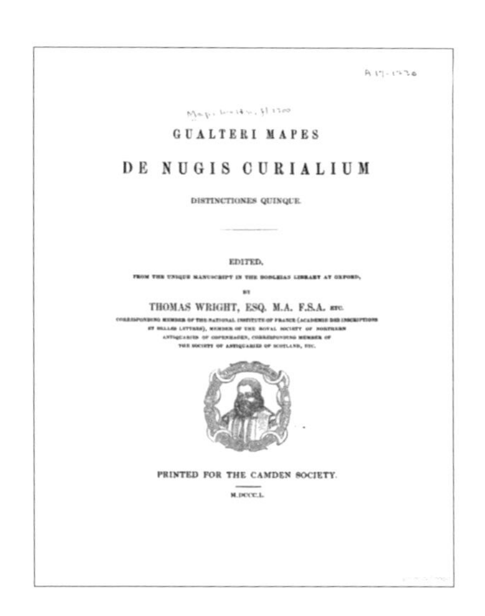

GUALTERI MAPES

DE NUGIS CURIALIUM

DISTINCTIONES QUINQUE.

EDITED,

FROM THE UNIQUE MANUSCRIPT IN THE BODLEIAN LIBRARY AT OXFORD,

BY

THOMAS WRIGHT, ESQ. M.A. F.S.A. ETC.

CORRESPONDING MEMBER OF THE NATIONAL INSTITUTE OF FRANCE (ACADEMIE DES INSCRIPTIONS ET BELLES LETTRES), MEMBER OF THE ROYAL SOCIETY OF NORTHERN ANTIQUARIES OF COPENHAGEN, CORRESPONDING MEMBER OF THE SOCIETY OF ANTIQUARIES OF SCOTLAND, ETC.

PRINTED FOR THE CAMDEN SOCIETY.

M.DCCC.L.

『조신들의 사소한 것들』 이번에는 『지옥의 사전』에서 언급한 보고서들 조금 뒤이어 나타난 영국의 교회학자, 월터 맵Walter Map (1130~1209/1210)이 편찬한 이 『조신朝臣(엄밀히는 궁정 신하)들의 사소한 이야기들에 대해De nugis curialium』 (영어명: Of the trifles of courtiers, 1182~1192)이다. 여기에는 보다 상세한 기록들이 담겨 있는데 특히 뱀파이어를 유추할 만한 현상에 대한 초기 기록이 있다. 파문당한 자가 매장된 지 얼마 안 된 시체를 파헤쳤는데, 아직 따뜻한 시체의 주변에 피가 흥건했다며 당시로서는 이런 종류에 대한 명칭이 없어, 까다베 상귀스구스Cadaver Sanguisugus, 즉 피를 빨아먹는 시체라는 풀어 쓴 라틴어로 기록되었다. 흡혈귀라는 개념은 없으나 그런 존재가 하는 일에 대한 언급이라는 점에서는 분명하다. 그러나 당시로서는 다른 현상들에 비해 아주 드문 경우였고, 따라서 아직 주된 풍문의 소재는 아니었다. 이 역시, 본문에서 다루지만 세월을 거치며, 잔혹한 실제 인물들과 결합함으로써 구체적인 개념들을 얻어간다.

들이다.

하지만 여전히 이 안에 등장하는 '악'도 그리 깊은 문제로 취급되지 않았다. 기독교에서 금하는 것들이기는 하지만, 본격적으로 '사건화'한 것이 아니라, 그저 '악'의 명백한 실존 사례의 하나로, 주목할 거리이기보다는 경계 수준에 머물렀다. 하지만,

MALLEVS
MALEFICARVM,
MALEFICAS ET EARVM
hæresim frameå conterens,
EX VARIIS AVCTORIBVS COMPILATVS,
& in quatuor Tomos iustè distributus,
TOMVS PRIMVS.
LVGDVNI,
Sumptibus CLAVDII BOVRGEAT, sub signo Mercurij Galli.
M. DC. LXIX.
CVM PRIVILEGIO REGIS.

「사악한 마법」 이것은 독일의 주교였던 하인리히 크라머Heinrich Kramer (1430~1505)가 편찬한 그 유명한 「사악한 마법」의 표지이다. 당시 교황 인노켄티우스 8세Innocentius VIII (1432~1492)의 동의 하에 출판되었는데 유럽 사회를 '마녀'의 시대로 몰아넣은 경악스러운 책이 되었다. 이와 함께, 비로소 '마녀'의 존재가 인정되었으며 종교재판에서 마녀재판이 주업으로 돌변한다. 의미로 보자면 이는 사실상 '악마'가 우리 삶에 깊이 개입되어 있는 현상의 인정이며, 이데올로기로서 '악마'의 구체적 속성들이 규정된 사건이다. 이로부터 1세기 뒤, 즉, 16세기쯤부터 다시 흡혈귀에 대한 사례들이 보고되는데 이제는 '악마'의 속성이 분명하게 부여된 존재로서 나타난다. 그러나 이 흡혈귀는 공식적 명칭은 지니지 못했고, 독일과 동구권 일부에서 나흐체러Nachzehrer라 불렸는데 '기생충, 야비한 강도, 약탈자'등을 일컫는 명사였다. 당시에는 말하자면 '죽음에서 돌아와 사람들의 피를 빨아먹는 기생충' 같은 존재라는 의미로 쓰였다.

여기 비슷한 수준의 보고서가 있다. 이번에는 외곽의 무덤가가 아니다. 숲인데, 마을을 벗어난, 좀처럼 발 닿을 길이 없는, 있다면 마을을 벗어나 다른 곳으로 가야 하는 자들이 택하는 깊은 숲길이다. 이곳에서 많은 사건들이 벌어진다. 사실, 대개는 마을로부터 버려진 삶을 사는 이들의 일상이었지만 어느 순간부터 정상적이지 않은(경작지와 삶의 영토를 벗어난 버림받은 삶이기에) 그들의 일상은 기이하고 특별한 의미로 해석된다. 14세기쯤부터 다시 나타난 보고서들에는 이 점에서 아주 독특한 내용들이 첨가된다.

'시체이며, 그가 살아돌아오'는 것이 아니라, '그/그녀/아이의 관이 파헤쳐져 심하게 무언가에 의해 뜯어먹'힌 것이 아니라 '악마'가 개입되었다. 즉, '그저 악'에서 이제 명확한 실체를 지닌 '악마'로 돌변한 것이다. 그와 동시에 또 하나 색다른 내용이 첨가된다. 이전의 보고서들이 대체로 벌어진 상황에 대한 진술만으로 이루어져 있다면, 이제부터는 일련의 서사적 내용들이 함께 의식된다. 사연과 정황, 그 자체가 사실 터무니없는 모함들에 불과했지만 아무튼, 모함이라 인식될 만한 당연한 정황들은 무시되고, '악마'와의 교접이 뛰어든다. 그래, 대개는 교접이고 그래서 여성이다. '악마'의 성적 정체성을 남성으로 두는 당연함의 문제는 또 다른 논의를 가능케 하지만 우리 주제를 다른 곳으로 몰아가기에 나중에 여건이 되었을 때 말하기로 하자. 어쨌든 이런 연유로 성적 타락이 항상 끼어든다. 그러나 사실상 성적 타락이란 20세기 후반에 이르기 전까지는 거의 남성들의 문제에서 비롯된다. 그들이 불편했을 때, 그들이 보기에…. 그들의 입장에서 판단되는데, 이 아득한 시기에는 더했을 것이다. 당연히 종교적 판단을 빙자했지만, 신부들도 결국에는 '남성'이다. 경악스러울 만한 문제를 야기했지만 남성인 파우스트는 악마와의 육체적 상관이 없다는 점에 유의하자. 그는 그저(아주 심각한 문제지만) '영혼'을 판매한다. 추후에 말하겠지만 『파우스트』에서 우리가 주목할 것은 '영혼'이 아니라 '판매'이다. '영혼'의 교환은 파우스트 이전, 아득한 시절부터 있어왔다. 파우스트를 경계하고 의미심장하게 보게 하는 것은 박사의 자의적 선택과 판매라는 개념이다. 이 『파우스트』가 우리에게 알려진 괴테의 버전이며 19세기에 출현한다. 파우스트에 대한 초기 버전들은 위에서 기술한 보고서 시기인데, 당대(1480~1540)를 살았던 요한 게오르그 파우스트Johann Georg Faust에게서 출발한다. 이때에는 '판매'의 개념은 존재하지 않았다. 여기서 우리는 이 서사의 여정에 18세기쯤에 근접하면 '근대'가 끼어들고 있다는 점을 주목해야 한다. 『파우스트』는 사실 이 점에서 『드라큘라 』의 시간적 여정과 함께 이야기될 필요가 있다. 물론 '악마'는 여기서 다른 실체, 다른 능력이지만….

악마와의 교접 자체가 중요하다는 말이 아니다. 불분명하지만 끔찍스러운 사건에서 여전히 모호하지만 '악마에 의해 그 모호함이 깃들게 되었다'는 서사가 끼어드는 사건으로의 전환에 주목해야 한다는 말이다. 간단히 말해서 이제 '악'은 서사를 지니게 되었다는 뜻이고, 이것이 14세기쯤부터의 의식들에 침투한다. 어떤 면에서는 유럽의 인류에게 이때쯤부터 서사가 일반적 삶에 상당한 영향력을 끼치도록 전개되는 시기였다고 봐도 되는 전환이고, 그래서 문학적 서사 역사에서 실제로 주목하는 시기지만, 일단 그 문제를 다른 지점에서 바라보도록 하자. 이러한 전환은 인류의 서사에 대한 이해가 암시되는 것이기도 하지만, 바로 그 서사로의 전환에 '악'에 대한 새로운 이해가 끼어들고 있다는 점이 특별하기 때문이다. 물론, 그렇다고 나는 이 '악'에 대해서 주목하자는 말은 아니다. 이러한 '악'을 구성하고 구체화한 시대적 인식이 주어졌다는 것이 중요한데, 앞서도 말해왔지만 기독교적 인식이 그만큼 사람들의 삶과 의식에 뿌리내린 결과라고 할 수 있다. 부추겨짐과 선동, 사람들이 제대로 기독교적 교의 해석을 이해했는가와 별개로, 마녀사냥 시기에 있어서 그러한 어처구니없는 선동들이 이루어지기 위해서는 차라리 교의에 대한 이해와 해석보다 무지가 더 중요하며, 단순한 무지가 아니라 원칙을 지닌 무지가 핵심이기 때문이다. 당연히 하나님의 세계를 살아가고 있다는 의식에서 작동하는 판단력 없는 무지 말이다(우리는 한국 사회에서 이러한 무지가 얼마나 힘있게 작동하는지 요 2~3년간 통치의 교배자들 사이에서 확실하게 목도하고 있다). 생각해 보라. 그들이 '하나님'이라는 존재에 대해서 깊은 사색과 이해가 있었다면 그러한 사건들은 발을 디딜 틈이 없었을 것이다. 때는 중세, 사람들은 문자를 읽지 못했다.

결국, 지금 전체적으로 말하고 있는 '사건'은 그 유명한 중세의 마녀사냥이다. 하지만 이에 대한 역사적 이해를 대략이라도 정량화시킬 필요가 있다. 본격적인 마녀사냥은 16세기로 당겨진다. 지금 말하는 14세기부터 시작하기는 하지만 광적인 마녀사냥의 열풍이 벌어진 시기는 그로부터 한참 근세 쪽으로 다가선다는 말이다. 이 문제는 물론 우리가 뱀파이어를 말하면서 추후에 추적하게 될 것이다. 여기서 말하고 싶은 것은 오래전 과거에 시작된 '악'과 14세기부터 드러나는 '구체화되고 형상화된 악'의 차이를 생각해야 한다는 점이다. 그래, '악'은 인간과 오래전부터 존재하던 것이지만, 이제 서사와 그에 따른 이데올로기를 지닌 존재가 된다.

순전히 인간 자신과 관계하는 악이 있다. 그리고 인간의 이해를 넘어선, 인간의 몸 바깥에 있는 악이 있다. 이 악은 사는 형편에 따라 의미가 달랐으며, 내용도 달랐다. 하지만 공통점은 분명한데, 언제나 모호하며, 불가사의함에 머물러 있었다는 점이다. 그러나 14세기가 임박하자, 이 '악'은 서서히 불가사의가 아니라 사연과 이유가 있는 악이 되었으며, 모호함에서 구체적인 정황으로 옮겨가기 시작했다. 여기에 뱀파이어를 끼워 넣어보자. 시체나 파먹고, 아직 굳지 않은 피를 마시는 정도에 지나지 않았던 흉측한 악은 비슷한 시기에 이르자 구체적 대상들로 회자되었으며 급기야 단순한 잔혹함(행위와 결과에서의 끔찍함)은 이제 목적 있는 잔혹함, 그러니까 우리 의식의 모든 것을 허물어 버리려는 '악'의 끔찍함으로 전환되어 갔다.

계속해서 결국 이 전환에 대해 이야기하고 있지만 사실 문제는 이 전환 자체에 있지 않다. 내가 주목하는 것은 무엇이, 어떤 정황이 이 전환을 가능케 했을까 하는 질문이다. 역사란 사실에 머무는 해석이 아니라 이유에 대한 이해에 그 핵심을 두고 있다. 그런 사실이 벌어졌다는 것보다 우리가 어떻게 살아온 존재인가를 파악하는 일이 더 중요하기 때문이다. 사실들에 주목하는 역사는 자꾸 과거로 가며, 이데올로기로 몰리고, 속박의 개념들로 귀결된다. 마치 민주주의, 공산주의, 자본주의 하는 것처럼 말이다. 우리는 개념상, 그 안에 기거하며 벗어날 길이 없어서 다음과 같이 말하곤 하는 바보들이 된다. '후기 민주주의, 후기 모더니즘, 후기 자본주의….'

만일 역사가 미래를 지향한다면 이 틀은 달라진다. '우리가 어떻게 살아서 그러한 주의들이 나타났고, 그것을 몸에 장착해 가며 어떤 문제들을 일으켰다. 따라서 이것은 후기 무엇이라 말해질 것이 아니라, 나타난 이데올로기가 우리의 몸과 삶에서 어떻게 변화하고 있는가를 엿보게 해준다.' 식으로…. 그러니까 위치를 규정하고 개념화하는 것이 아니라 흐르는 과정에 대한 이해가 중요하다는 말이다.

뱀파이어의 탄생과 악의 문제, 그리고 영화의 문제, 나아가 서사의 문제…. 그래서 버겁지만 이야기는 계속 나아가게 된다.

2) 끔찍함의 기원 — 뱀파이어

그래서 뱀파이어는….

사실 좀 더 '마녀'에 머물러야 하겠지만, 상황에 만족하고 이제는 뱀파이어 이야기로 넘어가자. 두툼한 '악'의 연대기, 인간에게 관계해 온 역사를 쓰는 것이 애초 목적이었지만 그 두툼함은 미뤄두기로 하자. 몇 가지 조건들이 당장 뱀파이어에 집중적으로 매달리게 했다. 여하튼 —

뱀파이어는 앞선 이야기와 대체 어떤 연관을 지닐까? 혹시 비슷한 시기의 산물이며, 어둠, 악, 부정적인 지대라고? 하지만 겨우 고만한 요소들로 이 둘을 엮기에는 역부족이지 않을까? 우선, 우리가 아는 뱀파이어를 하나하나, 하지만 아직은 자세히 파고들 시간이 아니니 대략적으로 파악해보자.

뱀파이어는 '인간'이 아니다. 그 조건을 넘어선 '초인'인데, 이조차 인간에게 부여되는 능력의 여부가 아니라 괴이함과 불가사의함이다. 오늘날의 의미로 이 단어도 차차 미묘한 차이점을 구분해 내야겠지만 당시 사람들의 의식 안에서 '괴물'에 해당하는 존재로서, 그만큼의 이해할 수 없는 힘과 기괴한 능력을 지니고 있다. 이 지점에서 일단 그는 '악'의 범주에 속한다. 하지만 여기서 좀 더 나아가, 그저 '괴물'이기에는 도저히 이해할 수 없는 내용을 지니고 있는데, 그의 양식이 '피'라는 점이다. 상대방의 목을 물어, 피를 빨아들이는 것으로 그는 살아간다. 피가 어떻게 음식과의 구체적 연관을 지니는지는 아무래도 모호하지만, 여하튼 그의 양식이라는 점은 분명하다. 피를 마시지 못하면 그는 마르며, 금세 애초 '이 세계' 속에서의 그의 형태, 시체에 가까워진다. 피를 마시면, 그는 이해 불가하지만 '생기'가 돌며, 그가 지니고 있어야 할 마땅한 힘을 유지한다. 물론 여전히 이 개념과 음식을 직접 연관 짓기에는 그의 내면적 정체성이 턱에 걸린다. 왜냐하면, 피는 그의 양식이기는 하지만, 한편으로는 다른 이의 생기이며, 영혼이고, 의식이기 때문이다. 마치 메피스토가 상대의 '존재'를 빨아들이는 것처럼 말이다. 그 때문에 피를 빨린 자들은 우선 죽음에 이르는데, 노예 상태로의 전환과 동일시되는 새로운 내용이 여기에 첨가되어 있다. 그러니까 인간으로서의 어떤 것이 정지/소멸되는 동시에, 비인간으로서의 또 다른 형태의 삶이 희생자를 장악하며, 또 다른 시간 속에 기거하게 된다. 여기서 우리에게 있어 아주 중요한 그 단어를 꺼내고 싶지는 않지만, 그래, 이처럼 그는 '전염contagion', '파생', 나아가 '최면'과 밀접하다. 그러니까 뱀파이어의 어떤 속성이 퍼져나가고/이어받고 그래서 이들도 종류에 있어서 뱀파이어가 되고, 피를 갈구한다. 앞서 소설 문장을 인용한 부분, 드라큘라가 런던으로 가는 것에 대해서 조나단 하커가 그토록 끔찍해 한 것은 이 때문이다. 한 괴물/악의 출현이기 이전에, 인간들의 세상의 종말을 지시하는 이 전염된 존재들의 출현. 그러니, 이 '피'는 일종의 인간으로서의 존재의 정기이고, 정기가 빠져나간 그 빈자리에 들어서는 것은 영혼을 갈구하는 굶주림에 시달리는 악이다.

그런데 이 '악'은 고대부터 존재하는 악과는 다르다. 앞 장에서 말했듯이 위에서 설명한 속성으로 인해 그는 근본적으로 이전의 '악한 존재들'과는 다른 속성을 부여받기 때문이다. 유난한 피에의 집착, 브램 스토커는 반 헬싱 교수의 연구 과정을 소설 초반부에 설명하면서 생물학적인 근거들을 들기는 했지만 그래도 '피'는 그렇게 단순한 의미에 멈추지 않는다. 뱀파이어가 관계하는 '피'는 그저 생물학적 생기의 문제가 아닌데, 정신적으로 넘어가며 영적인 속박과 긴밀한 연관을 지니기 때문이다. 그래, '영적'이라면, 그러니까 단순히 '혼', 귀신의 문제가 아니라 '영적'이라면, 우리는 아주 중요한 과거와의 차이점들을 구분해 내야 한다. 당연히 모두가 알고 있는 '십자가'에 대한 그의 두려움이다. '악'이 두려움을 지니고 있을까? 물론, '소멸'에 대한 두려움인데, 죽음의 두려움에 시달리는 인간의 수준을 훨씬 넘어선 문제이다. 왜냐하면 애초 뱀파이어이든 그 이전의 다양한 치환자이든, 죽음은 애초 그들에게는 문제가 되지 않기 때문이다. 예컨대, 뱀파이어는 낮이면 매번 죽는다. 그리고 해가 지면 다시 살아나며, 그의 평생에 걸쳐 되풀이된다. 그의 '평생'이 사실상 이처럼 현존하는 시간의 지속 개념에 묶인 이상, 그에게는 '죽음'은 문제도 아니다. 그에게 문제는 '소멸'인데, 곧 '세계'로부터의 '소멸'이다. 냉정히 보면 이 '소멸'에의 두려움, '소멸'이라는 개념 자체가 이전에는 없던 것으로서 바로 '십자가'로 대변되는 기독교의 세계관에서 비롯된 것이다.

그래, 모두 빤히 아는, 단순한 뱀파이어의 고리를 이토록 장황하게 설명했다. 이유가 있는데, 이제부터 풀어가자.

십자가, 그러니까 기독교, 그러니까 예수의 피, 형상, 심의, 그리고 그들로 채워진 '세계'가 뱀파이어의 이면에 자리 잡고 있다. '해'는 사실 화가 렘브란트에게 흰색에 대한 고민과 마찬가지로 '빛'의 물질적 치환에 불과하다. 이 '빛'이란 기독교 세계에서 근본적으로 하나님의 체현 중 하나이기 때문이다. 말하자면 뱀파이어는 기독교와의 고리를 떠나지 못한다.

지금까지 설명한 내용들은 나중에 하나하나 자세히 의미를 풀어갈 것이다. 사용한 단어들에 주의하기를…. 학문적 개념에서 정확한 용어였다고는 할 수 없을 수도 있지만, 우리의 설명에 필요한 적합한 단어를 사용하려고 애쓴 것들이다. 아무튼—

이것이 우리가 아는 뱀파이어다. 이런 내용들은 앞선 장에서 말했듯, 고대의 악에게는 해당하지 않는다. 이는 적어도 마법에서 마녀로, 마법에서 악마술로 넘어가는 시대의 속성들이기에, 한참 가까운 과거에서 찾아야 할 것들이다. 맨 처음 10세기 무렵의 조악한 보고서들에서도 간혹 '피'가 나오기는 하지만 뱀파이어가 빨고자 하는 '피'도 아닐뿐더러(그나마 근사치도 죽은 후에 굳어가기 전의 피이다) 유독 피만 빨아먹고 다니는 괴물도 없다. 시체를 함께 뜯어먹으며, 따라서 명확하게 정체가 구분된 존재가 아니라 사람이 끔찍하게 여길 수 있는 가능한 상상을 모두 결합한 어떤 존재들에 불과했다. 이들은 한 마디로 뱀파이어와 관련이 없다. 뱀파이어에 관한 여타 보고서들, 연구서들은 이들 오래된 과거들을 뒤져내어 기원을 삼기 시작하지만, 이미 말했듯이, 그 끈은 너무나 느슨하다. 우리가 아는 뱀파이어의 실체에 다가가려면 이 끈은 훨씬 탱탱해져야 하는데, '마녀'의 출현처럼, 기독교의 간섭이 필요한 것이다.

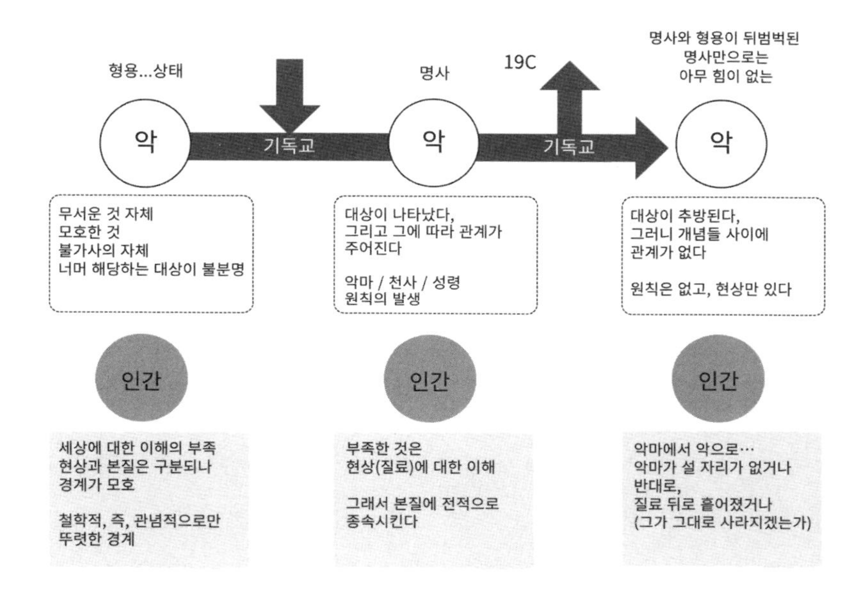

악의 의식의 변화 사실 이 도식은 1장 이후에 다시 보아야 한다. 이것은 한참 전의 고대부터 19세기까지의 전체를 악에 대한 이해로 펼쳐놓은 것이다. 따라서 전체 맥락을 파악한 후에 한눈에 의미를 정리할 수 있는 도식이라고 할 수 있다

결국, 뱀파이어도 마찬가지이다. '악'의 구체화, 추상적 개념이 질료의 옷을 입는 시간(물론, 이 '질료'의 일반적 상태와는 다르지만), 악과 선에 대한 의미화가 필요하다. 즉, 이러한 것들이 삶에 자리잡는 시기 속에서 나타나기 시작했다.

결과적으로, 뱀파이어는 단순한 흡혈귀가 아니다. 아니, 표현이 정확지 않다. 다음과 같이 바꾸자. 그저 '흡혈귀'라고 우리가 아는 속성들을

떠올리며 흥겨운, 장르로서의 공포의 하나로 읽어내고 말 대상은 아니다. 르꾸뙤의 장황한 말을 빌지 않더라도, 우리는 놀랄 만큼 그의 이야기를 즐기는데, 그 이면을 돌아봐야 한다는 말이다.

> [뱀파이어의 속성을 나타내는] 이 성질들은 한편으로는 아주 멀리서부터 전해진 오래된 전통들에 의거해 주어졌다. 브램 스토커가 한 일은 바로 그것들이 뱀파이어의 신화를 구성하도록 재기발랄하게 모으고, 재배열한 것이다. 그는 이전의 작가들에게서 영향받았음이 분명하지만, 사실 그들 누구도 이처럼 풍성한 화폭으로 전환한 일은 없다. 1819년, 윌리엄 폴리도리William Polidori가 『뱀파이어, 어떤 떠도는 전설The Vampyre, a Tale』과 함께 길을 닦는다. 이후 위대한 작가들이 뱀파이어의 역사에 개입하기 시작하는데, 그들 중 몇 개만 언급하면, 1827년에는 『라 가즐라La Guzla』와 함께 프로스페르 메리메Prosper Mérimée가 뛰어들었고, 보들레르Baudelaire, 바이런Byron, 코울리치Coleridge, 펠리스 단Felix Dahn, 알렉상드르 뒤마Alexandre Dumas, 한스 하인쯔 에버Hans Heinz Ewers, 떼오필 고띠에Théophile Gautier 등으로 이어진다. 흡혈귀를 다룬 영화사는 또한 어떤가? 1913년, 로베르 비놀라Robert Vignola에 의해 《뱀파이어The Vampire》로 시작하더니, 급기야 한갓 흡혈귀가 무르나우W. Murnau의 《노스페라투, 공포의 교향악Nosferatu, une symphonie de l' horreur》에서는 귀족의 작위를 받기에 이른다(여기서 희생자는 이 괴물을 죽음으로 몰 새벽이 올 때까지 붙들어 맨다). 1930년에서 1940년 사이에는, 거의 일 년에 한 편 꼴로, 적어도 일곱 개 이상의 작품이 이 주제를 다루었다. 그리고 1943년까지, 범람한 물결은 계속 흘러갔다. 1958년부터는 설령 관심 없는 이

라도 누구나 적어도 한 편 이상씩 보게 되는데, 이때 뱀파이어는 크리스토퍼 리Christopher Lee였다. 이는 충분히 심각한 부분을 그려내면서도 그 자신의 해학으로 포장한 로만 폴란스키Roman Polanski 의《뱀파이어의 무도회le Bal des vampires》로 이어지는데 정말이지 이 존재를 센세이셔널한 성공으로 이끌었다 . 1913년에서 1970년까지, 무려 58편이 만들어졌다. 이는 뱀파이어가 인간들에게 가장 근원적인 질문, 죽은 후에 무슨 일이 벌어지는가를 다시 생각해 보게하는 존재였음을 잘 말해준다. 1994년부터는 또한, 프란시스 포드 코폴라의《드라큘라》(1992)를 비디오카세트를 통해서 접할 수 있게 되었고, 1998년 12월 3일, 목요일에는 자기 집의 소파에 등을 기대고 '프랑스3' 채널에서 보여주는《뱀파이어와의 인터뷰Entretiens avec un vampire》(1976)를 접하기에 이른다. 닐 조르단은 여기서 안느 리스의 고딕풍 소설《레스타, 뱀파이어Vampire Lestat》를 각색했다. 뱀파이어의 정맥은 그러고도 마르지 않았는데, 영화계는 형편없든 괜찮든, 줄기차게 만들어왔다. 1965년에는 뱀파이어가 황야에 등장하는 것도 볼 수 있었는데,《빌리 더 키드 대 드라큘라Billy the Kid contre Dracula》였으며, 심지어 그는 로마 시대까지 나아갔다.《괴력남과 뱀파이어Maciste contre Le vampire》(1961), 그리고《헤라클레스와 뱀파이어Hercule et les vampires》(1962)[3] …. 이 주제가 우리 인간의 상상력에 가져다 준 것들을 대체 어떻게 부인할 수 있을까?[4]

말하자면 이처럼 널리 퍼지고 즐기며 친숙하게 여기게 된 출발점, 과정, 의미를 생각해 볼 필요가 있다. 사실 이해하기 힘든 것들이 있는데, 예컨대, 그는 정작 악마보다 더 인기 있고, 더 많이 의식 속에 노출되어 왔다. 냉정하게 보면, 차라리 엑소시즘이거나, 악마가 더 많이 회자되었어야 하는데 밑도 끝도 없는 떠돌이 풍문이었던 이 자가 급기야 이처럼 자자한 존재가 되었는가는 막상 생각해 보면 선뜻 이해되지 않는다. 이렇게 된 과정, 그리고 의미를 따라가 보자. 인간인 우리와 악의 종자인 뱀파이어와의 긴밀한 역사적 관계는 사실, 10세기 이후의 문제로, 물론, 15, 16세기까지의 엄청난 기간을 거시적으로 염두에 두며 추적되어야 한다.

우선, 인간의 의식 속에서 작동하는 이데올로기의 구체화가 첫 번째이다.

이미 말한 바지만 서구 사회가 기독교를 받아들이고, 로마가 자신의 영토/문화적 확장을 꾀한 것은 한참 전의 일이다. 하지만 의식 속에서 자연스럽게 작동해, '끔찍함'에 이데올로기의 옷을 입힌 것, 즉, '끔찍함'이 분명한 실체(악마)의 작동과 행위 속에서 이해되기까지는 상당한 기간이 걸렸다. 물론 여러 가지 이유가 있다. 당대의 삶의 형태가 가장 근본적인 이유일 텐데, 10세기 무렵, 지나치리만큼 정적 상태, 고

---

3) 이탈리아 원제가 이렇고 영어 제목은 '골리앗과 뱀파이어Goliath and the Vampires'였다. 애초 이탈리아 제목은 헤라클레스 류의 괴력을 지닌 남자라는 의미를 지닌 'Maciste'가 사용되었는데, 영어식으로 발음했을 때, 공산주의자와 기묘하게 겹치는 언어적 유희 차원에서 붙여졌다. 이 '마끼스트'는 이후, 괴력을 지닌 남자가 등장하는 당시의 그리스 로마 시대를 배경으로 한 이탈리아산 대중영화Peuplum에 빈번하게 등장하면서 하나의 영화적 용어가 되었다

4) 끌로드 르꾸뙤Claude Lecoouteux, 『뱀파이어의 역사Histoire des Vampires』 IMAGO, 2009, Paris, p. 8.

정화되었던 탓에 어떤 사건에 대해서 의식들이 바쁘게 움직일 이유가 없었다. 이 시기까지 서구가 거시적으로 볼 때 몰두한 일은 그저 기독교 체제의 확신이며, 그에 따른 이민족과의 충돌이다. 앞서도 말했듯이 충돌기를 넘어서야 비로소 이전까지 파악하고 있던 모든 것을 내용의 수준에서 재해석하고 수용하는 과정이 벌어지게 마련이다.

구릉 또는 산 위에 올라 멀리 퍼진 대지와 하늘을 쳐다본다. 이전과 마찬가지로 앞으로도 그 형상figure은 달라지지 않을 것이다. 하지만, 어떤 시간이 되자, 이 기사, 이 농부, 이 범인의 눈에 완전히 다른 세계로 다가온다. 사람의 삶의 이치와 국가, 민족, 한마디로 '세계'를 바라보는 시선의 개편, 하필이면 이 과정에서 서구 역사상, 아니, 세계 역사상 가장 큰 사건이 벌어진다. 이제까지는 땅 너머에 있어서 관심도 지니지 않았던 다른 세상과의 접촉이 고민거리에 들어온 것이다. 그것이 우리가 알고 있는 십자군 전쟁이다.

3) 십자군/페스트/침묵하는 신

이 전쟁이야말로 사실상, 아무 근거도 없이, 타당한 이유와 마땅한 필요도 없이, 기독교적 교리가 그 단순함으로 무장하고 사람들의 의식 속에 엄청난 일을 벌인 사건이다. 왜냐하면 십자군 전쟁 이후, 서구에 있어 '중세'를 연 신념들이 뒤엉키기 시작했기 때문이다. 아더왕에게서 피어난 화려한 채색들은 이 전쟁의 모호함의 벽에 부딪혀 무너져갔다. 성배에서 성의로 마감되기[5]. 그들은 몰랐다. 아더왕은 이미 오래전에 죽었으며 그들에겐 고대의 알렉산더와 같은 왕도 없다는 것을…. 리처드 왕은 대륙까지 그의 위용으로 감싸기에는 턱없이 부족했으며, 교회는 원정의 모든 고통을 달래줄 만한 은총을 주지 못했다. 이상한 일이다. 이것은 성전聖戰이 아니던가? 주의 영광을 위한 성전 말이다. 그렇기 때문에 그토록 많은 사람들이 이교도 사라센을 물리치고 하나님의 영광을 그 땅에 재현하기 위해, 의지를 다지고 고통스럽고 힘든 길을 기꺼이 떠났다. 순교의 온갖 축복, 선택된 자만이 얻을 수 있는 위대한 길을 기원하며 승리를 쟁취하기 위해서. 하지만 언제부터인가 일이 모두 꼬이고, 그들은 지옥이 있다면 바로 이곳일 것 같은 고통 속을 거닐게 된다. 하나님이 그들을 버렸는가? 더더욱 기도하고 간청했지만 답은 없었다. 왜냐하면 신은 애초 인간의 말로는 답하지 않으며, 이것이 그들이 믿은 바대로 성전도 아니었으니까.[6] 봉건제의 복판에서 만만치 않은 정치 세력들의 등장에 의해 희미해져 가고 있는 권력의 물꼬를 다시 한번 터보려는, 탐욕에 가득한 교회와 소수의 정치적 귀족의 욕망, 새로운 시장을 찾아야만 하는 상인들(이들 중 일부가 나중

---

5) 십자군 전쟁은 성지의 회복을 목적으로 출발했으며, 돌아온 것은 단지, 예수의 형상이 기록되었다는 헝겊 쪼가리 하나였다…. 아더왕은 성배를 찾았고 그것을 잃어버렸다. 그럼으로써 서구는 쓸모없는 증거만을 지니고 있는 셈이다. 사실 믿음으로서의 기독교는 이런 증거들을 필요로 하지 않는데도 말이다.

6) 신의 계획은 무엇이었을까? 역사적 맥락에서 드러나는 의의로 답하자. 단절되었던 세계의 소통, 이 결합에 의한 변증법적인 진화이다. 그러나 이 역사적 맥락은 너무나도 쉽게 그 안에서 벌어진 모든 개별적인 끔찍함을 무시한다. 십자군은 신의 계획도 아니고 권력자들의 욕망의 발현이었을 뿐이다. 많은 비굴한 권력자들 언제나 사람을 무시한다. 보라, 지금 한국에서 벌어지는 일들을….

에 역사의 추를 틀어막는 '가문'이 되는 이들이다)에 의해 수행된 전쟁에 불과했다. 대륙과 대륙이 맞붙은 사실상의 1차 세계대전은 그렇게 '더러운 전쟁'이었고 이제까지 믿어온 모든 것들과 체계들이 종식을 고하는 전쟁이었다.[7)]

그래서였을까? 그 허망한 여정 이후, 세상은 바뀔 수밖에 없었다. 이제까지의 믿음은 모두 재편성되어야 했는데, 생각해 보라, 어찌 '믿음'이 편성의 대상이 될 수 있는가? 신앙이란 그 자체로는 완벽하게 추상적인 것이어서, 대상이 간섭할 여지가 없는 법이다. 이 자체가 대상이 되었다는 사실, 물질화되었다는 사실, 결국에는 인간에게 내려온 이상 비록 불완전하기는 해도 그로 인해 삶을 이어가던 '그 신앙'은 사라졌다는 말이다. 인간의 역사에서 '숭고함'이 사라지는 순간이기도 하지만, 정작 종교적인 측면에서 이 단어를 가장 중요하게 여겨야 했던 이들은 이러한 성찰에는 한 움큼도 관심이 없었다. 왜냐하면 그 당시, 교회는 교회가 아니며, 물질의 지배자였고, 일반 권력자들 역시, 마찬가지였기 때문이다. 그들이 이 신앙의 변질에 대해 심각하게 고민한 것은 그렇기에 숭고함과 사색의 문제가 아니다. 오로지 그들의 염려는

---

7) 모두 알다시피 이 전쟁은 끝나지 않았다. 정신의 영역을 물질화시킨 첫 번째 전쟁인 십자군 이후로, 아직 동원할 물질이 충분치 않았기에 어느 만큼만 머물다 근대에 들어서자 점점 더 쌓이고 심화된다. 하지만 이 심화는 결코 내적이지 않았기에 문제였던 것 같다. 물질로 대변되는 20세기 동안에, 물질의 영역으로 파고든 심화인데, 그래서 이제는 정신영역은 그저 물질의 욕망에 대한 핑곗거리일 뿐이다. 마호메트와 십자가는 실제 물질 영역으로 치환되어 버려 점차 망가지고 있다. 문제는 이 망가짐이 시간과 함께, 애초, 그리고 되찾아야 하는 정신영역의 근원지를 망각하고 물질 체계 안에서의 다툼이 되어버렸다는 점이다. '복수'라는 개념이 들러붙은 이상, 이 갈등은 세대에 세대를 물리기 마련이다.

자신들이 지닌 권력과 이권의 문제였고, 그래서 자칫 이 변질이 자신들의 기반을 건드릴까 불안해했다. 말하자면 여기서 또 한 번 방향이 잘못 틀어진 것이다. 물론, 중세인들에게서 자신과 하나님의 관계 자체까지 허물어지지는 않았다. 이들은 그러기에는 '이성적 능력'이 부족했고, 따라서 '합리적'이라는 말은 그들에게 적용되는 표현이 아니었다. 과거를 생각할 때 우리는 아주 심각한 오류 하나를 저지르고는 하는데, 지금의 일반적인 문명사회의 시민과 과거 속의 백성, 국민, 시민들을 엇비슷한 수준에 놓고 말하는 것이다. 아니다. 그들은 우리처럼 '교육'을 받은 일이 없다. '인간'으로서 '사회'의 구성원으로서 마땅히 갖춰야 할 지식과 요령은 터무니없을 만큼 양적으로 적었고, 대개는 아무 교육도 없이 살아가면서 취득할 수 있는 수준이었다. 냉정하게 보아, 만일 우리가 중세가 암흑기라는 말을 인정한다면, 그것은 종교적 문제 때문이 아니다. 종교에 애초 없는 편견을 가능케 한 사회적 개념의 부재, 따라서 구성원으로서의 존재 의식의 부재, 그 때문이었다. 교회나 귀족은 자신들에게, 추켜세움으로써 자신들에게 이득이 되는 기사 수준의 집단을 제외하고는 나머지 사람들을 한 마디로 '평범한 인간' 취급도 하지 않았다. 태생 자체가 부리고 착취해야 할 대상일 뿐이었다. 하긴 이 시대, '착취'라는 개념조차 제대로 있지 않았을 것이다. 그렇기에 굶주려도, 자기 가족들을 눈앞에서 빼앗겨도 인간으로서의 본능적인 분노와 울분이 있었을 뿐, 문제를 해결할 행동이나 방법들을 좇은 일이 없었다. 즉, 이 중세인들은 '하찮은 일꾼'이었다. 교회나 영주나 자신들을 위해 필요로 하는…. 따라서, 그들을 그처럼 묶어둘 수 있었던, '사회 유지'의 가장 중요한 원칙, 신앙이 흔들렸다는 것은 따라서 이들에게는 엄청난 위기였다. 하지만 다행히도, 이 중세인들에게 일 외에 다른 삶의 조건을 제공하지 않았던 시대 상황이 영향력을 발휘했는데, 이미 말했듯이 이들이 무지하고 몽매한 일꾼들이었던 탓이다. 이 신앙의 문제를 그들은 하나님과 교회로부터 찾지 않았다. 십자군 이후에 이들이 의심한 것은 기이하게도 신앙의 존속 여부가 아니라 신앙의 결과에 대한 것이었다. 즉, 자신들의 부족한 믿음이 빚어낸 전쟁의 결과 말이다.

하지만, 또한 십자군 전쟁과 별개로, 그 후반기에 있었던 몽골의 침략, 연이어 바로 직후에 찾아온 페스트의 팬데믹(1346~1353) 역시, 이후로도 이 야비한 권력을 가능케 한 동력인지도 모른다. 전쟁에 성공하고, 침략을 막아내며, 페스트를 물리칠 수 있었다면, 그처럼 중동의 시장을 개척하고 지배하며 부를 취득했다면, 근대 유럽이 얻은 풍족함을 그 시대에 맛보게 되었을 것이고, 야만스러운 사회조직을 그쪽으로 이전하며, 따라서 자신들의 사회는 이제 '봉건'에서 '봉건을 관리하는' 사회형태로 변했을 것이기 때문이다. 관리자들로의 탈바꿈이 전반적으로 이루어졌을 텐데, 당시 사회가 존속하는 데 있어서 가장 근본적인 기반이었던 농업조차 관리의 개념에서 접근되었을 것이고(중동이라는 새로운 세계와의 무역으로 인해), 그런 방식의, 일꾼에서 다른 일을 떠맡는 구성원으로의 역할 변화에는 보다 조직적이고 기능적인 교육이 따라오게 마련이어서 엄청난 사회 변화로 나아갈 수밖에 없다. 왜냐하면 성城이라는 정신적 영토에 묶여 살던 백성들이 나름 자신의 역할과 의무, 나아가 그에 따른 보상에 대해 눈을 뜨게 되고, 권력의 성질도 비록 규모는 유지할 수 있을지 모르지만, 달라져야 했을 것이고,

근대에서 겪은 신앙의 위상의 재정립도 이때 이미 이루어졌을 테니까. 하지만 다행히도, 전부 실패했다! 이 거짓 기독교, 권력자들에게는 언뜻 뼈아픈 일처럼 보였지만, 사실 그들은 잃은 것이 없었다. 그들 대신 수많은 백성이 죽어갔을 뿐이다. 이 끔찍한 위기 속에서 이들 '실패'와 '팬데믹'은 결국 엉뚱하게도 그들의 권력을 더더욱 공고히 해주었고, 그 결과 사실상 오늘날 우리가 중세를 암흑기로 부를만한 조건으로 치닫는 결과로 이어진다. 실제로 지배자들에게 입혀진 상처가 있다면 자존심이 상한 것뿐이다. 체제는 전쟁 이전, 침략 이전, 페스트 이전과 달라진 것이 없었고, 오히려 이 끔찍한 결과들은 예기치 않게 신앙을 더더욱 무지하게 해주었다. 하나님은 왜 응답하지 않았던가? 왜 세상을 이토록 끔찍하게 하셨는가?

여기에 시대를 이용하려는 사악한 교회의 논리가 끼어든다. '하나님'이라는 존재에게 어찌 '잘못'을 돌릴 수 있으랴. 답은 그래서 늘 당연하지만—

'우리의 죄이로소이다'로 마감된다. 이들이 지닐 수 있었던 유일한 생각의 답이다. 이러니, 교회나 영주들에게는 다행이었다고 말하는 것이다. 백성들은 이들이 책임을 져야 한다는 따위의 생각 자체를 하지 못했다. 결과적으로 '하나님이 우리에게 더 많은 충성을 요구하며, 더 노력할 것을 요구한다'가 된다. 하나님이 '더 이상' 세상을 버리지 않도록…. 더구나 신부들이 떠들기를 인간들이 하도 잘못해서 하나님은 역사 속에서 한번 전부 다 멸하기로 작정했다지 않는가?

사악한 피는 마르지 않는다. '하나님'을 빙자한 세력들은 여기서 멈추지 않았다. 권력의 구질구질한 묘미는 그것을 가지고 있다는 데서 오지 않는다. 그것을 행사하는 데서 오는데, 그래서 쉴 새 없이 행동한다. 십자군 전쟁도 사실 그런 행위였는데, 보기 좋게 실패했다. 따라서 이들은 어디 건드릴 거 없나 하고 근질근질한 근육을 풀어댔을 것이다. 결국, 그들은 대적을 찾았는데 더 이상 '아랍'이어서는 안 된다. 전쟁을 통해 얻은 교활함은 더 비겁하기 마련이다. 물질적이고 구체적인 대상이 되면, 그만큼 구체적 사실에 속박된 문제들이 불거진다. 때문에, 이들은 다시금 그들의 손에 든 책 안에서 추상을 끄집어 올린다. 아니, '악'을 추상화시켰다(성경에 나와 있는 악은 구체이며, 추상이 아니다). 하지만, 이 추상화는 모호해서 영 붙잡을 수 없던 이전의 단순한 추상과는 달랐다. 구체적인 대상에 정확하게 대칭하는 현실적 개념으로서의 '악'/추상이기 때문이다.

다행히도 세상에는 하나님의 저주가 이미 내려와 있었고, 터무니없는 누군가가 말한 것처럼(보고서를 작성하는 주교나 신부들이었는데) 세상에 암약하고 악을 퍼뜨리는 세력들의 힘이 강해져 있었다. 교회는 그래서 설교와 방침을 통해, 사기극을 통해 이제까지 없던 새로운 믿음을 만들어낸다. 성경 어디서도 발견할 수 없는 믿음들 말이다. 요정이 악령이 되고, 정령이 그 악령들의 심부름꾼이며, 숲이 어둠의 증식지가 되는 것은 자연스러운 일이었다. 『로빈 후드』는 정말 사기극 같은 이야기이다. 우리는 그를 홍길동 같은 의적으로 생각하지만 그것은 나중에, 설화로 떠돌던 수많은 삽화에 첨가된 '서사'에 불과하다. 대체로 로빈 후드와 간접적으로 연관된 모든 이야기에서 그는 도적 떼였으며, 잔인하며, 끔찍스러운 인물로, 한마디로 숲도적에 불과했다. 실제로 전쟁 이후, 터전을 잃은 자들이 기거하고 숨어서 그들의 양식을 취하는 곳이 길이고 필연적으로 숲이므로 시작된 이야기에 불과하다. 그러니, 멋진 의적은 머리에서 지워버리자. 그나마 이 설화가 가치가 있다면, 다른 것들에 비해 인간이 등장하므로 당시 시대상을 엿보게 해준다는 점뿐이다. 이렇게 생각하자, 만일, 주인공이 인간이 아니라면 숲은, 성을 에워싼 삶의 배후지가 아닌, 미지의 땅에는 누가 기거할까?

악에 대한 소문은 이제 실체가 될 수 있는 가장 중요한 근거, '공간'을 얻었다. 공간은 아주 중요한데, 사실은 '간'이 아닌 어떤 장소이며, 장소가 있어야 사건들이든 캐릭터든 존재할 수 있다. 정령에서 마귀로, 은총의 초록색에서 악의 어둠으로…. 마녀들의 등장은 시간문제였다. 하나님의 저주로 모든 것을 해석할 때, 저주의 결과를 몰고 온 이들이 있게 마련이고 그것은 악이기 때문이다. 이제 숲에는 목숨을 부지하기 위해 모여든 도둑 떼들과 굶주린 동물들이 기거했고, 시체들과 죽음이 곳곳에 널려있었으며, 그렇게 숲이 세상의 바깥이 되자, 삶의 경계는 더 줄어들고, 더 위험하고, 더 음산해졌다. 저녁, 밤, 이해할 수 없는 푸른 색을 빛어내는 새벽은 불안감이 엄습하는 시간이었다.

4) 드라쿨 Ⅲ세 Vlad Dracul: Vlad The Dragon

뱀파이어는 이쯤에서 태어난다. 십자군 전쟁이 남긴 상처 속에서, 믿음을 잃어버린 세상 안에서, 죽음과 광기의 냄새가 폴폴 피어나는 세상에서…. 대체로 16세기부터 흡혈귀가 돌아다니기 시작하는데, 물론 아직 우리가 정리한 뱀파이어의 모든 속성을 지니진 않았다. 하지만 일단 피를 부르며, 밤에 엄습하고, 영혼을 괴롭혀 자신의 종복으로 부리는 최면은 분명하게 장착된다. 그러나 동시에 여전히 초라하며 그저 징그러움과 결합한 섬뜩함에 머물러있었다는 점을 생각하자. 브램 스토커의 정리 안에서는 의미화되고 정돈된 시대상이 반영되어 있지만 애초 뱀파이어는 아직은 형편없는 존재였다. 그는 사실 마녀들과 함께 잃어버린 신앙의 뒤편에서 싹튼 끔찍한 공포감에서 시작되었기 때문이다. 물론 이 공포감은 오늘날보다 더 복잡하고 미묘하다. 이 공포감의 정체를 이해하기 위해서는 우리는 중세의 삶이 필요하다. 오늘날 바라보기에 온전한가 아닌가와 상관없이 신앙적인 삶이 어떤 것이었던가를 우리 입장에서 보기에, 과도할 만큼 적용해야 하며, 동시에, 보통 교육에 의해 양성된 우리 의식 조건을 이 경우, 배제해야 한다. 그래야, 밑도 끝도 없는 마녀사냥에의 열화와 같은 참여, 그 광기, 그를 불러일으킨 어둠에 대한 공포감을 이해할 수 있다. 이 문제는 앞으로 차차 다른 장에서 다루기로 하자. 지금은 뱀파이어 설화의 출생이 꽤 오래된 문제라는 점, 전 세계 도처에 흡혈의 괴물이 존재하지만, 십자군 전쟁 이후의 유럽에서 시작되었다는 사실에 집중하자. '악'이 자신이 기거할 공간을 마련했다는 말을 했다. 여기에도 적용이 가능한데, 이 공간은 마녀의 숲이었다. 아니면 무덤가, 아니면 마을이라도 밤/어둠이 지배한 시간…. 그런데, 서서히 이 설화들에는 더 구체적인 공간들이 등장한다. 오늘날의 헝가리, 루마니아, 오스트리아 동쪽 접경지…. 바로 동구권이다.

그러니까, 생각해 보라, 경계지…. 십자군 전쟁의 경계면, 마치, 《왕좌의 게임Game of Thrones》(2011~2019)에서처럼 북쪽 아득한 어둠의 세계와 문명권을 구분하는 그 거침없는 방벽처럼…. 스타크 가문이 위치한 지대….

그 때문에 각종 설화들 속, 이 흡혈귀에게는 이름이 붙여진다. 물론 이는 브램 스토커가 오랜 시간 여러 설화들과 교황청 보고서, 각종 교회용 보고서를 통해서 가장 서사화하기 적당한 대상을 나름대로 선택한 것이다. 하지만 실제로 그 설화들 중 상당한 것들에 구체적 이름들이 붙여져 있다: 그 유명한 드라쿨 백작!

이후, 영어식 발음에 의해 드라큘라라 불린 존재이다. '십자군의 영웅, 자신은 승전고를 울린, 신성으로 무장한 열렬한 신도였으며, 적어도 당시까지는 위대한 영웅이었으나 전체 십자군의 전면적 퇴진에 따라 고향으로 돌아온 영주…', 이러한 얘기는 스토커의 버전과는 큰 상관이 없다. 아니, 스토커는 오히려 실제 떠돌던 여러 설화를 묶어 다소 모호하게 처리했다.

우리 세케이족은 마땅히 자부심을 가질 만하오. 주권을 세우기 위하여 사자처럼 용감하게 투쟁해 온 많은 선조의 피가 우리 혈관 속에 흐르고 있기 때문이오. 옛날에, 유럽의 여러 부족이 서로 세력을 겨누며 아웅다웅할 때, 토르 신과 오딘 신에게서 투쟁의 정신을 부여받은 위구르족이 아이슬란드로부터 내려왔소. 위구르의 전사들은 유럽의 해안뿐만 아니라 아시아, 아프리카의 해안에서까지 그 잔인한 투지를 발휘했소. 그래서 사람들은 인간 늑대들이 왔다고 생각할 정도였소. 이 지방에도 그들이 왔었는데 여기에서 우리의 선조인 훈족과 마주쳤소. 훈족은 격분에 휩싸여 사나운 불길처럼 이 땅을 휩쓸었소. 오죽하면 멸망해 가는 부족들이, 훈족의 핏줄에는 스키타이에서 쫓겨나 사막의 악마와 결합한 저 마녀들의 피가 흐르고 있다고 생각했겠소. 말도 안 되는 소리지요 아틸라 왕의 위대한 혈통을 그깟 악마나 마녀 따위와 비교한다는 게 말이나 되오? 우리의 이 혈관에는 아틸라 왕의 피가 흐르고 있소.

[……]

우리는 정복 민족이었소. 우리는 긍지에 차 있었소. 마자르족 롬바르드족 아바르족 불가르족 또는 투르크족이 떼 지어 우리의 국경으로 쏟아져 들어왔지만, 우리는 그들을 패퇴시켰소. 놀랍지 않소? 마자르족의 아르파드 족장과 그 군대가 옛 헝가리 땅을 휩쓸며 위세를 떨치다가 우리의 국경에서 우리와 마주쳤소. 그런 얘기 처음 듣소? 마자르인들이 동쪽으로 물밀듯이 쳐들어오면서 훈족이 무너졌소. 승리한 마자르인들은 우리를 형제라고 부르면서 우리에게 투르크 국경의 수비를 맡겼소. 이리하여 수백 년 동안 자나깨나 우리는 헝가리를 위하여 투르크 국경을 지켜 왔소. 투르크인들은 '물도 흐름을 멈출 때가 있는데 저 놈들은 잠도 없다'라고 말할 정도였소. 마자르, 왈라키아, 색슨, 세케이, 네 부족 중에서 유독 우리가 피 묻은 칼을 받고, 헝가리 왕의 부름에 가장 먼저 달려가는 신세가 되었던 거지요. 우리 민족의 그 크나큰 치욕, 속국의 불명예를 씻을 날을 우리는 고대했소. 왈라키아와 마자르의 깃발이, 초승달이 그려진 투르크의 깃발 아래로 내려갈 날을 말이오. 그날이 오기 전까지는 우리는 헝가리를 위하여 투르크와 싸웠소. 트란실바니아의 총독으로 다뉴브강을 건너 투르크인의 땅에까지 가서 그들을 쳐부쉈던 사람도 우리 부족의 일원이었소. 그가 바로 드라큘라 가문의 사람이오. 그의 형제 중의 한 사람은 싸움에 패배하여 그의 백성들을 투르크에게 팔아 노예로 전락시킨 자도 있소. 슬픈 일이지요. 그 드라큘라의 패배가 가문의 다른 사람을 발분시켰소. 그리하여 후대에 다른 드라큘라가 위대한 강을 건너 투르크 땅으로 거듭거듭 쳐들어갔소. 그는 번번이 격퇴를 당했소. 병사들이 추풍낙엽처럼 쓰러져 유혈이 낭자한 전쟁터에서 그 사람 혼자서 돌아와야만 했소. 그래도 그는, 궁극적으로 자기 혼자서 승리할 수 있다고 믿었기 때문에, 가고, 다시 가고, 또 갔소.

— 브램 스토커, 『드라큘라』 pp. 56~57.

드라큘라 백작이 조나단에게 자신의 역사에 대해서 말하는 장면이다. 브램 스토커가 역사 속에서 수집한 다양한 자료들이 놀라우리만치 일목요연하게 정리되어 있는데, 실은 서로 이어지지 않는 별개의 역사적 사건들을 오로지 지역적 의미로 묶어낸다. 흥미로운 것은 인간으로서의 역사를 언급하기는 해도 브램 스토커는 악으로서의 드라큘라의 입장은 한 번도 진술하지 않았다는 점이다(비록 인용문처럼 장황하게 자신의 역사를 진술하는 백작이 나오기는 하지만 자신을 '악'으로 소개하지는 않는다). 이미 뱀파이어가 된 후의 드라큘라에서 시작하기에 아마 이전의 그의 입장까지 담을 이유가 없었을지도 모른다. 굳이 이름이 없던 흡혈귀, 공동묘지에서 시체를 파먹거나(이는 사실 좀비의 원형일 수도 있으며), 피를 찾는 수많은 존재의 내력을 써나갈 필요는 없지 않은가? 그는 그저 아주 적당한, 자신이 생각한 서사를 세워줄, 드라마틱한 캐릭터를 선택한 것이다. 트란실바니아, 오늘날 루마니아지만, 헝가리

영역에도 걸쳐있던 과거 공국으로서의 트란실바니아의 백작가문 드라쿨…. 브램 스토커의 버전에서는 영화들에 나온 십자군 전쟁 속에서의 '신앙'의 배반과 저주는 없다. 다른 전쟁, 규모가 작아서 그렇지, 위의 인용문을 가만히 상상하며 읽으면 보다 더 처참하고 끔찍한 '전투'가 아닌 생존을 위한 '사투'에서 얻어진 피의 저주가 있다. 그런 점에서, 엄밀히 말하자면 캐릭터가 드라마틱한 것은 아니다. 19세기 말, 브램 스토커에게 '드라마틱'이 있다면, 그 시대적 관점이다. 왜냐하면 이 '악'은 영주이기는 하지만 결코 애초부터 '인간'은 아니었으니까. 그를 인간으로 해석해, 사랑과 비통이라는 성격을 부여한 것은 오히려 브램 스토커가 아닌 여러 외전들이며, 그조차 조악하였는데, 코폴라를 통해서 우리에게 근사하게 입혀졌다. 그러니, 우리는 이러한 드라마틱한 드라큘라 백작의 과거사를 담은 버전을 대충 코폴라 버전이라 부르고, 잠시 뒤로 그에 대해 말하기로 하자. 시작은 아무래도, 불분명한 과정으로 '악'이 된 존재로서, 드라쿨 가문에서 이루어져야 하기 때문이다.

그래, 백작은 그 자체로 '악'의 체현이다. 브램 스토커의 책에서 용의주도한 것이 있다면 위의 진술에도 나오듯이 줄기차게, 은근히 피와 지속적으로 연관된다는 점이다. 그의 상상 속에서, 이 피를 갈구하는 사투 속에서 이 가문은 피의 저주에 휘말려, 더 이상 인간이 아닌 존재가 된 듯하다. 이런 악, 이런 추상, '신앙'이 더 이상 영향력을 발휘하지 못하는 시대의 이야깃거리로서 말이다. 어쩌면 우리는 오늘날 우리가 루마니아, 헝가리 등으로 부르는 이 동토의 여건을 더해야 할 것이다. 이때는 국가 경계가 없었으며, 서로 오랜 시간 다양한 부족들이 엉키고 설킨 지대였다는 점, 통치에 있어서 비교적 일원화된 가치를 공유하는 이들만이 대상이 아니라 오랜 구원仇怨과 이해관계가 복잡하게 얽힌 이들의 영토였다는 점 말이다. 드라쿨은 이러한 곳의 영주였다. 이는 순전히 내 짐작이며, 적어도 추상적으로 알려진 바를 제외하고는 구체적인 사실들에 바탕하진 않았지만, 유고 슬로바키아의 요시프 브로즈 티토Josip Broz Tito(1892~1980) 같았지 않았을까. 세르비아, 크로아티아, 슬로베니아, 보스니아, 몬테네그로, 북마케도니아가 뒤엉킨 채 결합한, 티토의 죽음과 함께 분할되고 사라진 국가(오늘날 대부분 독립적인, 따라서 경계를 둔 배타적 국가들이 되었다). 신망에 기초할 때는 영웅이고, 위대한 영주였지만 전쟁 이후, 귀환 길에서는 이미 다른 존재일 수밖에 없었다. 어쩌면, 폭군이 되기는 너무나 쉬웠는지도 모른다. 패주의, 잔인하고 끝없는 폭력에서 돌아온 싸움꾼, 오직 종족의 뿌리마저 무너진, 머물 대지가 없는 운명에 처한 슬픈 존재('흙'은 그래서 중요해진다), 여정은 광기와 광폭함으로 가득 찬 존재로 바뀌게 했고, 생존을 위해 전장을 누비는 승냥이가 되었다. 죽음은 그의 피의 식사를 위한 통과의례였는데, 모든 것이 허물어진 채, 남은 것은 오직 '사악'뿐이었던 것이다. 이 두 가지 상태의 애매한 변환, 결합, 그래서 브램 스토커는 그를 세상의 반쪽에 기거하는 존재로 만들어냈을 것이다. 밤이 오면 하루 동안의 고통스러움을 기억에서 지워야 했던 것처럼, 연명하기 위해, '존재'를 확인하기 위해 떠도는 존재로 말이다. 인간이 야만도 아닌, 짐승이 되어버린 전쟁을 지나와, 믿음으로부터 버림받았다는 생각과 그에 따른 분노, 오직 살아야 한다는 본능 외에는 얻은 것이 없는 외로운 사냥꾼.

앞서 내가 브램 스토커가 실제로 떠돌던 설화들을 다소 애매하게 묶어냈다는 말은 여기서 적용된다. 왜냐하면 이 저주와 비통, 운명, 그로 인한 신앙의 저주를 빼낸다면 이 설화들은 명확한 한 인물로부터 비롯된 것이기 때문이다. 여러분도 알다시피 블러드 테페쉬Vlad Țepeș (간혹 경음이 강화되어 블러드 페페즈로 불리기도 한다)말이다. 블러드 더 임팔러Vlad the Impaler, 블러드 드라큘라(때로 뒤의 음절이 생략되어 동구권에서는 '드라쿨'이라 발음되며, 루마니아 표기로는 블러드 드라쿨레아*Vlad Drăculea* 1428/31~1476/77) 등의 다양한 이름들로 불리며, 왈라키아 공국의 지배자였던 블러드 드라쿨 백작의 두 번째 아들로 이른바 블러드 3세가 바로 그이다. '드라쿨'이라는 명칭은 애초 그의 씨족 명은 아닌데, 십자군 전쟁 시에 신성로마제국의 황제였던 헝가리 왕, 룩셈부르크의 지크문트가 황제의 용 기사단에 입문한 아버지에게 내려준 별칭으로 루마니아 표기이며, 바로 '용'을 의미한다. 그럼으로써 아버지는 블러드 드라쿨 2세가 되고, 테페쉬가 3세가 된 것이다. 이 '드라쿨' 즉, '드라쿨레아'가 곧 영어식 명칭의 드라큘라이며, 슬라브식 의미로 '용의 아들'이라는 뜻이다.

드라쿨 3세는 전언에 따르면 아주 잔혹했던 것 같다. 그는 전쟁포로들을 다루는 데 있어서 타의 추종을 불허하는 상상을 발휘했다. 포로의 항문에서 입까지 말뚝을 박았다는 것이 대표적인데, 그 외에 피를 다 쏟을 때까지 창자를 열어놓았다는 이야기도 있다. 어떤 포로에게 적용된 사례라면 가능할 것이다. 그러나 그의 잔혹성이 전설로 발전하는 데는 또 다른 엽기적인 것이 필요했는데, 길을 따라 일정 간격으로 포로들을 진열했다고 한다. 한 명이 아니라, 때로는 어떤 전투에서 포로로 나포한 이들 모두….

이 잔인함, 지나치게 폭력적인 성정, 그 방식이 나은 통치 형태…. 이것들이 그의 이름을 전설화하기 시작했다. 물론 그의 사후이다. 살아생전에는 사람들은 두려움에 떨어 감히 입소문을 내지 못했다. 그러나 그가 죽자, 이내 수많은 이야기가 생성된다. 내뱉지 못했던 것에 상징들이 얹어져 그가 지녔던 잔혹함과 폭력성을 설명하는 시구가 되어갔다. '용', 그러니까 악마, 지옥에서 올라온 사자, 대지에 피를 뿌리는 존재….

물론, 이러한 상상 불허의 잔혹함을 지닌 것은 테페쉬 뿐만이 아니다. 젊음을 유지하기 위해, 아름다움을 지속시키기 위해서 아이들이나 처녀들의 피로 목욕을 한, 그 유명한 헝가리의 바토리Báthory Erzsébet(1560~1614) 여사도 있다. 뱀파이어로 자라나는 설화들에 있어서 그녀 역시 한 부분 끼어들지만, 사실 이러한 잔혹한 성정들은 테페쉬나 바토리에게서만 엿보이는 것은 아니다. 그들이 남들보다 더 사디스트적인 성향을 지닌 것은 맞지만, 그 시대, 대체로 영주들의 세계는 야만 그 자체였다. 칼과 도끼와 망치로 사람을 공격하는 시대였으니 그만큼 육체에 대해서 가혹한 폭력성이 넘쳐나게 마련이다. 검과 도끼날의 공격을 무력화하기 위한 둔탁한 기사들의 무장복은 오히려 허다하게 빚어진 절단과 격투의 피비린내 나는 삶을 역설적으로 입증해 준다. 조금 뒤이긴 하지만 비슷한 시기, 잔 다르크에게 가해진 영국 신부들의 고문에 사용된 도구들을 보라. 상상하기 힘들다고 했지만, 사실 상상이 아닌, 실제로 구체적으로 육체를 짓이기고 유폐시키는 일들이 난무했던 시기이다. 바토리 공작 부인은 그저 엽기들 중의 하나였을 뿐이다.

하지만 드라쿨레아는 달랐다. 그에게는 온갖 상징들이 결합하는데,

용맹함의 상징이었던 용의 문장은 애초 그 괴물의 근본적인 속성과 결합해 그를 인간으로부터 저세상의 사자로 끌어내렸다(용은 오래된 신화에서 악의 상징이며, 그 속성 중 하나인 용맹함으로 인해 이따금 사용되었지 대체로 부정적인 인식을 주는 짐승이었다). 게다가 패주 끝에 돌아온 군주에게 들러붙은 저주가 또한 그의 설화들을 장식하는데, 아직 우리가 아는 뱀파이어까지는 아니지만, 입 밖으로 내기 힘든 마법과 주문의 세계와 결합하기도 했다.

브램 스토커가 드라쿨 가문을 선택한 이유는 따라서 분명하다. 실재해 온 인물 중에서, 그리고 설화로 자라난 이들 중에서 지금부터 스토커가 양식화하려고 하는데 크게 벗어나지 않는 잔혹함을 지닌 이로써는 테페쉬가 가장 적합했기 때문이다. 그러나 스토커가 진짜로 그에게 흥미를 보인 이유는 단지 폭력성이 아니다. 그에 대한 설화들 안에 깃들어 있는 저주와 악마의 계보, 그 때문이었다. 왜냐하면, 스토커는 지금 18세기까지 영근 악마의 속성을 뱀파이어에게 부여하려는 중이었기 때문이다. 그랬기에, 위의 드라큘라의 자신에 대한 소개처럼 십자군에서 살짝 비낀 동구권의 처절한 전쟁사로 치장했으며 무엇보다 '트란실바니아'를 떠올린다. 루마니아의 최남단(동쪽으로)인 왈라키아 공국의 연장선 북쪽이며, 곧바로 카르파티안 산맥으로 뻗어 오늘날의 우크라이나 북쪽 너머 아득한 동토(생기 없는 땅)로 이어지는 땅, 곧 당시로서는 생명 없는 땅, 바로 안쪽의 문명과 인접한 지대였던 장소로 드라쿨을 이주시켰던 것이다. 그래야 드라큘라의 이 발언처럼, 그의 핏속에 생명없는 땅에 기거한 영혼이 깃들 수 있으니까.

그 때문에 스토커의 드라큘라는 냉기에 가득찬 존재일 뿐이다. 그에게는 따뜻했던 땅에 대한 기억도 없으며, 인간으로서 영혼의 온기도 없다. 그는 영혼이 아니라 저주가 일으킨 존재이기 때문이다. 사실 그 점에서 볼 때, 코폴라의 이야기가 브램 스토커의 이야기보다 훨씬 매혹적인데, 실제로 브램 스토커의 버전에 문학적 생명을 입힌 것은《노스페라투》이고 코폴라의 버전이다. 빈손으로 돌아오며 - 이기지 못한 전쟁은 전리품이 없다, 모든 것을 잃고 광인이 되어 돌아오는 순간까지도, 오직 그의 기억에 생명으로 남아 있던 여인, 그녀의 존재는 순식간에 이 광폭한 악마를 연민의 존재, 비극의 희생자로 만들어 버린다. 하지만 그것은 사실 단순한 하나의 모티브에 지나지 않는다. 사랑의 아름다운 힘을 믿는 부질없음이거나 뱀파이어의 기원을 사람으로 환원시키려는 부질없음. 나는 그녀가 있었더라도 그는 뱀파이어가 될 수밖에 없었으리라고 생각한다. 인간의 사랑은 열정적이지만 위안이 못되며, 그러기에는 그는 이미 신의 사랑을 잃어버렸다. 영원한 위안인 신의 사랑으로부터 자신이 버림받았다는 사실을 깨닫는 순간, 그는 달라질 수밖에 없었을 것이다.

우리가 아는 뱀파이어는 그렇게 탄생했다. 저버림 속에서, 스스로 저버리고 타인으로부터 저버려졌다는 생각 속에서…. 피에 굶주린 승냥이. 마지막 중세의 사람들은 그래서 박쥐와 그 박쥐의 끔찍스러운 생애가 뒤범벅이 된 이야기를 떠올렸을 것이며, 브램 스토커도 마찬가지일 것이다. 코폴라는 인간의 연민을 그에게 부과했지만, 브램 스토커는 악마로 그려낸다. 자신의 씨앗을 세상에 유포하려는 악마, 세상을 피로 물들이고 광기로 일그러지게 할 존재…. 여기에도 분명한 이유가 있다. 우리가 차차 우리의 이야기 속에서 관심을 가질 부분은 이 차이에 관한 것이기도 하다.

결국 이처럼 길게 서설을 풀어간 이유는 여기에 있다. 그의 존재는 그 당시 세상의 변화를 내포하고 있음을 말하기 위해서이다. 그렇다고 이것이 단지 '그 당시'일까? 시간을 넘어서, 경전에 있는 내용과 현실에 맞부딪친 내용과의 히야투스 아닌가? '흡혈귀'가 공포에 대한 보편적 이미지, 즉, 공포를 대하는 인간의 가장 기초적인 이미지인 까닭은 여기에 있다. 아직 엑소시즘은 구체화되기 이전이다. 그것은 마녀의 세상에서 삶의 공간으로 넘어가는 길목, 다르게 말하면, 마녀의 서식지가 사라지고 세계 전체가 삶으로 뒤덮이는 세상에서 시작된다. 흡혈귀들, 시체를 파먹는 마귀들, 하지만 시체인지, 육즙인지, 피인지, 구체적으로 내장인지, 간인지, 심장인지, 그 시대에 가장 끔찍하다고 여기는 짓들을 감행하는 정체불명의 존재들이 먼저이고, 어느 만큼 후에, 늑대인간이나 교배종들이 시녀가 되었으며, 이후에 마녀가 나타났고, 마녀들이 사라진 다음에 엑소시즘이 나온다. 이 연결선에 '공포'에 대한 이미지의 전환이 있고, 세상을 사는 우리가 지닌 '악'의 이미지들이 나온다.

사실 구체화된 이후의 뱀파이어 서사는 정말이지 기이하다. 기독교와 충돌하는 존재로 알고들 있지만, 아무리 생각해도 어이가 없다. 즉, 항상 악마로, 어쩔 수 없는 사탄으로 그려지고 있지만 어쩐지 이상하지 않은가? 신앙의 반대편에 싹이 트는 것이 악마이며, 악마의 반대편에 구름기둥, 불기둥으로 서 있는 게 하나님이다. 그런데 다시 말하지만 신앙은 이에 대해 아무 힘도 쓰지 못한다. 여호수아가 백성들을 끌고 우우우우 기이한 나팔과 함께 여리고 성곽을 맴돌 때, 그때 힘을 발휘한 것은 분명한 신앙이었다(여호수아 6:1-21). 사막을 떠돌며 기진맥진한 데다 수도 형편없는 무리에게 그들이 보기에 '네피림 후손인 아낙 자손의 거인들' 같은 존재들 앞에서 '그들은 우리의 먹이라' 말하는 것은 미사일을 가져서도 아니고 당시에 없는 특별한 무기를 지녀서도 아닌, 신앙의 힘이었다. 그래, 기독교가 가장 중요하게 여기는 것은 성물이 아닌 신앙이다. 하지만 이 신앙은 뱀파이어 설화에서는 완벽하게 무시된다. 신앙이 힘을 지니지 못하면, 종교는 한갓 설화가 돼버리기 마련이다(그리스 로마 신화처럼). 그래, 기독교가 어떻든 간에, 이 유럽인들에게 엄청난 영향을 주고 있음이 여전하다는 것을 보여주는 서사면서, 드라큘라는 반대로 그 영향력이 점점 빈 껍데기가 되어가는 지표이기도 하다. 앞서도 말했듯이, 드라큘라는 애초 신의 반대편이 아니라, 신의 응답이 사라진 뒤에 나타난 자이며 그래서 버림받은 존재의 분노이다. 그의 악마성과 광폭함은 그렇기에 이 분노와 패배감과 스스로를 용서 못하는 굴욕감의 산물이다. 그래서인가? 그는 인간들을 조롱한다. 종종 그의 우아함은 한때, 그가 귀족이었음을 말해주는 동시에, 그 계급의 더러운 욕망을 고스란히 보여주는 증거품이다. 마치 부드러운 연민의 눈길을 지닌 지식인이 서 있지만 내면에는 증오와 업신여김이 격랑을 이루고 있듯이 말이다. 인간은, 이 우아하지도 사려깊지도 못한 군상들은 그의 장난감이다. 그는 그 장난감을 부숴 버리고 싶어한다. 파괴는 더욱이 그의 생존본능이지 않은가? 그는 승리의 열망으로 가득 차 세상을 정복하려 한다. 때가 되었다. 자신은 누구도 범접할 수 없는 괴물이 되지 않았는가? 이 설화에 어찌할 수 없이 당대의 영주들과 교회가 겹치는 것은 따라서 당연하다. 이 괴물의 실체는 사람들이 어디선가 경험한 것들로, 다른 점이 있다면 영주나 교회에 부여할 수 없는, 악마성을 연관 지었다는 점뿐이다.

그런데 여기서도 이상하다. 이 악마는 십자가를 두려워하기는 하지만, 내가 보기에 그것은 사실 기억이 야기시킨 기호적 작용에 불과하다. 그저 징표를 두려워할 뿐, 정작 하나님을 두려워하는 모습은 보이지 않고 있다. 하나님은 악마에게 있어 부정의 대상이지만 두려움의 대상이기도 하다. 그러나, 뱀파이어는 버림받은 존재, 신의 부재를 증명하는 존재가 아닌가? 그는 신앙의 세계와 결별함으로써, 이 새로운 육체를 얻었다. 그래서 그의 존재 자체가 문제가 된다. 그는 신이 사라진 뒤에 출현한, 신의 부재를 보여주는 존재이기 때문이다. 보라! 반 헬싱이나 조나단, 미나, 거의 모든 인물이 줄기차게 하나님의 존재를 내뱉지만 그처럼 허망할 수가 없다. 왜냐하면 모든 묘사에 있어 그들의 위대함은 신앙이 끌어주는 게 아니라, 인간적인 성품과 과학적인 지식—심지어는 합리성까지 포함해—그리고 그것을 멋지게 활용해 내는 지혜들에 의해 나타나기 때문이다.

> 자, 여러분은 우리가 맞서 싸워야 할 적의 정체를 알았습니다. 하지만 우리에게도 힘은 있습니다. 우리 쪽엔 결속력이 있고, 이것은 흡혈귀 무리가 가질 수 없는 힘입니다. 우리는 또 과학이라는 자원을 가지고 있습니다. 우리는 자유롭게 행동하고 사고합니다. 그리고 낮이든 밤이든 활동에 제약을 받지 않습니다. 사실 우리의 힘이 계속 커질 때만 우리는 그 힘을 자유롭게 활용할 수 있습니다. 우리는 대의에 헌신하며, 우리가 이루려는 목표는 우리만을 위한 이기적인 것이 아닙니

다. 이 점들은 매우 중요합니다. 이제 우리에게 맞서 결집될 수 있는 저들의 힘이 얼마나 한정되어 있는지, 그리고 특수한 한 흡혈귀의 힘이 얼마나 큰지 똑똑히 알아둡시다. 요컨대, 일반적인 흡혈귀의 약점과 우리와 맞선 특수한 흡혈귀의 약점을 나누어 생각하자는 것입니다. 우리가 판단 기준으로 삼아야 할 것은 여러 가지 전설과 미신들입니다. 생사가 걸려 있는 상황에서, 아니 사느냐 죽느냐보다 더한 것이 문제가 되는 상황에서, 그것들은 일견 별로 도움이 안 되는 것처럼 보일 것입니다. 하지만. 우리는 그것들을 기준으로 삼는 데에 만족해야 합니다. 첫째는 다른 수단들이 없으니 달리 어쩔 도리가 없고, 둘째는 이 전설과 미신들이야말로 따지고 보면 모든 것의 열쇠이기 때문입니다. 다른 사람들이 흡혈귀를 믿는 것도 다 전설과 미신에 바탕을 둔 것 아닙니까?

— 브램 스토커, 『드라큘라』 pp. 429~430.

자, 이제 모든 것은 조금씩 꺼풀을 벗어 던지고 명확해진다. 이 세상, 우리의 삶이 유지되는 이 공간이 어떻게 바뀌는지. 19세기에 사람들은 하나님, 신화, 신과 신들, 온갖 아이콘들을 서서히 자신의 노트에서 지워나가기 시작한다. 브램 스토커가 그러한 문제들을 지적하고자 한 일은 없지만, 자연스럽게 그 버전에서 여기저기 드러난다. 이 점에서 브램 스토커는 대단하지는 않지만 아주 열정적이고(그가 어떻게 살았든 간에) 성실한 작가였다고 볼 수 있다. 드라큘라라는 존재의 현실적 배경이 되는 런던, 환경, 인물들을 말하는 데 있어서 시대적 상황을 아주 충실하게 반영하고 있다는 점에서 말이다. 오히려 어떤 면에서 코폴라의 버전이 더 이상하다. 이 이십 세기말에, 너무 일찍 놓아버려 이제는 아쉬움의 대상이 된 듯, 드라마 안에 줄기차게 신을 등장시킨다. 물론 얼마간 후에, 우리는 이 차이가 단지 사람(작가)의 문제가 아닐 수도 있음을 말하게 될 것이다. 문학과 영화라는 것들이 차지하는 의미일 수도 있으니까.

여하간, 이 뱀파이어라는 존재는 그 점에서 나름대로 아주 의미심장한 존재이다. 하나님을 이미 의식하지 않는 악마, 그저 육체의 갈증으로 서 있는 악마, 세상을 포식하는 게 아니라 종족의 유포를 위해 존재하는 악마, 오직 생존의 의지로 가득 차 있는 존재…. 이런 항목들만으로도 세상은 그 출현 이전과 이후로 엄청나게 바뀐 셈이다. 인간도 죽음도 아닌, 경계에 위치한 이상한 육체를 지닌 존재, 굶주림에 이를 갈며 떠도는 존재, 사람들의 환희에 반해 영원히 고통 속에 일그러진 얼굴을 띠고 밤거리를 배회하는 존재, 버림받은 존재….

일상의 차원, 삶이 유지되는 공간, 세상이 돌아가는 공간에서 그는 격리되어 있다. 그는 즉, '저세상' 사람이다(이 '저세상'조차 이 소설에서 천국과 지옥의 공간분할로 구성되던 영적 세계가 아니라는 점을 유의하라). 사람들은 잠을 잔다고 생각하지만, 그것은 사람의 입장에서 본 견해일 뿐이다. 그에게는 휴식이 필요한 게 아니라 그 일상으로부터의, 햇빛으로부터의 도피가 필요한 것이다(어쩌면 차원으로부터의 도피). 그는 일상에 노출될 수 없는 존재이므로, 그 시간에 그는 죽음의 깊은 잠이 들 수밖에 없는 존재이므로... '잠'은 그러니까 그에게는 죽음의 상태에 해당한다.

이 일상이 저문다. 광채, 빛나는 해는 기운을 읽고 붉게 꺼진다. 언제나 갈무리를 지닌 달이 뜨고 회백색도 아니고 희푸르다고도 할 수 없는 색을 천지에 뿌리는 묘지의 시간, 죽음의 시간, 잠자는 시간이 오면 그는 세상에 몸을 드러낸다. 지상에서(공간에서) 육체를 지니게 되는 것이다. 불행한 것은 오직 그 혼자만이 일상으로 돌아온다는 사실이다. 타인들에게 이 시간은 비일상의 시간이며 어둠의 시간인데, 오직 그 혼자만 생생한 육체를 지니고 땅에 발을 디딘다. 그래서 그의 몸은 어차피 언제나 차원의 틈새로 빗겨가 있을 수밖에 없다. 어딘가에 귀속되지 못하고 떠도는 존재 말이다.

여기까지이다. 브램 스토커의 버전은 사실상 여기서 시작되고 여기서 끝이 난다. 죽음이, 영원한 죽음이 찾아오기는 하지만, 그것은 이야기 안에서 이미 명백하게 예견된 결과일 것이다. 오히려 코폴라의 버전이 이 예견을 벗어난다. 이상하게도 그는 미나와의 소중한 사랑을 복원시켜서는 그토록 비감한 이 죽음을 낭만적으로 그려낸다. 떠도는 자의 최후에 그렇게 한 줄기 빛이 다다른다. 끔찍스럽고 무서우며 징그러웠지만, 마치 누구도 결코 증오할 수는 없다는 듯이, 단지 그에게 원래 그가 속해야만 했던 일상을 되돌려 주려는 듯이…. 당한 자들의 복수극은 나타나지 않는다. 그의 인간으로서의 일상은 벌써 죽음에 속해야만 하는 것이고, 그래서 사람들은 이 불행한 운명을 안식으로 인도한다. 안식, 위대한 일상 안으로, 영혼의 세계로….

그러나 어느 쪽이나 마찬가지이다. 왜냐하면 사실 이 이야기 안에서 고통에 빠진 것은 뱀파이어만이 아니다. 모든 존재가, 뱀파이어가 중세 끄트머리의 음산함과 죽음의 냄새를 풍기며 그 무겁게 운명지어진 삶을 그리기 위해 탄생한 것이듯, 그를 둘러싼 모든 존재도 마찬가지로 고통에 일그러져 있다. 세상은 그처럼 무거울 수가 없고, 그처럼 비감함과 쓸쓸함이 깔려있을 수가 없다.

그래서 이야기는 그치지 않고 계속되고 떠돌아다닌다. 마치 소설 안에서 사람들 주위에 음산함이 떠돌아다녔던 것처럼….

이미 말했지만, 오늘날 사람들은 물론 모든 것이 가짜라고 생각한다. 그것은 소설일 따름이라고. 어떤 자들은 존재의 사실 여부를 확증할 만한 문건들과 증거들을 찾아내고 발견하려 하며, 브램 스토커 이전에 떠돌았던 설화들을 채집하고는 최소한의 확신에 차기도 하지만, 부질없는 짓이다. 그 백작은 인간으로 태어났던 이상, 결코 죽음을 넘어서 되돌아오지 못했으며 오백 년이 넘는 삶을, 아니, 운명을 유지하지 못했다. 과거의 불운한 폭군이 남긴 사건들로부터 피어난 설화….

그래서 정신이 온전하다면, 뱀파이어가 있다고 믿는 자들은 없을 것이다. 피에 굶주림은 가끔 목도되는 현상이지만, 그것이 무서운, 끔찍스러운 존재의 출현이고 죽음에서 되돌아와 떠도는 자의 행위라기 보다는 하나의 질병일 뿐이지 않은가? 마치 《노스페라투》에 나오듯 뱀파이어는 연기처럼, 이야기가 한갓 사라지는 연기에 불과하듯이 그처럼 사라져버린 설화인 것이다.

그러나 우리는 이렇게 생각해 볼 수 있지 않을까? 이 뱀파이어로부터 실제 존재를 찾는 것은 엉뚱한 일이며 쓸모 있을 일도 아니라고. 왜냐하면 뱀파이어는 영혼의 굶주림에 대한, 육체의 불완전함에 대한, 정신의 이중성에 대한, 예컨대 육체와 정신의 불협화음에 대한 표지라고. 그것은 하나의 기표이며, 지시체가 없는 기표이며, 따라서 언제라도 기의로 마구 치달아 버릴 수 있다고….

브램 스토커의 『드라큘라』 초판본 커버 형상적 암시나 디자인도 없이 제목과 작가의 이름만 들어간 깔끔함이 눈에 띈다. 고딕풍의 소설에 맞는 최소한의 표지조차 달지 않았다. 아마도 처음으로 이 존재를 세상에 내어 보이면서 정체를 감추려는 데 목적이 있지 않았을까? 펼치고 문장을 읽어 내려가면서 이 당시로서는 매혹적인 존재에게 빠져들게 하려는 전략에서? 이는 그저 내 짐작이다.

뱀파이어, 이 존재는 아주 오래전부터 이야기 안에 떠돌던 것이었는데 문명에 대한 하나의 징후로 뚜렷하게 나타난, 탄생한 해는 바로 1897년이었다.

사람들은 사실 이미 오래전부터, 아니 생명을 지닌 순간부터 그에게 익숙해져 있었다. 다만 현실 안에서, 일상 안에서 보지 못했을 뿐이다. 그런데 1897년에 사람들은 그를 보게 된다. 그리고 문명에 대한 하나의 징후가 된다(당연히 유일한 것도 아니며 유독 특별한 것은 아니다).

뱀파이어가 실제로 탄생했다면 세상은 뒤집혔을 것이다. 많은 이야기는 어떻게 그를 막는지, 브램 스토커의 이야기부터 시작해서 다른 이야기들까지 모두 끝을 지니고 있지만, 과연 그럴까? 세상의 8할은 뱀파이어로 가득 찼을 것이며, 인간이라는 존재는 혼동되기 시작했을 것이다. 그의 존재는 우리가 이해하고 있는 삶과 죽음의 관계를 혼란으로 몰고 가는 것이기 때문이다. 죽음과 삶이 우리가 철석같이 믿고 있듯 서로 맞닿아 있지 않으며 틈새를 두고 벌어져 있는 것임을 알게 될 때, 우리는 얼마나 혼란스러움에 빠지게 될 것인가? 그 지대에서 우리는 아무것도 아니다(가만히 보면, 이는 우리가 아는 또 다른 존재, 좀비의 속성이다). 삶 또는 죽음에 속했을 때, 우리는 어떻든 존재였지만, 사이에서는 우리는 아무것도 아니다. 아직 영혼도 아니고 그렇다고 육의 세계로 되돌아오는 것도 아닌…. 실제로 나는 이런 주제를 지니고 벌써 오래전부터 이야기 하나를 쓰고 있다. 그것은 마침 종지부를 향해 달려가고 있는데 우리 존재가 혼동되는 그날을 상정하고….

허구에 불과하지만 그것이 실재가 된다면 세계의 모든 이해는 바뀌어야 할 것이다. 뱀파이어는 지금이야 우리가 조소하듯 바라보지만, 충분히 그럴 만한 존재이며 차원을 뒤흔들만한 사건이기 때문이다.

2. 노스페라투Nosferatu/뱀파이어Vampire/파우스트Faust—20C

1) 런던에의 출몰, 땅에 이르다.

사람들은 뱀파이어에 대해서 얼마나 알고 있을까? 뱀파이어는 실제로 탄생했다. 어쩌면 그가 나타남으로써 허구로 묻혀있던 이야기가 유포되기 시작했는지도 모른다. 세상은 바뀌었고 이제 끔찍스러워졌다. 왜냐하면 아무것도 아니던 악이 수 세기를 걸치며 기독교가 말한 악이 되더니, 결국에는 세상 바깥으로 나왔기 때문이다. 그러니까 기독교의 엄중한 틀을 깨고서 말이다. 19세기는 삶으로 볼 때, 의식의 독트린으로서의 기독교가 무너진 시기이기도 하다. 그것은 한갓 '종교'가 되어갔는데, 우주, 세상에 대한 절대적 원칙 때문에 어쩔 수 없이 존재하는 믿음에서 각자의 의지에 따른 신앙의 문제가 되어버린 것이다. 물론 나는 여기서 기독교의 물화를 말하려는 것이 아니다. 같은 선상에 있기는 하지만 인간의 의식 안에서의 변화와 곧 그 때문에 벌어진 세계에 대한 이해의 변이, 성경의 악마에서 세계의 악(괴물)으로의 전환을 지적하려는 것이다. 나도 이 끔찍스러운 세상에 태어났다. 그것도 완벽하게 전 시대의 원칙이 무너진 20세기 후반부 언저리에. 물론 이러한 세상에 묻혀서 살아가기 때문에 모든 것을 부정할 수는 없을 것이다. 하지만 나는 모든 것을 그저 있는 그대로 수용할 수 없다는 사실도 알고 있다. 내 몸이, 정신이 아무리 여기에 맞춰서 형성되었고, 내 연명의 장소가 여기라 하더라도 말이다.

뱀파이어가 자신을 통해서 보여준 악의 전환을 말하는 데서 과거부터 이어진 그의 여정을 마감하기로 하자. 정리하면, 애초 시체나 파먹든가, 굳지 않은 피를 빨던 '그'는 아직 뱀파이어가 아니었다(10~11세기). 십자군 전쟁을 거쳐야 했는데, 이름 없는 기괴한 괴물인 산송장들이 그 과정에서 구체적 대상으로 화했다. 여기서 뱀파이어 전 시대 이름들이 문명의 경계지를 떠도는 설화가 된다. 스트리고이strigoi, 오를록Graf Orlok, 왐피wampyr등이었다가 이제 노스페라투nosferatu로 집약된다. 이 이름들에 엮이어 있는 존재가 바로 악마이며, 공간이 지옥이다. 하지만 아직 오늘날의 뱀파이어는 아니다. 왜냐하면 이들은 세상에 선을 보이기는 했지만, 근본적으로 아직 그 공간, 그 세계에 기거하는 자였기 때문이다. 말하자면 아직 '육신'을 지닌 자는 아니었다. 이들이 육신의 형태와 관계하기 위해서는 구체적 인물들이 필요했는데, 질 드레, 바토리 백작 부인, 그리고 블러드 테페쉬 등이 그 존재들에게 육신을 제공한다. 그리고 이 마지막 인물, 테페쉬, 곧 드라쿨레아가 드디어 모든 설화를 끌어 담는다. 아, '용의 아들', 그의 난폭함과 광기를 겪고들은 이들은 이 이름에서 '악마의 아들'을 떠올리게 되고, 이 슬라브식 표기의 라틴식 전환인 드라큘라가 우리가 아는 뱀파이어의 혼을 입는 존재가 되는 것이다.

> 여러분, 그자는 다뉴브강을 건너 투르크 땅으로 쳐들어가 투르크인들을 무찌름으로써 명성을 얻는 드라큘라 총독이었음이 분명합니다. [……] '숲 저편 땅'[8] 의 아들들 가운데 가장 용감하고 가장 총명하며 가장 교활한 자로 알려진 위인이기 때문입니다. 그 대단한 지혜와 강철 같은 결단력은 그자와 더불어 무덤으로 갔는데, 그것들이 지금 이 순간에 우리에 맞서 전열을 정비하고 있는 것입니다.
>
> — 브램 스토커, 『드라큘라』 p. 433.

추상적 악은 이렇게 형상화되고 구체화되었다. 여기에 아주 놀라운 전환이 하나 숨겨져 있는데, 바로 이 무대, 18세기, 그리고 19세기, 기독교의 자리를 과학이 차지하며 그 위대했던 원칙을 뒤로 물리더니, 결국 남은 것은 거기서 태생한 악의 물화였다는 점이다. 보라, 신도 뒤로 물러서 물화된 기호, 십자가가 되더니 빛에서 태양이 되고, 흔적도 없이 사라졌다. 그럼에도 악은 남아, 땅 위로 올라왔다. 애초 그는 지옥에 기거했었는데, 신의 세계가 사라져 그 역시 갈 곳을 잃었기 때문

---

8) 카르파티아 산맥 너머 땅을 말하는데, 사실상 트란실바니아는 그 안쪽이며, '숲 저편 땅'은 더 이상 생명이 연장되지 않는 극도의 동토인 북쪽을 지시했으며 상징적으로 죽음의 땅을 의미했다.

이다. 만일 여전히 지옥에 있다면 우리는 오래전 과거처럼 그와의 마주침은 그저 운의 문제로 돌릴 수 있었을 것이다. 그러나, 그는 도처에, 자자하게 존재하게 되었는데, 드라큘라라는 육체가 시작이었다면, 이후, 수많은 존재로 형태를 바꾸어가며 현전한다. 결국, 이러나저러나 '존재'가 문제인 셈이다.

*

자, 이제 존재의 꺼풀을 하나씩 벗겨 나가자. 나는 우리의 세상이 어떻게 바뀌었는지 슬쩍 너울을 벗겼다. 19세기, 아마도 또 하나의 전쟁이 신뢰감을 파괴해 버릴 때까지 계속될 세기, 비록 그다음 세기를, 20세기를 특별하게 말한다고 하더라도 여전히 새로운 세기, 인류에게 수많은 의미를 던지는 세기에 대해서 말해보자. 위, 어딘가에 쓰길, '사람들은 하나님, 신화, 신과 신들, 온갖 아이콘들을 서서히 자신의 노트에서 지워나가기 시작한다'고 했다. 물론 이런 경우에 어떤 사람들은 17세기나, 18세기를 더더욱 중요하게 다룰지 모른다. 하지만 그러한 역사적 추이를 떠나서 나는 조금 다른 시선을 지니고 있다. 작품들, 발명품들을 통해서 드러나는 인간의 욕망들, 그 욕망이 빚는 세계들, 그런 것들에 주목하고자 하는 것이다.

이미 말했지만, 중세 때부터 떠돌던 이야기이다. 사람의 피를 빠는 괴물의 설화는 아주 넓게 퍼져 있었다. 서구에서 자신들의 세계관에 따라서 의미심장하게 발달하지만 그것은 중국에도, 인도에도 있는 설화였다. 많은 사람들은 이러저러한 이유를 들어 이 흡혈, 피와 갈증, 성적인 문제들을 한데 엮어 오만 가지 납득할 만한 추정을 한다. 하지만, 문제는 사실, 다른 데 있어 보인다. 예를 들어, 위에서 줄기차게 지적했듯이 이 존재가 어째서 세계관의 문제와 만나게 되는가 하는 점 말이다. 존재의 특성들을 다시 한번 말해보자.

> 노스페라투는 한 번 침을 쏘고 죽어 버리는 벌과는 다릅니다. 그자는 오히려 더 강해집니다. 그리고 더 강해지면, 더 많은 악행을 저지를 수 있게 됩니다. 우리가 맞닥뜨린 흡혈귀는 혼자서 남자 스물을 당할 만큼 힘이 셉니다. 그자는 인간이 도저히 따를 수 없을 만큼 영리합니다. 나이를 먹을수록 더 영리해지기 때문이지요. 게다가 흡혈귀라는 말의 어원이 암시하듯이, 그자는 죽은 이들의 영혼을 불러내 미래를 점칠 줄도 압니다. 그자가 접근한 죽은 이들은 모두 부하가 되어 그자를 보호합니다. 그자는 잔인합니다. 아니, 잔인하다는 것만으로는 표현이 부족합니다. 그자는 피도 눈물도 없는 악마입니다. 그자는 어느 한계 내에서는 언제나 어느 곳에든 마음대로 나타날 수 있습니다. 그자는 자연력도 어느 정도 부릴 줄 압니다. 폭풍우를 몰아오고, 안개를 부르며, 천둥을 치게 하지요. 그자는 또 하등 동물들을 마음대로 부릴 수 있습니다. 쥐, 올빼미, 박쥐, 나방, 여우, 이리 따위 말이지요. 그자는 몸의 크기를 자유자재로 조절할 수 있습니다. 또, 때로는 갑자기 사라지고 아무도 모르게 다가오기도 합니다.
>
> [……]

흡혈귀는 세월이 흐르면 죽어 없어지는 존재가 절대 아닙니다. 그자는 산 사람의 피로 몸을 살찌울 수 있을 때 활개를 칩니다. 아니, 우리가 직접 보았듯이 더 젊어지기까지 하며, 생명력은 더 강해집니다. 그리고 그자가 즐기는 독특한 양식이 풍부할 때, 그 생명력은 새롭게 충전되는 듯합니다. 하지만, 피의 성찬을 즐길 수 없으면 그자는 맥을 못 춥니다. 그자는 다른 사람들이 하는 식사는 하지 않습니다. 그자와 몇 주를 같이 지낸 조나단은 그자가 식사하는 것을 단 한 번도 보지 못했답니다. 그자에겐 그림자가 없고, 거울에도 모습이 비치지 않습니다. 이것 역시 조나단이 직접 관찰한 바입니다. 또, 이리 떼의 침입을 막으려고 성문을 닫았을 때나 시중들 사람들이 없는데도 시중을 꼼꼼히 들었을 때 조나단이 확인했듯이, 그자는 여러 사물을 마음대로 부릴 수 있는 힘을 지니고 있습니다. 휘트비에 배가 도착한 이후에 개를 찢어 죽였던 데서 보듯이, 그자는 이리로 변신할 수 있습니다. 또 그자는 박쥐로 변신할 수도 있습니다. 미나 부인은 그자가 창에 매달려 있는 것을 보았고, 존은 그자가 바로 옆집에서 박쥐 형상으로 날아다니는 것을 보았으며, 퀸시는 루시 양의 방 창문에 그자가 매달려 있는 것을 보았지요. 그자는 안개를 만들어 그 속에 몸을 감추고 다가올 수 있는 능력이 있습니다. 휘트비에 들어온 배의 고결한 선장이 이것을 증명한 바 있습니다. 하지만, 우리가 알고 있는 사실들에 비추어 보건대 그자가 안개로 가릴 수 있는 범위는 그자의 주위로 한정되어 있습니다. 그자는 달빛을 타고 먼지 알갱이 같은 모습으로 다가오기도 합니다. 조나단이 드라큘라의 성에서 본 세 여자가 바로 그랬지요. 그자는 아주 작게 변신하기도 합니다. 루시 양이 납골당 문의 머리카

락만한 틈새로 빠져나오는 것을 우리 눈으로 목격한 바 있습니다. 그자는 일단 그 나름의 길을 발견하기만 하면 어디든 빠져나올 수 있고 어디로든 스며들 수 있습니다. 아무리 단단히 묶고 심지어 용접까지 해놓아도 그렇습니다. 그자는 어둠 속에서도 볼 수 있습니다.

— 브램 스토커, 『드라큘라』 pp. 426~431.

때로 그는 악마이기도 하고, 악마 같기도 하다. 반 헬싱이나 조나단의 묘사가 보여주듯 어쩌면 브램 스토커 자신도 이 존재에 대해서 불확실함에 빠져있었는지도 모른다. 아니면 이제 서서히 대륙에 나타난 존재로서 아직 규정의 대상에 넣을 수 없다고 생각했는지도. 단지, 없애버려야 한다는 데, 세상을 그의 것으로 만들기 전에 무언가 조처를 해야 한다는 데 집착하고 있다. 그런데 다음과 같은 문구는 아주 이채롭다.

예로부터 사람이 사는 곳에서는 어디서고 흡혈귀가 존재한다고 알려져 왔습니다. 고대 그리스와 고대 로마에도 흡혈귀는 있었습니다. 지금은 독일 전역에서 창궐하고 있고, 프랑스와 인도, 심지어는 체르노세세에도 존재합니다. 우리와 모든 면에서 판이한 중국에도 있어, 사람들이 그자를 두려워합니다. 흡혈귀는 아이슬란드인 전사戰士, 악마의 자손인 훈족, 슬라브족, 색슨족 그리고 마자르족의 뒤를 따라다녔습니다.

— 브램 스토커, 『드라큘라』 p. 430.

세상의 도처에 이미 존재하는, 은밀하거나 명백하거나 간에 존재가 여실히 규명되는 증거들을 반 헬싱은 지니고 있다. 어쩐지, 이상하지 않은가? 만일 이 존재가 반 헬싱에게까지 알려질 만큼 충분히 알려져 있다면 그것은 이미 세상이 모를 수가 없지 않은가? 오직 트란실바니아 사람들의 태도 정도로만 우리의 반응이 그칠 수 있을까? 쉬쉬하고 피하며, 마주치지 않으려는 궁색함 속에서 간신히 성호나 이마에 긋고는 공포를 견디는 그 정도로…?

설화조차도 세상에 널리 퍼진다.[9] 하물며 그것이 명백한 물질이라면, 존재라면 단지 '음산함에 몸이 젖어 올라 공포에 떨게 되는' 정도에 그치지는 않을 것이다. 좀 더 나아가겠지. 좀 더 멀리까지 가고, 네, 다섯의 초라한 사냥꾼이 세상의 구원을 짊어지는 비장함으로 이어지는 게 아니라, 집단적인 사냥으로 이어질 게다(그래서, 프랑켄슈타인은 공포가 아니라 순간순간 액션이 된다). 하지만 그렇지는 않았다. 사람들은 자꾸 존재를 인정하지 않으려 하고 그저 피하며, 그가 모든 것 위에 명백하게 군림하고 있음에도 애써 상황을 외면한다. 그래서 그 존재는 그가 가닿는 곳에서 간신히 소문으로, 불쾌하고 불가사의한 사건에 힘입은 풍문으로만 퍼지게 된다.

역마차가 출발하려 하자, 여관 입구 주변에 꾸역꾸역 모여들었던 사

9) 당연한 듯 여기겠지만, 이 시대에 와서야 이런 진술이 가능해졌다는 사실을 염두에 두자. 이 시기의 상황, 즉, 설화들, 상상들이 문자로 체화되어 나타날 수 있는 시대였고, 널리 퍼져('전염') 자신의 힘을 발휘할 수 있는 시대였다.

람들이 하나같이 성호를 긋고 두 손가락으로 나를 가리켰다.

— 브램 스토커, 『드라큘라』 p. 18.

어떻게 그럴 수 있었을까? 명백한 존재가 어떻게 자신을 은밀함 속에 숨길 수 있었을까? 피나, 마늘이나, 성호, 십자가, 햇빛…. 나름의 의미심장한 이유가 있겠지만, 설혹 브램 스토커 자신의 착안이 아니라 떠도는 설화 안에서 끌어왔다 하더라도, 그보다 중요한 내용은 다른 데 있다. 그가 무엇을 노리고 무엇을 피하며, 무엇을 즐기고 무엇을 두려워하는 지는 그다지 중요하지 않다. 왜냐하면 그의 존재 특징에 따라서 자연스럽게 딸려 오는 것이기 때문이다. 사실 더 주목해야 하는 것은 바로 '존재' 자체의 문제이다.

그렇다고 나는 물론 이 드라큘라 백작이, 뱀파이어가, 다른 지역에서는 노스페라투로 알려진 이야기 속의 이 존재가 특별히 19세기 사람들이 살아가는 세상을 명백하든, 암묵적이든 드러낸다고 보지 않는다. 그 한 인물—이렇게 말해도 된다면—이 그 세계의 모든 기호를 담고 있는 것도 아니다. 하지만 어쩐지, 그의 공식화된 출현—설화와 민담 안에서 잠자는 게 아니라 하나의 이야기로, 소설로 명백하게 세상에 선을 보이는 것—은 무언가 변화에 대해, 세상의 모습에 대해서 중요한 지표를 제공하는 것처럼 보인다. 예컨대, 이미 앞에서 말한 바, 존재의 시작은 아주 오래전이다. 앞서 인용한 '예로부터 사람이 사는 곳에서는 어디서고 흡혈귀가 존재한다고 알려져 왔습니다.' 하며 이어갔던 430쪽의 내용을 다시 보자. 그처럼 오랜 과거의 땅에 묻혀있던 자가 트란실바니아의 음습하고 마을과 경계를 이루는 숲으로 차단된 땅을 떠나 문명의 세계로 건너온다. 때는 무르익었다.

> 다른 사람들이 흡혈귀를 믿는 것도 다 전설과 미신에 바탕을 둔 것 아닙니까? 일 년 전만 하더라도 우리 가운데 누가 그 가능성을 받아들이려 했겠습니까? 과학과 무신론, 사실 만능의 시대인 19세기를 사는 사람으로서 말입니다.
>
> — 브램 스토커, 『드라큘라』 P. 430.

모든 것은 숲 너머에, 경계의 저편에, 우리가 사는 공간에서 어느 비밀스러운 공간이 아니라, 모르거나, 인정하고 싶지 않은 공간에 묻어 놓았다. 그래서 세상은 여전히 둘로 나뉘었고, 그런 세상에서 우리는 안전했다. 마치 본질과 현상의 세계, 진짜와 잠시 있을 뿐인 세계, 즉, 모방의 세계를 나누어 놓고는 정신과 육체의 삶을 적절하게 배포했듯이, 그런 심적 안정감 안에 머물러 있을 수 있는 게다. 그런 점에서 정작 의미심장한 것은 다음 문구이다: '우리는 심지어 우리 눈으로 직접 보아 정당성이 입증된 믿음마저도 거부했습니다.'[10] 우리는 이미 혼란의 시대, '어떤 존재'를 부정하는 시대에 와있는 것이기 때문이다.

결국, 문제는 그가 런던의 한복판에, 버젓이 온갖 징후들을 뿌려대며 존재의 역량을, 자신과 함께 달라질 모든 것들을 과시하고 있었음에도 사람들은 그 사실을 애써 무시하거나 모르는 체했다는 점이다. 자신의

10) 『드라큘라 』, P. 430.

육에 속하지 않은 것들에 대해서 흔히 그랬듯이 말이다.

육은, 현상은, '내'가 사는 '세상'은 그토록 중요한 것일까? 두어 가지 점에서 무지함은 폴폴 피어난다. 우리는 음습한 존재에 대해서 말하고 있지만, 그를 둘러싼 내용들을 이해하기 위해선 좀 더 멀리까지, 육과 영의 세계까지 가능한 한 가보아야 한다. 비록 이것이 단순히 이미지로 그려보는, 결코 진짜에 다가갈 수는 없는 언제나 그 너머에 또 하나의 이미지를 남겨두는 작업이라 할지라도….[11]

사람들은 어쩌면 '임재'가 이제 버거워졌는지도 모른다. 무언가 이 세상의 너머에 존재하며 그 존재에 의해서 자신이 확증되며, 모든 것이 여기서가 아니라 저기서 이루어진다고 하는 사실, 이것은 한때 사람들의 안전판이기도 했고, 거스를 필요가 없는 원칙이기도 했다. 실제 삶에서 그러한 생각들은 얼마나 유용했으며, 얼마나 감동적이었는가?

예컨대, 잔다르크는 모든 경우에 '임재'를 존재로 화하지 않고도 믿을 만했으며, 그만큼 절대 부담스럽지 않은 무게로 세계의 이원론을 굳건하게 보여준다. 《잔다르크의 수난》이나 《잔다르크의 일생》 등등…. 그러나, 그것은 어느 순간부터 서서히 행동으로 분할된다. 임재는 임재 자체로는 이제 빛을 보지 못하며, 그것은 사람들이 은밀한 사실에 너무나 지겨워졌음이며, 더 이상 '벌어지지 않는 사건'에 의미를 두지 않았음이라. 그 때문에 설화들은, 더 이상 신화도 될 수 없는 설화들은 온통 행위들로 분할되고 재편집되고 재구성된다. 이제 '생각'

11) 미켈란젤로 안토니오니 《구름 저 편에》(1995).

은 덜어지고 행동의 짜릿함, 충돌로 대체되는 것이다. 급기야 뤽 베송의 버전, 《잔다르크The Messenger: The Story of Joan of Arc》(1999)에서 잔다르크의 머리 위에는 아무도 없다. 그녀의 한 몸으로 모든 의지와 정신이 모아지며 오직 강인한 '인간'만이 남는 것이다.

그런 식으로, 《잔다르크》는 20세기말의 영화지만 이미 그렇게 변해버렸다. 이는 '과학과 무신론, 사실 만능의 시대인…' 19세기부터 시작되었지만 말이다. 물론 이러한 조짐, 현상 그보다 훨씬 일찍부터 시작되었을 것이다. 중세 이후에, 뱀파이어를 태동하게 하는 십자군 전쟁 이후에 과학은 수입되고 연구되며 유용하게 되었지만, 대신 사람들은 그때까지의 은근하거나 무게가 있거나, 느껴지지 않거나 명백하거나 삶을 지지하고 있던 원칙 하나를 버린다. 그것이 신이며, 신의 경계이며, 임재이다. 그가 없이도 세상은 살 만하며, 오히려 그가 없어야 살만하고, 거칠 것이 없어진다. 도저히 이해할 수 없는 비합리에 이전까지는 결코 '비非'자를 붙여본 일이 없는 이 사람들은 급기야는 비합리의 영역으로 슬쩍 그를 몰아내고, 모든 것이 잘못되었거나 실수였다고 여기게 된다. 예를 들어, 다음과 같은 문구는 그래서 이런 세상에서 의미심장해지는 것이다.

신은 죽었다. 그가 존재하지 않는다는 것이 아니라 더 이상 존재하지 않는다는 의미에서이다. 그는 죽었다. 그는 우리에게 말을 걸어왔었지만 지금은 멈추었고, 우리는 그의 시체조차 접하지 못한다.[12)].

신은 죽었다! 신은 죽어있다! 당연히 그를 죽인 것은 우리이다. 어떻게 우리가 위로받으랴, 살인자들 중의 살인자인 우리들이. 세상이 지녔던 가장 강력하고 가장 성스러운 그가 우리의 칼 아래 피를 뿌렸다. 누가 우리 손에 묻은 피를 씻어줄 수 있으랴.[13)]

합리성이, 합리적 삶과 구조와 세상이 이제 정신에 의해서가 아니라 물질에 의해서, 물질의 구성에 의해서, 그래서 물질을 다루는 기술에 의해서 주어진다. 이미 합리주의조차, 사실상, 달라진 것이다. 물론 우리는 여기서 신학을 논하자는 것은 아니다. 하지만 이 신비의 영역은 그전까지는 결코 신비함 자체에 머물러 있지 않고 세상에 직접 투사되던 것이었는데, 서구에서 그만큼의 유효성을 획득해 왔었다. 빛이며 어둠이며, 삶이며 영혼이며, 원칙이며 법이며, 하나같이 서로를 가르는 경계를 넘지 못한다. 그러나 이제 이러한 카테고리로부터 사람들이 자유로워지기, 아니 이 말은 어쩐지 해방되었다는 의미를 지니므로 보다 정확히 말하면, 그 카테고리로부터 떠나 자유를 택하기 시작한 것이다. 신의 권위에 그들은 인간 존엄성의 권리를, 개체로서의 동등함의 권리를 세운다. 과거에 존엄이란 신으로부터 주어진 것이었으며 인간은 그들의 형상을 닮아있던 것이기에 존엄할 수 있었다. 하지만 이제

---

12) 장-폴 사르트르J.-P. Sartre, 『새로운 신비주의Un nouveau mystique』 Situations I, Paris, Gallimard, 1975, p. 186.

13) 니체Friedrich Nietzsche, 『즐거운 지식Le Gai Savoir』 Livre troisième 125, Société du Mercure de France, Paris, 1901 (Œuvres complètes de Frédéric Nietzsche, vol. 8, pp. 161~229.).

존엄은 관계에 의해서 주어지고, 지식을 습득하고 사회를 구성하며 타인들과 살아가는 존재로서의 인간이라는 개체의 최소한의 권리에 목적이 맞추어진다. 휴머니즘은 근본적으로 개체성의 획득이다. 그리고 이 개체란 다름 아닌 우리들 존재에 대한 객관적이고 합리적인 이해에 기초하고 있다.

행동의 시대, 정신은 이제 행위와 행위의 보증을 위해 존재한다. 정신은 너머의 것을 바라보는 게 아니라 지식이 되어 현재 이루어지는 행위들과 현상에게로 집화된다. 19세기, 인간은 인간으로서 자신을 바라본다. 신과 어둠은 저 너머에 둔 채로….

여기에 이율배반이 있다. 신을 저편에 두었다면 그만큼의 존재, 악마나 정령들도 그곳으로 밀고 나갔어야 할 것이다. 하지만, 어느 틈엔가 숲 너머에, 의식되지 않는 공간에, 있기는 있되 공존하는 것은 아니던 공포, 또는 어둠, 정확히는 괴물과 악마들이 그 숲을 넘어 현실로 침입하기 시작한다. 그들의 범람은 이미 예견될 만했다. 왜냐하면 범람의 경계가 파괴되어 버렸기 때문이다. 신과 믿음은 더 이상 그들의 범람을 굳건하게 버티는 방파제가 아니다. 그것들은 이미 존재 자체도 아닌 것으로 바뀌지 않았던가? 그들은 다만 기호로, 미세한 유효성으로—이를테면 주술이고, 이를테면 사회 조직의 부분적인 뼈대의 차원에서—남아있을 뿐이다. 그래, 결국 신은 뒤로 물러서고 악마만이 이 세계로 건너왔다.

역마차가 출발하려 하자, 여관 입구 주변에 꾸역꾸역 모여들었던 사람들이 하나같이 성호를 긋고 두 손가락으로 나를 가리켰다. 나는 그

> 것이 무슨 뜻인지 함께 탔던 승객의 설명을 통해 가까스로 알게 되었다. 그 승객은 선뜻 입을 열려고 하지 않다가 내가 영국인이라는 것을 알고서는, 그것이 사위스러운 것을 쫓으려는 일종의 주술이며 액막이라고 일러주었다.
>
> — 브램 스토커, 『드라큘라』 p. 18.

> 마차는 이제 보르고 고개로 들어서고 있었다. 승객들 중의 몇 사람이 차례로 나에게 선물을 주었는데, 그 모습들이 어찌나 진지한지 거절할 수가 없었다. 선물들은 마늘, 들장미 등과 같은 이상하고 잡다한 것들이었다. 그러나 거기에는 소박하고 신실한 믿음이 배 있었다. [……] 비스트리츠의 여관 밖, 마당에서 보았던 그 이상야릇하고 두려움이 배어 있는 동작—악마를 물리친다는 성화와 액막이의 표시—을 해 보이기도 했다.
>
> — 브램 스토커, 『드라큘라』 p. 23.

조나단에게 이 도구들은 하나도 소용없는 것들이 되어버린다. 마차에 남아있던 사람들에게도 사실 아무 소용이 없는 것이었는데, 단지 상황에 대한 스스로의 위로에 불과했기 때문이다. 예컨대 사실상 그들의 범람과 힘, 공격을 막아낼 수 있는 것을 이미 그들은 전혀 갖고 있지 못했던 것이다. 페이지를 조금 넘겨서 다음을 보자.

> 십자가를 만질 때마다 나에게는 위안이 되고 힘이 된다. 우상 숭배에 불과하니 가까이할 게 못 된다고 가르침을 받아 온 물건이 내가 외롭

고 궁지에 몰려있을 때 도움이 되고 있다는 사실이 뜻밖이다. 십자가 자체에 본질적으로 무엇이 있기 때문인지, 아니면 동정과 위로의 기억이 담겨 있어서 그것을 만짐으로써 힘을 얻게 되는 건지 알 수가 없다.

— 브램 스토커, 『드라큘라』 pp. 54~55.

이미 시대는 바뀌었다. 신과 믿음의 경계 대신 인간을 세움으로써 방패는 사라졌다. 이제 인간이 가진 것이라곤 스스로 부질없게 만들어 놓은 위로와 두려움뿐이다. 어떤 면에서는 어느 정도 성공한 듯이 보인다. 왜냐하면 인간은 대신 과학을 무기로 들었는데 그 과학은 상대편까지도 과학적 대상으로 만들어놓아 나름대로 합리적인 추론을 가능하게 해주었기 때문이다. 추론이 가르쳐주는 확신에 따라서 전략을 강구하는 엉뚱한 모임을…. 그러나, 어둠의 신비, 악마의 영적인 힘은 어쩔 것인가? 그것까지 과학이 정돈하고 배열할 수는 없지 않은가?

하지만, 그자는 완전히 자유로운 존재는 아닙니다. 아니, 그자는 노예선의 노예보다도, 병실에 갇힌 정신병자보다도 훨씬 더 구속된 몸입니다. 그자에겐 가고 싶어도 갈 수 없는 곳이 있습니다. 초자연적인 존재이면서도 어떤 자연법칙에는 따를 수밖에 없는 것입니다. 하지만, 그 이유를 우리는 아직 모릅니다.

— 브램 스토커, 『드라큘라』 p. 432.

자연법칙이 강조되는 순간, 나머지 것들은 그저 초자연적인 '현상'이 되며, 영적 문제들은 이해할 수 없는 영역으로 밀려난다.

이러한 시대에, 과학과 무신론, 사실 만능의 시대'는 이렇게 시작되었다. 뱀파이어의 출현과 함께, 빛의 소실과 함께…. 이 시대가 곧 뱀파이어의 도래였으며, 모든 카테고리의 범람이 선언되는 순간인 것이다.

2) 현대modern로 건너가는 19세기

뱀파이어가 출현했다는 말이 다소 이상하게 들릴 수 있다. 하지만 그것은 사실이며 명백하다. 부인하기야 쉽겠지만, 그래서 그다지 의식하지 않고도 지금까지 잘도 살아왔지만, 그리고도 앞으로도 잘 이어가겠지만, 어떻든 간에 사실은 사실이다. 지금 우리 스스로를 돌아보자. 우리가 사는 모습과 공간들을…. 그 모습들 안에서 뱀파이어의 존재를 확인한다. 아니, 그 존재가 뿌린 씨앗들을 보게 된다.

먼저, 차원!

차원에 대한 우리의 생각은 지극히 혼란스럽다. 왜냐하면 말했듯이 경계는 이미 무너져있고 우리는 과거의 경계와 현재의 혼동 사이에 위치하기 때문이다. 다시 말해, 무너졌다 하더라도 사라진 것은 아니기에 여전히 습관처럼 남아있다. 때때로 그것은 관성적으로 작용한다. 현세와 저세상, 육체와 유령, 삶과 죽음…. 그러나, 동시에 모호하기도 하다. 과거에는 이 둘은 명백하게 다른 것이었고 하나가 하나와 정확하게 대치했다. 하지만 현재에는 이 둘은 서로 그다지 다르지가 않다. 왜냐하면 사람들은 저세상을 인식하는 듯하면서도 결코 인식하지 않고 있기 때문이다. 직면해서야, 무언가 특별한 경험을 통해서야 간신히 의식의 세계로 끌어올릴 뿐이다. 하지만 잠시 그뿐이다. 다시 그들은 일상으로 돌아가며 기억을 잊고는 경계에 대한 생각은 지워버린다.

두려움은 이제 저세상, 유령, 죽음이 아니다. 더 많은 두려움과 곤혹스러움이 현세에, 내 삶의 면전에 뿌려져 있다. 우리의 의지는 모두 그 면전의 것들을 극복하기 위해 작용한다. 당신은 유령을 보았는가? 귀신을 보았는가?

유령들, 제법 많은 사람들이 유령을 봤다고들 한다. 그 중에는 아주 신빙성이 있을 만한 이야기들도 있지만 대부분은 실망스러운 것들이다. 대개는 웃으며 말함으로써 자신의 남다른 용기를 가장하거나 특별한 경험처럼 포장하기 위한 것들이기 때문이다. 아니, 나는 그렇게 생각했다. 왜냐하면 진짜 경험은 다음과 같은 당혹스러움을 빚어내기 때문이다. 한 후배의 경우처럼….

당시 그는 그때까지 거의 관심도 없었던 교회에 갑자기 나가게 되고 그러한 세계에 감싸여서 아주 서서히, 그러나 느린 것도 아니고 빠른 것도 아닌 적당한 수준에서 조금씩 변화를 느끼고 있을 때였다. 그런 상황에서 어느 날 가족들이 모두 외출을 나간 후, 혼자 방 안에 누워있는데 문득 누군가가 방안에 있다고 느끼게 된다. 약간의 두려움과 조바심으로 고개를 돌렸을 때 그는 숨이 막히는 듯한 충격을 받는다. 난데없이 하나의 얼굴이 천장 모서리 부근에서 나타나 자신을 바라보고 있음을 목격한 것이다. 그는 너무나 놀라 그 즉시 집 밖으로 황급히 튀어 나갔다. 남들처럼 무슨 사건에 끌려 장엄하게 나타난 것도 아니고 꿈속처럼 환상도 아니고 아주 단순하게 드러난 얼굴…. 실제 경험은 아주 단순하다. 공포나 기이함은 복잡한 것이 아니다. 맞닥뜨림으로써

받는 충격이며 순간적인 경험이다. 무엇이 그를 바깥까지 튀어 나가게 했을까?

> 그러자 승객들이 일제히 비명을 지르고 가슴에 성호를 긋는 상황이 벌어지면서, 네 마리의 말이 끄는 이륜마차가 뒤에서 달려와 우리를 앞질렀다가는 다시 물러서서 우리 마차와 나란히 섰다.
>
> — 브램 스토커, 『드라큘라』 p. 24.

혹자들은 이러한 경험을 심리적으로 냉담하게 파악해 일시적인 불안감의 가중으로 겪는 이상 현상이라 보기도 하고—죽음이나 영혼의 세계를 부정하는 경우에 말이다 –, 또 어떤 이들은 유령의 존재는 받아들이면서도 이런 경우는 그들의 종교에 관한 반감 때문에 착시거나 부풀려진 경험일 것으로 생각한다. 물론 내가 여기서 말하고자 하는 것은 이 경험 자체가 아니다. 이것은 분명히 물리적으로 현존하는 세상에서 일어날 만한 일은 아니며 무언가 우리와는 다른 존재에 대한 경험임이 틀림 없다는 사실, 그 점을 말하려는 것이다.

기이함과 충격, 그리고 공포, 실제로 우리가 이런 것들을 만날 때 그것은 너무나 생생한 실제의 경험이기 때문에 우스개 형식이 되진 않으며, 결코 시시덕거리며 무슨 훈장처럼 내세울 만한 것이 못 된다. 게다가 흔히 이야기를 들을 때처럼 수많은 수식어로 포장되고 이야기라는 형식 자체의 광채에 휘둘려 '묘사할 만한 무언가'가 되는 것도 아니다. 공포는 아주 단순하다. 나 역시도 그러한 경험이 있었는데, 어떤 면에서 내가 그 한복판을 통과하고 있을 때 그것은 너무나 순수할 지경이었다(어쩐지 어울리지 않는 단어이지만). 나에게 공포가 벌어졌다는 사실 하나만이 있을 뿐이기 때문이다. 죽음에 직면했을 때, 겁이 나거나 인생에서 만날 수 있을 만한 이러저러한 두려움을 느낀 정도가 아니라 진짜 '공포', 그 자체를 대면했다는 사실 말이다. 물론 죽음과의 대면이 근사치이기는 하다.

죽음은 현존하며 도처에서 벌어지지만, 의식의 수준에서 볼 때 일상적인 것은 아니다. 죽는 순간에 우리는 비일상에 속하게 되며, 죽음이란 따라서 일상에서 비일상으로 넘어가는 하나의 창구일 뿐이기 때문이다. 그래서 그것은 하나의 사건이다. 반면에 삶은 하나의 사건이 아니라 수많은 사건으로 구성된다. 그것은 일상에 속해있으며, 죽음 이후에 비해서 상대적으로 명백하며 생생하다. 때때로 불확실한 상황들이 전개되지만, 사실 그 불확실함은 따지고 보면 언제나 미래의 문제 아닌가? '이젠 어떻게 될까', '이 일은 어떻게 전개될까' 하는 식으로 말이다. 하지만 우리가 현재에 놓여있을 때, 그 순간은 늘 명백하다. 현실이란 단어는 시제로는 현재이며 공간으로는 만질 수 있는 세계, 볼 수 있는 세계가 아닌가? 우리는 그 현실에 살고 있다. 다시 말해 모든 게 증명 가능하고 명백한 세상 말이다.

거기서 유령을 만난다, 영적 경험을 한다는 말은 무엇을 뜻하는가? 그는 비일상적 존재이며 현실에 속한 자가 아니다. 그런 그와 현실 안에서 맞닥뜨리는 사건은 그야말로 충격적인 것이 아닐까? 먼저, 나는 현실에서 있어서는 안 될 그 무엇을 본 것이다. 그리고 그것은 당연히 나를 잠시 비일상적인 상태로 이끌어 간다. 현실의 안전함과 확실함은 순식간에 무너지고 온통 불확실함과 모호함 투성이로 가득 찬다. 당혹과 공포, 그것은 그렇게 밀려온다. 대부분의 경우, 이런 순간은 지나치게 짧아서 이후에 몸의 당시 상태를 기억하려 해도 그저 얼어버렸다는 사실 이외에는 남는 게 없다. 하지만, 이 경험은 시간에 종속된 것이 아니다. 일상이 시간이라면 비일상은 시간 너머의 것이고, 만일 이 경험이 비일상과 일상의 겹침이라면 이것은 시간 따위는 의식하지 않는 사건이 된다. 짧더라도, 마치 상황 자체를 떠올리는 게 힘들 만큼 어렵더라도 내가 무언가를 느꼈다는, 봤다는 오싹함은 몸 안에 차곡차곡 기록되어 있다. 이런 것이 지속된다면? 공포와 당혹의 한복판에서 내가 헤어나지 못한다면?

어머니, 눈을 감아도 무섭고 눈을 떠도 무서워요.

—《블래어 위치The Blair Witch Project》(1999)

우리는 일상 안에 속해있다. 현실이라거나 현재라고 불리는 그런 모든 확실함의 한복판에…. 나는 거기에서 살아간다. 비일상적인 사건들은 도처에서 벌어지지만, 현실의 힘은 하도 완고해서 직접적인 대면이 없이는 먼 나라의 이야기일 뿐이다. 이야기, 그렇다. 그것은 언제나 이야기에 불과했다.

떠도는 방랑자가 마을에 들어온다. 그는 장터에서 이야기를 판다. 이러저러한 이야기를 내뱉으며 그는 자신의 양식과 하루의 안식처를 얻는다. 그가 직접 본 듯이 말하지만 아마도 많은 것들은 그가 어딘가에서 들었거나 하나의 모티브를 통해 지어낸 것일 거다. 인적 하나 없는 어두운 숲길을 지나며 자신이 느낀 묘한 공포감, 두려움 따위를 음산

《블래어 위치》의 인용한 대사가 나오는 장면이다. 이는 개인적일 수도 있는데, 이만큼 적확하게 공포에 '직면한' 표현은 별로 보지 못했다. 영화적 완성도 측면에서 볼 때, 이 영화는 단순히 푸티지 필름의 기원이어서가 아니라 '영화'에 있어서 프레임을 효과적으로 이용한 작품이다.

함에 맞추어 지어낸 이야기. 대부분의 이야기는 그래서 비일상적인 현상을 포함하고 있다. 신비한 능력을 지닌 온갖 광휘로 둘러싸인 기사, 그에 못지않게 사악함으로 가득 찬 술사들, 유령들, 귀신들, 괴물들…, 전투, 처절함, 승리의 영광….

그렇게 저편에, 현실 너머의 저편에 있는 것이 바로 유령이며, 영적 존재이며 영적 세계였다. 아니, 그대로 거기에 있었어야만 하는 것들이다. 설화로, 신화로, 여기서 사는 게 아닌, 임재로, 배경으로…. 그러나 그것이 슬쩍 우리 땅으로 들어온다. 여기서 벌어져서는 안 될 사건들이 구성되고 우리를, 정확히는 우리의 의식을 공격한다. 《빌리지The Village》(2000)는 이점에서 아주 흥미롭다. 나이트 샤말란M. Night

Shyamalan은 흥미롭게도 《싸인Signs》(2002)에서도 같은 개념을 다룬다. 괴물은 거기 너머에 있을 때도 충분히 공포스럽다. 왜냐하면 명백하게 존재하기 때문이다. 그들과 우리 사이에는 약속이 있는데 우리의 삶은 그것에 의해서 지탱되고 있다. 그런데, 그렇게 명백하게 존재하는 괴물이 왜 마을에 출현해야만 했을까? 장로들이 왜 변장을 하고는 마을로 슬쩍 들어와야만 했을까? 사람들이, 영화에서는 정확히 세대를 가르는데, 젊은이들, 새로운 시대의 사람들이 의혹을 지니거나, 조금씩 경계를 허물고 싶어 했기 때문이다. 이렇게 보면 아주 잘 다루었다고는 할 수 없지만, 나이트 샤말란의 이야기가 무엇을 주제로 하고 있는지 대체로 드러나지 않는가?

다시 한번 깊고 세세하게 들어가볼까? 존재가 없이도—장로들이 만들어내었다는 점에서—존재는 존재할 수 있다. 말장난이 아니다. 장로들은 세상에 존재하지 않은 어떤 존재를 만들어내었다. 이것을 단번에 신과 연결시켜 생각이 불손하다고 따지는 것은 다음으로 미루자. 기독교의 입장에서야 이 전제가 심히 마음에 안 들 수 있겠지만 샤말란은 어떤 식으로든 해명을 할 수 있는 영악한 소년이다. 그는 사실 군데군데 꼭 그런 의미로 다룬 것은 아니라는 신호를 심어두고 있다. '결코' 아니라는 신호가 아니어서 그렇지 변명은 충분하다. 여하간….

이 존재는 그래서, 즉 존재가 물질적으로 확증되지 않으므로, 단지 존재가 벌인 일들이 물질적으로 드러날 뿐이므로, 어차피 정신적이다. 마을은 정신적인 구속자를 지니고 있는 셈이다. 그러나, 그 구속자는 지극히 친절하다. 그저 경계 바깥에 있고 거기서 서로가 해야 할 일들을 명백하게 구분할 뿐이기 때문이다. 그러나 세상은 바뀌었다. 새로운 세대가 나타나고, 그들에게는 필요한 것들이 있으며 그래서 경계 바깥과 교류하고 싶어 한다. 희한하지, 젊은이들은 그렇다. 새로움을 꿈꾼다. 그러나, 여기서는 젊음 자체가 문제가 아니다. 시대의 변화가 문제가 된다. 그래, 그들에게는 증거들이, 존재가 벌인 일들이 물질적으로 드러나야 한다. 그래야, 그 존재를 있는 것으로, 혹은 존재의 권위를 받아들일 수 있다. 그래서 이 존재는 출현한다. 우리에 의해서, 우리의 필요에 의해서, 우리 자신의 삶의 정당함을 위해서…. 그러고는 다시 한번 경계의 중요성이 실현된다. 아, 그런데, 존재의 나타남은 이미 존재의 무너짐이다. 이제는 그가 어떻든 간에 물질과 관계를 맺어야만 하는 것이다. 이 점에서 샤말란은 반기독교적인 게 아니라 맹랑한 소년이다.

여기까지로도 사실, 우리에 대한 해명은 가능하다. 우리 역시도 그렇지 않은가? 의혹이 생기고, 개운치 않으며, 예컨대 '그렇게 살 수 있다는 게 말이나 돼 !' 하는 생각이 든다. 그것은 우리 역시, 더 이상 장로들의 세대가 아니기 때문일 것이다. 우리는 명백한 증거를 요구하며 확증되기를 바란다. 믿음과 신뢰 사이에서 흔들리는 아더왕처럼 말이다. 자연적 증거들, 명백함은 곧 자연적 증거이며 물질적 증거이고, 과학적 결과물이어야 하지 않는가? 그러나, 그렇게 이루어지는 것 자체가 그 존재의 딜레마이다. 나타나는 순간에, 자신의 결과를 남기는 순간에, 그는 더 이상 정신적이지 못하고 현실적 존재가 되기 때문이다.

하지만 샤말란의 맹랑함은 거기서 그치지 않는다. 나는 가끔 그가 영화의 수준에서보다 세상을 이해하는 수준에서는 상당한 눈을, 학자의 눈이나, 작가의 눈이 아닌, 문명 비평가의 눈을 지녔다는 생각이 든다. 이 영화에서 그는, 흥미롭게도 괴물들을 상정하는데, 신이 아닌, 무서운 존재, 공포의 존재, 마치 트란실바니아 주민들에게 드라큘라 같은 존재를 내세운다. 사람들은 어쩌면 '공포'로 제어되는지도 모른다. 그래서 중세의 교부들은 있을 수 없는 탑을 세우고는 공포정치로 일관한 것이 아닐까? 신의 습성, 신의 성품은 한쪽으로 치워둔 채….

무언가 다른 존재가 거기에 있다. 그 존재는 우리와 완전히 다르며 감히 대적할 수가 없다. 그에 대한 존경심은 그러나 그의 성품으로 결정되는 게 아니라, 일찌감치 두려움과 공포로 결정된다. 그는 괴물이거나 단순한 용이나 동물이 아니라 인간이 아닌 존재이다. 오랫동안 사람들은 이 공포를 즐겨 상정했다. 중세도 마찬가지여서, 사실 교부들은 하나님을 세우는 대신, 마녀와 사탄, 주술사들을 두려움의 대상으로 세운다. 그리고 그들을 현실의 장으로 끌어내어 처단한다. 바보들인데, 오히려 경계는 거기서부터 허물어진다. 당장은 통한다고 하더라도 말이다.

샤말란은 그런 세상을 잘 알고 있다. 그래서 그는 사람들을 따라서 신을 내세우는 대신에 괴물과 유령, 이상한 사인들과 허상들을 내세운다. 예컨대, 이처럼 세상은 경계를 스스로 세우고는 허물고, 그 사이에 어느 틈에 괴물들만 남게 된다. 신은 슬쩍 자기 자리를 뜬 것이다.

이제 차원의 이야기를 좁혀가자. 신은 자신의 자리를 잃어버렸다. 그러나 오래전부터, 신이 세상에 임재하던 순간부터 사실상 그보다 더 가까이 있었던 괴물들, 악령들이—왜냐하면 실제의 세상에서 그들은 보다 구체적이다—그 자리를 아직도 지키고 있다. 어쩌면 그들은 이제 남은 자리를 차지하려 들지도 모른다. 그들을 막는 경계는 사라지지 않았는가?

상황은 이미 발생했다. 하나의 차원이 스리슬쩍 사라지고, 그 차원에 머물러 있어야 할 것들은 이제 날뛰기 시작한다. 그들은 현실의 장으로 건너오고, 이제 현실과 비현실은 섞이기 시작한다. 일상과 비일상, 삶의 차원과 죽음의 차원의 뒤섞임…. 마치, 세상에 선, 런던 한복판에 나타난 드라큘라 백작처럼 말이다.

그가 세상의 한복판에 선다. 그것은 무슨 사건일까? 현실 안에 끼어든 비현실적 존재, 삶이 있는 공간에 끼어있는 걸어 다니는, 살아있는 죽음. 사람의 편에서 그를 만나는 것, 그를 인식하는 것은 결국 비현실적 차원의 인식이 아닌가? 차원과 차원의, 명백하게 갈라서 있어야 하는 것의 교통, 교차, 혼합, 그의 흡혈은 뱀파이어 바이러스의 침투이며, 차원의 혼합이다. 그 행위에 의해서 하나의 차원은 다른 차원에 침투하고, 결국 차원의 변질을 겪는다. 변질의 고통이 잔인하지 않은가? 그러나 동시에 매혹적이며 몽상적이다.

그래서 사람들은 공포에서 벗어나려는 동시에 그것이 주는 고통의 미묘한 떨림, 감정의 흥분을 즐긴다. 자신이 겪지 못한 격정과 격랑이 피하고 싶으면서도 매혹적인 흥분을 야기하기 때문이다. 이렇게 새로운 감정의 상태에 도달하는 것, 마약이며, 주술이며, 최면이며 모두 마찬가지이다. 그것은 이제까지의 세상에서 맛보지 못한 어떤 것이며, 새로운 흥분이다. 때로는 세상을 살아가는 목적이 될 만큼 말이다. 사람들은 이제 달라졌다. 그들에게는 새로운 감정 상태가, 새로운 형질의 육체가, 새로운 공간의 체험이, 새로운 차원이—차원과 차원의 교묘한 결합에 따른—열린 것이다. 이런 19세기는 서서히 찾아왔는데 결국에는 그 시대를 장악하고 만다. 뱀파이어는 그 순간에 세상에 공포된 것이다. 19세기, 뱀파이어, 인간의 역사에서의 뱀파이어, 그는 자신의 출현과 함께 세상의 모든 것을 바꾸어버렸다.

3) 새로운 세상, 차원들의 혼돈

나는 어차피 여기서 살고 있다. 아무리 바둥거리며 벗어날 길을 찾는다 하더라도 나는 도처에 유령들이 도사리고 있다는 것을 알고 있다. 여기는 이미 지배의 세상이며 이 안에서 갑작스레 흔해빠진 단어, '탈주'란 어설프며 맥이 빠진다. 그것은 세상 안에서의 또 하나의 지도 그리기이며, 세상 안에서의 변이에 대한 꿈꾸기이기 때문이다. 써야 한다면, 사용해야 한다면 다른 단어가 어울리지 않을까? 마치 이 '도피'처럼, 신들이 분노하며 무너지는 산성과 돌무더기 밑에서 어두컴컴한 굴 속으로의 피난을 떠올리게 하는 단어 대신에?[14)]

태양은 검은 공처럼 꺼멓게 변했고 달은 핏빛이 되었지
덜 익은 무화과가 바람에 휩쓸려 땅에 떨어지듯이
하늘의 별들이 떨어지고
하늘이 두루마리처럼 쭉 갈라졌지

---

14) 《스탈커》의 이 부분에서 언급되는 것은 요한계시록의 내용이다.

산과 섬 들이 제자리를 잃었지
천하의 왕들과 위대한 사람들
부자들과 고관대작들
강자들과 자유민들
모두 산속의 바위굴로 숨어 들어갔어
그들은 산과 돌에 말했지
'우리의 몸을 덮어다오'
왕좌에 앉으신 이의 눈으로부터
우리를 숨겨다오
순결한 어린 양의 분노로부터
그분의 분노가 닥치는 위대한 그날
그 누가 살아남으랴

— 타르콥스키, 《스탈커Stalker》(1979)

그러나 단어를 다른 것으로 대체해도 어차피 우리의 의식은 그 '정도'를 벗어나지 못할 것이다. 우리는 이미 그런 의식과 함께 세상을 살아가고 나는 이미 여기에 있다.

그래서 부정도, 긍정도 힘이 든다. 살아갈 길을 찾기 위한 사색은 갈수록 지적 의식에 지나지 않는 유희가 되어간다. 표정성을 부정하고는 아무것도 이루어질 수 없는 것처럼, 어떤 의미에서 그것은 하나의 '–성'이 아니라 그 자체로 있는 힘임을 알아채지 못하고는 아무것도 할 수 없듯이, 우리에게 남은 것은 신을 빼고 나면 유희일 뿐이다.

조금만 더 나아가보자. 모든 것은 운명처럼 교차한다. 하지만 우리는

《스탈커Stalker》 '도피' 혹은, 허망함. 타르콥스키는 《스탈커》에서 미래를 다루지만, 이 미래는 추상으로 요한계시록 앞에 직면한 인간의 이야기처럼 보인다. 인간의 여정과 믿음에 관한 놀라운 영화, 《스탈커》는 또한 가슴이 먹먹해지는 심연의 절망을 다룬 것이기도 하다.

잘 알고 있어야 할 것이다. 모든 것이 우연이 아니라는 사실을. 오래전부터 서서히 준비되어 왔고 형성되어온 것임을…. 19세기와 함께 시작된 뱀파이어, 그 시대의 사색들, 그리고 '영화'의 출현, 이 모든 것들이 한참 동안 이어져 온 것임을….

이 세계는 물론 그렇다고 운명지어진 것도 아니고 나쁜 것도 아니다. 내게는 그것을 선언할 힘이 없다고 이미 말하지 않았는가? 나는 대신 점검을 할 뿐이다. 지금 우리가 어디에 와있는지, 이것을 가지고 무엇을 할 수 있는지.

이제야말로 우리 이야기를 하자. 어디까지나 이것은 영화에 관한 이야기로 시작해서 그 이야기로 끝을 맺을 것이다. 난데없다고? 기다려보자. 사랑하는 연인에게 쓴 편지가 사랑을 고백하기 위해 물 흐르듯 이런저런 이야기로 시작해서 서서히 끈끈한 취중 진담으로 들어가듯이 이 뱀파이어에 대한 글도 이제 서서히 영화로 가닿게 될 것이다.

다른 이야기를 해볼까?

문제는 그의 출현이 아니었다. 그것이 빚어내는 결과들이었다. 이런 세상은 중심 좌표를, 비록 그것을 아주 대단하게 여기지 않았다 하더라도 여하간 삶의 원초적 요건이었으며, 그래서 몸 안에 누적된 경계로 존재하던 중심milieu을 잃어버렸기 때문에, 사실상 발바닥부터 쌓여오는 허무에 갈 지之자의 가슴을 안고 살아가게 되어있다. 텅 빈 중심과 쌓여오는 허무, 그 틈새는 중심의 주변부(우리가 '외부'라고 해왔던)에 위치하던 것들로 채워지고 그래서 이 허무는 영적인 성질과 육적인 성질이 마구 뒤섞여 있다. 왜냐하면 이 주변부 캐릭터들은 성질상 중심의 지배 아래 놓여있던 것들로서 그에 의해서 역할이 제한된, 확장과 증식이 한정된 존재라는 점에서 기본적으로 영적이다. 그런 점에서 비록 중심이 사라지고 난 후에도 그들의 성질은 여전히 영적인 부분을 붙들고 있게 마련이다. 하지만 나는 이미 말했다. 이들도 또한 육체의 세계로 끼어듦으로써 영적 성질을 어느 정도 잃어버린다고…. 그 부분이 어쩌면 우리의 가냘픈 희망일지도 모른다. 그들이 신이 없는 세상에서 자신들의 영적 성질을 회복할 때, 그것은 정말로 크나큰 문제일 것이기 때문이다. 중심을 잃음으로써 권위를 잃은 것은 따라서 인간에게만 국한된 것은 아닌 셈이다. 그들도 그나마 주어져 있던 권위를 잃어버린다. 사실 이 복잡한 문제는 엑소시즘을 야기하는 현상과도 관련이 있다. 물론, 말하려는 것과 완전히 다른, 악 그 자체의 현시이기는 하지만 말이다.

여하간, 그들도 영적 영역을 벗어나 육체의 영역으로 건너온다. 인간에게 영적인 영역이 기억에서 지워졌기 때문이고, 그 인간들이 다른 세상, 오직 육체의 영역만으로 구축되는 세상을 바라보고 있었기 때문이다. 그래서 브램 스토커는 자신 있게 명명한다. 그 세기를 '과학과 무신론, 사실 만능의 시대'라고…. 적어도 이 모호한 존재, 반 헬싱과 그의 일당들은 기운을 잃어버린 신의 의식에 의해 자신들의 삶을 추스려가면서도—그런 점에서 그들에게 있는 기독교적 삶, 또는 의식이란 한갓 기호거나, 계급의 상징적인 도덕율이 아닌가?—그들의 날카로운 분석력에 의해서 모든 것을 풀어갈 수 있다고 생각한다. 이들이 사실 그 시대의 인간들이다. 애매하게 신의 속성을 뒤섞은 인본주의로 정신을 무장하고, 과학과 법칙의 이해에 의해서 물질의 세계를 정복해 나가는…. 위에서 인용한바, 비자연적인 어떤 것들이 자연법칙과의 미약한 끈을 지니고 있음을 침소봉대하고는 그것에 의해서 승리할 수 있다고 자신하지 않는가?

사람들은 그렇게 달라진 세기를 준비했다. 이제 자신들의 운명을 스스로 거머쥐었으되 그것이 얼마나 힘에 부치고 벅찬 것인지 추후에 깨닫게 될 것이다. 언젠가는, 불현듯, 아쉬움 속에서 말이다. 그러나, 그것은 당시의 사람들에게는 아주 먼 미래의 이야기이고, 결코 도래하지 않을 불안감이었다. 잠시 후에 다시 20세기에 대해서 말할 것처럼 인간은 희망을 지니고, 염원을 지니고 20세기를 건너간다. 결과는 비록 아주 참담하지만 어색하게 인간들은 아직 포기하진 않았다. 그 모든 것을….

이 시대의 삶과 의식, 상황을 장황하고도 복잡하게 주절주절 이야기하는 까닭은 무엇일까? 조금만 더 나아가보자. 나는 우리의 시대가 우연이 만든, 우연이 교차하면서 빚어진 것이 아니라 이유가 있으며, 흐름이 있고, 따라서 보다 깊은 눈으로 바라보고는 세상을 준비해야 한다고 생각하기 때문에 이 시대를 거슬러 말하고 있다.

얼핏 보면, 모든 것은 우연처럼 보일 것이다. 베르그송이 운동에 대해서, 사실상 현상에 대해서 말하게 된 것도, 지크문트 프로이트가 히스테리의 불가사의함을 과학적 사고로 풀어낸 것도, 인간의 삶을 공고히 다져줄 발명품들의 시대가 열린 것도, 그 중에 하나가 불쑥 나타나 이 세상의 변화를 한 몸에 보여주는 것도, 뱀파이어가 출현한 것도, 모두, 우연한 맞물림처럼 보이지만, 결코, 우연은 아니다! 그 모든 것들은 전부 먼 시대부터 서서히 형성되어왔던 것이다.

어떻든 '현상들'에 대한 앞의 두 사람(베르그송과 프로이트라는 두 이단아)의 사색은 새로운 세계의 도래를 책임진 뱀파이어와 아주 흡사하다. 좋거나 나쁘거나, 그들은 이제까지의 세상에 대한 이해와는 다른 방식의 이해를 제시한다. 그것은 아주 유효적절한 것들로서 세상은 그렇게 변질되어 갔고 그래서 그들은 아직 사람들이 잘 의식하지 못하고 있던 변화를 포착하고 주목하고 이해했던 것이다.

간단한 말로 이 모든 것들은 이해될 수 있다. 현상이 아닌 것들, 영적인 존재들이 자신들의 살 자리를 잃는다. 그러고는 이 세계로 편입된다. 무언가 아직 해명될 수 없는 불가사의들이 남아있지만 그것에 대한 최초의 관심들이며 이해를 위한 첫 발이다. 그런 점에서 보자면 이것은 이미 달라진 세계에 대한 불안한 의식이면서 동시에 가냘픈 무기이기도 하다. 마치, 시대의 산물은 그 시대의 불완전함을 고스란히 보여주는 점에서 증거품이면서, 동시에 그렇기 때문에, 시대를 해부할 수 있는 도구가 되는 것처럼 말이다. 프로이드가 손에 쥐고 있던 '꿈'도 마찬가지였다. 그는 그것을 다소 과하면서도 정신세계의 표지도 밀어붙였는데, 그처럼 해부의 도구라고 여겼던 것이다.

*

변화하는 시대, 변화의 시작이 열리는 시대에는 모든 것들이 활기차며 동시에 은밀하고, 그러면서도 명징하다. 이러한 사고들의 반영이 온갖 것들로 나타나지 않는가? 예컨대, 전구가 발명되었다. 이로부터 아주 의미심장한 세계가 시작된 것이다.

빛이란 세계에 대한 인간의 유일한 의식이다. 형태와 색, 그러니까 현상적인 외피는 빛에 의해서만 드러난다. 어둠이, 고대부터 중세 내내 음습한 습지를 형성했던 이유는 빛이 의식을 앗아가는 순간이기 때문이다. 달빛은 햇빛과는 달리 빛 속에서 우리가 지각했던 내용들을 변경시켜 버린다. 한낮에 아름답던 숲은 순식간에 달무리 밑에서 교교하고 괴기한 운무를 내뿜는 습지가 된다. 나그네가 그런 숲속에서 빛이 있는 곳으로 무심코, 습관적으로 빨려드는 이유는 그것이다. 사이렌의 아름다운 노랫소리처럼 빛은 그런 어둠 안에서 유일한 안식처이기 때문이다. 그래서 교부들은 숲속의 이 인위적인, 햇빛이 사라진 뒤에 남는 빛을 폄하하고 마녀의 불빛이며 어둠 속에서 행해질 만한 제의의 빛이라고 규정했다. 당시 인간들이 피울 수 있는 빛은 언제든 꺼질 수 있는 불안한 빛이었기 때문이다. 촛불이거나, 심지 위에서 가녀리게 떨리는 등잔불이거나….

이 빛을 끄지 말기를, 이 떨리는, 가냘프게 울리고 흔들리며 생명의 나약함을 지탱하는 이 빛을 끄지 말기를, 도메니코여, 그것을 지니고 땅을 건너가거라, 횡단하라, 빛은 아무것도 아닌 듯 하나, 생명이며 꺼뜨려서는 안 되는 영혼이다! (《노스탈지아Nostalghia》, 1983) 타르콥스키는 '빛'이 어떤 것인지 너무도 잘 알았던 것 같다.

그러나, 사람들은 이 빛을 꺼버린다. 그들은 자신들의 빛으로 세상을 밝히지만, 그 안에는 빛의 힘은 사라지고 없다. 전구는 우리의 삶을, 육체의 차원을 연장하는 동시에, 영의 차원을 밀어냈다. 어둠이 있었어야만 한다고 말하는 것은 아니다. 어둠에서 도피할 수 있었던 것은 위대한 발견이지만, 다만 그 빛이 모든 것을 채워주지는 못한다고 말하는 것이다. 이 빛은, 전등불은 인간의 의지인 동시에 인간의 나약함이었다.

차원은 여러모로, 여러 방향에서 흔들린다. 어느 하나 공고하게 붙들지 못하고, 마구 뒤섞이며, 언뜻 물리친 것 같지만 빛의 저편에서 날카로운 이빨을 감춘 채 우리를 바라보고 있는 그 어둠을 남겨둔 채 말이다.

엄밀히 말해서 사람들은 이제 차원을 자신의 것으로 붙들었다. 그것을 조절할 수 있으며 통제할 수 있는 거리로 불러낸다. 그러나, 물론 장악했다고는 말할 수 없을 것이다. 장악했다면 우리는 스스로 신이 되었거나, 거꾸로 삶의 균형이 모두 파괴되어 정신이상자가 되었거나 그럴 것이다. 그저 밀어내고 끌어오고 할 수 있는 단계, 현상의 차원에 대한 조절이 가능했을 뿐이다. 영혼의 세계를 현상으로 끌어들임으로써, 영적인 것들에 대한 과학적 해석을 받아들임은 물론, 그렇게 과거를 부질없음으로 돌려버림으로써, 정신의 세계를 물질화해 냄으로써….

자, 이야기는 이제야 핵심으로 건너온다. 정신의 세계에 물질의 옷을 입힌 것. 그가 뱀파이어가 아닌가? 그에게는 또 다른 이름이 있는데 그것이 바로 '영화'이다.

사람들은 '영화'를 무엇이라고 생각할까? 뭐라고 하든 간에, '영화'의 출현은 생각보다 아주 중요한 것이었다. 한 마디면 설명되지 않는가? 정신의 세계에 물질의 옷을 입히는 것 말이다. 그래서 이것은 불온한 형식인 동시에 가능한 형식이다. 나는 아직 그것이 어느 쪽으로 달려가고 있는지 평가하지 않는다. 왜냐하면 우리가 사는 세상의 모습답게, 그 안에서 이러저러한 것들이 뒤엉켜 있기 때문이고, 아직 모든 것을 말하기에는 시간이, 그에게 주어진 시간이 턱없이 짧기 때문이다.[15] 아직까지는 이 뒤엉킴은 그저 관망의 대상이며 무수한 시도라고

---

15) 사람들은 영화의 백 년을 상당히 가치 있는 것으로 생각한다. 그 짧은 시기에 그토록 대단한 결과를 보여주다니 하는 식으로… 확실히 짧은 기간에 그는 인간의 모든 것을 재빨리 습득하고 체화했다. 하지만, '영화'에게 시작은 지금부터이다. 이전 것들의 습득과 해석이 아니라 이제부터 앞으로 가야 하기 때문이다. 21세기는 그렇게 '영화'에게 홀로 설 것을 요구하고 있다. 하지만 이 역시, 계책이다. 왜냐하면 진짜 홀로가 아니라 어쩌면 욕망과 자본의 노예가 되기를 바라는 것인지도 모르니까. '이제 맘대로 해봐. 내가 네게 자유를 주었어. 문학이나 회화나, 전 시대의 예술과는 완전히 다른 길에 섰잖아.' 악은 말하지 않는다. 우리가 간파해야 하는데, '하지만 내가 네게 지불한 것들은 갚아야지' 한다. 그렇게 '영화'의 영혼은 비명을 지르고 있다. 하지만 비명을 던질 공간조차 사라져간다. 그는 자본의 네트워크 안을 돌아다닌다. 공간 대신 말이다. 장소가 없으면 존재가 설 길이 없다.

보고 싶다. 어느 것이 어느 것보다 옳다고 할 의지를 나는 지니고 있지 않다. 다만 생각을 하며 그에 따른 정체를 서서히 풀어낼 뿐이다.

그런 점에서 나는 어떤 영화 전공자보다 덜 전문적인지도 모른다. 아마도 다른 이들에 비해서 영화에 대해 정작 가장 덜한 관심을 지니고 있는지도…. 그러나 내가 생각한 대로, 아는 대로 이 문제를 풀어가 보자.

정신의 세계에 물질의 옷을 입힌다! — 세상은 이제 다방면에서 분석되고 간파될 수 있게 되었다. 우리는 이제껏 우리가 살고 있던 물질의 세계에 정신이 가닿을 수 있는 길을 마련했으며, 거꾸로 정신의 세계에 물질이 다가갈 수 있는 길도 마련한다. 내가 보기에 '영화'에게 가능성이 있다면 이 두 가지의 방향을 모두 지니고 있다는 점이 아닐까? 고다르가 말한 대로, 그래서 '영화'는 조명照明과 사색, 인간의 세상에 대한 폭넓은 시선인지도 모른다.

*

정신의 세계란 어떤 것일까? 너무 멀리까지 가지 말자. 그것은 우선 상상의 세계, 실체가 없이 머릿속에 그려보던 세계, 실존하기는 하지만 질료의 상태가 아닌 세계, 꿈속의 세계, 몽상의 세계, 뭐, 그런 것들이다. 이 정신의 세계에 물질의 옷을 입힌다는 말은 사실 상당한 '사건'이다. 그러한 세계의 변화를 보여주고 있다는 점에서 나는 뱀파이어가 아주 중요한 지표이며 우리 삶의 거대한 변화를 보여주는 증거품이라고 한 것이다.

그래, 뱀파이어는 그렇다고 치자. 어쨌든 '영화' 역시 우리가 상상하는 세계, 그려보는 세계를 눈앞에 드러내는 형식이다. 움직이는, 따라서 살아있는 것과 같은 형태로 말이다. 하지만 그런 속성들을 지니고 있다고 해서 뱀파이어에게 주어진 또 하나의 이름이 '영화'라고 하는 것은 너무 지나치고 우스꽝스럽기까지 하다. 뱀파이어와 같은 존재, 세상을 아주 거대한 패러다임으로 나눈다면, 비록 아직은 명확하게 말할 수 없지만 커다랗고도 완전한 '변화'를 증명하며, 그것의 지표 역할을 하는 존재로서 뱀파이어라고 할 때, '영화'가 여기까지 이른다는 것은 어쩐지 과도하고 지나친 자리매김 같아 보이는 것이다.

이렇게 말하는 이유를 이해하기 위해선 사실 '영화'라는 장치에 대한 이해가 필수이다. '영화'가 우리에게 보여주는 세상은 어떤 것인가 하는 이해 말이다.

우리 앞에 스크린이 있고, 그 스크린에는 이미지가 지나간다. 우리에게 존재의 고리는 일종의 약속일까? 사회적 컨벤션의 일종인가? 우리는 스크린에 이미지가 나타나는 순간에 그 이미지에게 '존재'를 부여하고 있다. 그것은 어떠한 경우라도 '실재'가 아님은 틀림이 없다. 방금 전에 찍은 내 이웃의 이미지라도, 에이리언이라도 마찬가지이다. 더 이상 거기에는 '실재'가 없으며, 단지 '상'에 불과하다. 그런데 어떻게 우리는 그것을 존재하는 것으로 받아들이는가? 사람들 말대로 '영화니까' 순간적으로 이루어지는 관습인가?

하지만 이것은 관습이 아니다. 영화가 인간에게 상영된 최초의 순간부터 '존재의 고리'는 자연스럽게 주어졌기 때문이다. 우리가 망각해서 그렇지 애초부터 '이미지'는 존재 그 자체였다. 메츠Christian Metz

(1931~1993)에게 영화가 기호학적 대상으로서 가능해진 까닭은 바로 이 고리 때문이었다. 그것은 인간의 세계에서 일반적으로 기호가 그런 것처럼 상호 교환이 가능한 도구였고 메츠는 그 사실에 기초해서 영화 이미지가 지니는 독특한 지점들을 찾아 들어가기 시작했던 것이다. 그러나 작용의 결과들만이 해명될 수 있을 뿐, 그러한 작용이 이루어지는 이유는 성립하기 어려웠다.

4) 뱀파이어에서 또다른 뱀파이어로

'뱀파이어의 다른 이름이 '영화'라고 하는 것은 언뜻 지나친 비유이고 우스꽝스러워 보인다. 그러나 다음 장면을 한번 보도록 하자. 어디서나, 언제나 '영화'를 말할 때면 어쩔 수 없이 반복하는 장면이다. 전작 『영화의 역사-첫번째 발자국』에도 전제되었지만 가급적 다른 방식의 묘사로 접근해 보자. 너무나 중요해서 어디나 빼놓을 수가 없다.

이것은 아주 의아스러운 장면이어서 한 편의 완성도를 가정한다면 결코 삽입되지 않을 그런 것이다. 드라큘라 백작은 수백 년 전에 죽은 자신의 연인, 영원한 생명의 뿌리, 미나를 찾아서 런던에 온다. 그가 도착한 후, 아주 이상한 나레이션 하나가 불쑥 튀어나온다. '사람들은 뱀파이어가 낮에는 활동을 못 한다고 알고 있지만 그의 힘이 미약해질 뿐 그는 낮에도 돌아다닐 수 있다'(???)

코폴라가 개악한 것일까? 브램 스토커의 드라큘라를 택했을 때, 그는 비록 다른 뱀파이어 버전처럼 이러저러한 면을 손대긴 했지만, 그래도 제목을 아예 '브램 스토커의 '드라큘라''라고 붙일 만큼, 되도록 원전에 가까워지려고 노력한다. 그 누구보다도 충실하게—사실 과거의 어떤 영화도 이만큼 충실하게 따라간 일은 없다. 무언가를 첨가하고 조금씩 비틀어놓는다—이미지로 옮기려고 말이다.[16] 뱀파이어가 왜 어둠 속에 살게 되었으며 어떻게 피를 갈구하게 되었는지, 그리고 그것이야말로 뱀파이어의 핵심임을 잘 알고 있었기 때문이다. 그런데 낮에도 활동한다니, 이건 정말 뱀파이어를 우습게 만들어 버리는 것이 아닌가? 그가 낮에도, 일상의 시간으로도 진입할 수 있다면 비극은 성립되지 않는다. 그는 '거의 인간'이 된 것이니까. 그다음의 장면이야말로 이 의문에 대한 해답이다.

아이리스가 열린다. 그러고는 초창기 영화들을 볼 때 우리의 귀를 따라다녔듯, 프로젝터의 모터 소리가 명백하게 들리고, 런던 거리를 활보하는 드라큘라 백작이 보인다. 소리만 그런 것이 아니다. 마치 그 당시의 카메라로 찍은 듯이 드라큘라와 거리의 사람들 행동들도 초창기 영화와 꼭 같은 것이다. 오직 다른 게 있다면 색이 있다는 것인데 물론 이제까지 보다는 훨씬 창백하고 색조가 떨어져있기에 그것도 돌출 이미지라고 할 수 있다. 이 이미지들은 조금 후에 다시 극이 시작됨으로써, 원래의 뱀파이어 이야기 안으로 들어감으로써 원 상태로 복귀한다. 거리에서 드라큘라 백작은 미나를 발견하고 그 순간 카메라의 앵글이 바뀌면서 슬로우 모션으로 들어가 이 이상한 장면은 막을 내린다.

16) 이 표현은 나름대로 중요하다. 이미지로 옮기려는 것 자체가 사실 변질이기 때문이다.

영화를 하나 볼 때, 약간의 주의가 필요하다. 많은 사람들은 이 장면을 특별히 주목하지 않았다. 영화가 전하는 이야기의 자연스러운 연속인 양 그렇게 평범하게 받아들인다. 하지만 지금 당장 비디오테이프든, Dvix든, DVD든 켜놓고 그 장면의 앞뒤로 가만히 들여다보라. 어째서 이 장면이 하나의 돌출이며 특별한 장면인지를 쉽게 알 수가 있다. 먼저 색의 톤이 그러하며, 아이리스에 의한 열림이 그러하며, 사운드가 그러하다. 이 장면에 대해서는 사실 아주 많은 말들을 할 수가 있는데, 하나하나의 표현들이 정말이지 조심스럽게 '연출'된 것이기 때문에 그렇다. 그러고는 가장 결정적인 장면이 지나간다. 드라큘라 백작은 어떤 소년의 옆으로 지나친다. 소년은 신문을 깔아놓고 판매하고 있었는데, 그가 하는 말을 들어보자. '호외요, 호외! 영화가 발명되었어요. 영화를 보러 오세요!' 그러고는, 백작이 드디어 그렇게 활보하던 런던 거리에서 미나를 발견하는 순간, 톤은 이전으로 돌아가고 사운드는 뮤직으로 바뀌며, 아이리스에 의해 열렸던 장면의 닫힘이 아니라 지금부터가 진짜 시작이므로 슬로우 모션으로 바뀌어 다시 이야기가 전개된다. 백작은 거기서 최면을 슬쩍 걸어 올린다. '나를 보라, 나를 보라!'

코폴라는 무슨 이유에서 이러한 장면을 구성했을까? 이야기를 갑작스레 벗어나 이 짧은 시간(정확히 36초간이다)을 왜 작품의 훼손에 할애했을까? 낮에도 뱀파이어가 다닐 수 있다고? 대도시의 한복판을 그가 그처럼 태연하게, 햇빛에 아무 훼손도 안 당하고, 빛이 내리쬐는 순간에 절망의 표정을 짓지도 않고 걸어 다니며 이곳저곳을 기웃거릴 수 있다고? 그렇다면 영화의 마지막은 앞뒤가 안 맞지 않은가? 대낮에도 그처럼 의기양양하게 다니고, 미약하다고 하기는 했지만 최면을 걸 능력이 있다면, 그가 마치 절망에 싸인양, 얼기설기 나무로 짠 관 안에 자신이 살던 대지의 흙에 의해 간신히 보호받은 채, 그처럼 다급하게 자신의 성으로 돌아가려는 게 잘못된 설정이지 않은가? 그처럼 무력하게 어둠이 내리기를 겨우 소망하는 대신, 다시 한번 걸어 다니며 남의 도움 없이도 스스로 도망칠 수 있을 텐데 말이다.

내게 이 장면은 하나의 감동이었다. 1992년, 이 영화가 나왔을 때, 파리의 시사회는 검은 연미복과 빨간 나비넥타이, 그리고 빨간 드레스를 입은 사람들로 붐비고 있었고 극장 안은 온통 선홍색으로 가득 차 있었다. 한 해가 저물어가는 시간이었고 스산한 추위가 운무처럼 거리를 뒤덮고 있었다. 나는 그 한 무리의 사람들에 둘러싸여 시사회장의 홀에 머물러 있었다. 마치 언뜻 한 무리의 뱀파이어들에 갇혀있는 듯한 느낌이 들었다. 겉은 검고 안은 빨간 망토를 두른 사람들도 때때로 눈에 띄었고 이 모든 것들은 그저 홍보 효과를 노린 이벤트 성의 영업전략이었음에도 브램 스토커라는 이름에 힘입어 단순한 상술이라기보다는 그 시대로의 잠입 같아 보였다. 참으로 이런저런 오랜 실랑이 끝에 그 안에 뱀파이어의 자식들과 함께 있게 된 나는 마치 한 마리의 먹잇감이 된 것처럼 사람들의 눈길을 끌고 있었다. 나는 그들이 요구하는 옷을 갖춰 입지 않은 유일한 사람이었고 그들은 그런 나를 의아스러운 듯 바라보고 있었던 것이다. 바깥에는 이런저런 스타들의 모습과 이 신기한 이벤트를 보기 위해 모인 청소년들, 그들의 복장은 정말로 오늘날 흔히 뱀파이어 영화에 등장하듯 어둠에 열광하는 자들의 차림새였고 그래서 마치 이 모든 것들이 그럭저럭 《블레이드》의 광란의 무도회장 입구를 연상케 했다. 나는 그들에 에워 싸여 영화를 봤다. 코폴라는 무엇을 생각한 것일까? 현대 묵시록의 작가(《현대 묵시록》), 미국을 관통하는 스산한 시선들(《대부》시리즈), 청춘의 통과의례 같은 고통과 걷잡을 수 없는 시간들(《럼블 피쉬》)을 붙잡던 그가 드라큘라에 눈독을 들인 의도는 무엇이었을까? 그도 화려하고 장대한 '블록버스터'를 슬쩍 남기고 싶었던 것일까? 할리우드의 감독이라면 꿈꿀 만하다. 블록버스터는 흔히 생각하듯 규모의 문제가 아니다. 그렇기 때문에 《현대 묵시록》이나 《대부》나 어떤 것도 그에 해당하지 않는다. 코폴라는 자신의 테크닉과 생각들, 뭐 그런 것들을 한데 뒤섞어 한 번쯤은 대중들의 코드에 쉽게 다가갈 수 있는, 그러니까 소위 트랜드에 잠입해 보고 싶지 않았겠는가? 하지만 이 영화는 모든 부분에서 블록버스터의 방법을 지니고 있었음에도 그렇게 되질 않았다. 코폴라는 아주 느린 톤을 잡았는데[17)]— 그런 점에서 곧바로 블록버스터의 공식을 벗어난다 — 왜냐하면 뱀파이어라는 존재에 대한, 그 존재의 역사에 대한

17) 어떤 이들은 이것이 느린 톤이라는 데 반박을 할 것이다. 드라큘라의 과거는 아주 빠르게 진행하고 장장 500여 쪽(한국 번역본은 667쪽이다)에 달하는 소설은 불과 두 시간 안에서 시작과 결말을 모두 담으며 진행하고 있기 때문이다. 시간에 관한 한, 사람들은 '영화'를 충분히 이해하질 못한다. 이야기가 담는 시간이야 빠르지만, 그에 따라서 어떤 장면들의 편집은 상당히 급해 보이지만 '영화'의 시간은, 아니 그것까지 갈 것도 없이 이야기의 시간은 그 이면으로 흐른다. 예컨대, 현대 영화는 미상의 시간을 포착함으로써 이야기의 시간을 한정없이 늘려놓는다. 특정한 표지들로의 이행과 집중이 아니라 그 사이를 바라본 것이기 때문이다. 물론 오늘날 이 공식, 현대영화는 이미 아주 늙은 공식이다. 하지만 상당히 많은 영향력을 '영화'에게 제공했는데, 특히 고전영화들의 방향이나 구성에 영향을 주었다. 예를 들어, 이 영화에서도 도처에 그러한 부분은 불쑥 나타난다. 여하간, 코폴라는 상당히 돌아간다. 이야기로 말하자면 굳이 이미지로 구성되지 않아도 되는 부분까지 그는 포착한다.

추적이었기 때문이다.

그는 이제 너무나 낯익은 것이 되어버린, 그래서 공포와는 거리가 먼 존재가 되어버린 이 낡은 뱀파이어를 복원시킨다. 이러한 시대에서의 복원이란 어차피 무거울 수밖에 없으며 비감할 수밖에 없고, 슬픈 연대로 이어지므로 멜로일 수밖에 없다. 영화는 줄기차게 슬픔으로 진행했다. 그러다, 그렇게 운명, 처음부터 비감함이 예정된 운명을 따라가다, 결국 진짜 운명의 진원지를, 미나를 드라큘라가 만나야만 하는 장면에서 문득, 이야기를 떠나서 위의 이미지들을 흘려보낸다. 사람들은 이 장면을 별반 특별한 의식 없이 본 듯하다. 혹, 조금의 관심이 있다면 아마도 브램 스토커의 『드라큘라』가 출간된 시대와의 조우쯤으로 보지 않았을까? 그래서 역사에 대한 일종의 경의 같은 것 정도로…. 하지만, 코폴라는 그 정도의 수준에서 이 장면을 구성한 것이 아니다. 어떤 면에서 보자면 너무나 지나치게 작위적으로 보이기도 하지만 자신의 영화에서 이러한 장면을 스스럼없이 구성하고 일부러 드러내며 버젓이 보여준다는 점에서 코폴라는 아무래도 달라 보인다.

런던 거리에 나타난 뱀파이어, 1897년, 영국에 상륙한 '영화', 이것은 일종의 방정식일 것이다. 이미 말했듯이 코폴라의 이 미장센을 영화의 역사에 대한 일종의 헌정이라고 보더라도 그것은 마찬가지이다. 문자가 드러낸 뱀파이어와 이미지로 나타난 뱀파이어는 동시의 산물이기 때문이다. 그래서 그것은 하나의 문화적 도구가 다른 또 하나의 문화적 도구를 만나는 것이고, 교차를 이루는 지점이다. 하지만 이 방정식은 그 이상으로 진행한다. 이것은 시대의 변화, 혹은 그 변화의 의미들을 규정하는 공식이기 때문이다. 물론, 그렇다고 이 변화가 문자의 세계로부터 이미지의 세계로 이어지는 변화를 의미하는 것은 아니다. 그보다는 이 존재, 뱀파이어라는 존재의 출현과 현상화가 지시하는 변화를 암시하고 있다. 그 시대, 사실 모든 것이 바뀌었으니까? 이를테면 무엇보다 '영화'는 보이지 않던 차원으로 세상을 열어갔다. 이를테면, 뱀파이어는 이제까지 저편으로 여겨왔던 차원을 눈앞으로 당겨왔다.

*

뱀파이어, 우리는 지금까지 줄기차게 이 존재가 지니는 의미들을 말해왔다. 그는 차원의 교차, 일상과 비일상의 혼재, 혼란, 충돌, 결국에는 교배를 보여준다고…. 그리고 이러한 교배의 결과는 다중적이다. 하나가 비현실을 물질의 세계로 자신 있게 끌어들여 분석의 대상으로 바라보고 스스로 흡족한 표정을 지으며 의기양양하게 삶을 개척하고 있는 모습이라면(뱀파이어), 다른 하나는 그 내면에, 과정에 계속해서 쌓여갈 어두운 그림자로서, 결국에는 이 자신감이 거둬지고, 이런 식으로 비현실을 천상에서 내려보냄으로써 맞이할 수밖에 없는 절망과 혼돈에 빠질 인간의 모습이다.

그를 이제 추상의 장에서 논의의 장으로 끌어내자. 그의 정체성은 아주 간단하게 분별된다. '첫 번째는 …이고, 두 번째는 …이며, 세 번째는 …이다'라는 식으로.

죽음에 든 자, 그러면서도 죽음에 온전히 자신을 내맡기지 못하는 자의 모습이 가장 먼저 눈에 띈다. 저세상으로 이미 내려갔으되 언제나 일정한 시간이 되면 목구멍의 타는 갈증을 품고 이 세상으로 돌아올 수밖에 없는 자이기 때문이다. 그렇기 때문에 그에게는 두 개의 차원이 공존한다. 비현실적 차원과 현실적 차원 말이다. 이것은 사실 독특한 현상이다. 왜냐하면 이전의 세계에서, 19세기 이전의 시대 안에서 이 차원들은 서로 공존하는 것이 아니라 명백하게 배면하고 있는 것이었기 때문이다. 바로 그런 점에서 19세기의 시대와 뱀파이어가 교묘하게 접합점을 지니고 있다고 말한 게 아닌가?

문제는 그러나 좀 더 이후로 넘어간다. 왜냐하면, 그가, 트란실바니아든, 헝가리의 어느 골짜기든 세상에 여간해서는 노출되지 않는 곳, 《노스페라투》에 나오듯 이상한 숲길을 달려 다리를 건너서, 시간이 역행하며 속도가 변형된 곳에 머무르지 않고, 이 세상으로 건너오는 부분에서 사실상의 모든 문제가 소용돌이치고 있기 때문이다. 즉, 세상에 비현실적 차원을 끌고 와서는 자신의 존재에 의해서 그때까지 공고하게 다져져 있던 차원을 송두리째 흔들며, 그것을 이식시키고 증식해 나가지 않는가?

세상의 차원은 부스스 먼지처럼 부서져 내린다. 그러고는 이제 서로가 서로에게 침투하며 은근히 물고 뜯는 이상한 지대로 잠입하게 되는 것이다. 이 모든 '일'의 배후지에 몽상의 세계, 최면의 세계가 폴폴 피어난다. 정신은 혼미하며 그것은 희생자 루실 뿐이 아니라 조나단, 수어드 박사, 미나, 반 헬싱 등 근처의 모든 '존재'들에게로 퍼진다. 그래서 모든 것은 꿈이면서 동시에 현실적인 과정을 거친 모호한 상태가 되며 세상의 명료함은 물끄러미 사라져 버리는 것이다. 나머지 문제, 증식과 번식, 전염은 잠시 뒤로 미루자. 여기서는 이 부분에 집중하자. 이것이야말로 '영화'의 가장 핵심적인 문제이기 때문이다.

뱀파이어의 일생은 그렇다. 이 비일상적 존재가 밤이면, 자신의 차원을 만나면, 다시 육체를 입고 되살아난다, 다시 말해, 일상적 존재로 바뀐다. 이미지를 획득한다. 아니면, 이미지를 획득하기 때문에 존재를 부여받는다? 여하간 그 시간에 뱀파이어는 되살아난다. 그 시간에 자신의 망각되었던 '존재'를 되찾는 것이다. 따라서 존재의 복귀, 존재의 귀환, 어둠의 강을 건너온 귀환. 이 복귀의 첫 번째는 존재이며, 따라서 육체를 입는 것이다. 사라진, 부패한, 움직이지 않는 육체가 아닌, 그래서 늘 질료는 없이 떠다니는 공기 같은 모습으로 나타나는 것이 아니라, 명백하게 살아있는 육체를 다시 입는 것, 그는 실체로서의 몸을 다시 부여받은 자인 것이다. 다시!

무수한 교차, 그러나 의미 있는 교차, 일상과 비일상의, 차원들 간의, 존재들 간의…. 육체를 가짐으로써 그는 다른 육체들과 관계를 맺을 수 있다. 관계란, 사실 존재들 간에 주어지는 것 아닌가? 좀 더 자세히 들여다보자. 뱀파이어는 사랑을 한다. 감정이란 육체와는 관계가 없는 듯이 보이지만, 육체를 지니지 않고는 발생하지 않는다. 죽은 자에게는, 죽은 육체, 그래서 사라질 육체에게는 감정이 없다. 육체를 가지고 있을 때 감정이, 정서가 발생하지 않는가? 낮 동안에 뱀파이어의 처절한 사랑은 관 속에 죽은 육체와 함께 저장되어 있을 뿐이다. 감정이 살아나는 순간은 그가 육체를 입으며 되살아날 때이다. 기억 역시도 그렇게 존재의 부활과 함께 되살아나며, 다시 말해, 되돌아온다. 코폴라의 버전에 따르면 수백 년 전 죽은 자신의 여자에 대한 사랑이 되돌아오고 그는 그렇게 잃어버린 사랑을 찾아 떠돈다. 우리는 내용에 감탄하지는 않는다. 그가 사랑을 하든, 포기하든 상관없다. 중요한 것은 어찌됐든 그가 감정을 지니고 있는 존재로 되돌아 온다는 것이다. 이 감정은 결국 육체의 복귀를 입증해 주는 표지가 아닌가?

질료, 육체를 가짐으로써 그는 타 질료, 타 육체와 관계를 맺을 수 있고, 그 관계는 언제나 주관적이다. 그는 공격자, 최면을 거는 자, 횡포자이며 다른 육체들, 타인들은 모두가 자신의 대상일 뿐이다. 그는 대상들에 최면을 걸고, 집어 먹으며 조종한다. 그래서 여기서 발생하는 문제, 이제 전염이 등장한다.

흡혈은 그의 생존 방식이다. 마찬가지로 내용이 중요한 것은 아니다. 그가 인육을 먹든, 단지 피를 마시든, 이것이 관계 맺는 방식이라는 사실이다. 그는 피/정신/생명을 빨아 마심으로써 자신의 생존을 획득한다. 그리고 자신의 이미지를 그들에게, 희생자들에게 입힌다. 서서히, 횟수가 거듭될수록 결국 그들도 흡혈귀가 되도록.

영화에서 이루어지는 집단적 최면도 마찬가지이지 않은가? 지각은 '영화'에 의해서 흡수당한다. 우리의 의식은 새로운 지각의 내용들, 영화의 서사적 세계로 채워진다. 우리에게 다만 차이가 있다면 단지 흡혈 당한 자는 자신의 일생을 뱀파이어와 꼭 같이 살아갈 수밖에 없지만, 영화관을 나오면서 그것으로부터 해소가 된다는 것뿐이다.[18]

영화는 허구, 단지 상상에 불과한 서사에 이미지를 제공한다. 이미지를 제공한다는 것은 곧 존재를 부여하는 것이며, 육체를 입히는 것이

---

18) 그래서 나는『영화의 역사-첫 번째 발자국 』에서 이러한 동굴, 이 기묘한 공간에의 여정을 이상한 나라에 갔다 온 앨리스로 비유했다.

다. 영화 안에서 어느 누가 도대체 질료를 지니고 있는가? 그들은 필름이라는 질료 위에 화학적으로 긁혀진 존재일 뿐이다(디지털의 시대 이후, 화학에서 기호가 되었다). 완벽한 비일상적 존재. 그러나 그 인물이 영화관 안에서 스크린 위에 투영되는 순간에, 우리는 그들이 존재한다고 생각한다. 순간적으로 존재를 부여하는 것이다. 비일상적 존재의 비일상적 공간 안에서의 현실화, 일상적 존재로의 환원. 뱀파이어는 그래서 영화 자신이며 관객들은 뱀파이어의 흡혈의 대상, 전이의 대상이다. 우리는 그의 최면에 걸려 헤어나지 못한다.

그러나 동시에 이 흡혈이란 다른 문제를 암시하고 있기도 하다. 사실 이 화신/되살아남*incarné(incarnate)*의 부분적인 미흡함을 드러내는 장치, 그것이 또한 흡혈의 기능이기도 하지 않은가? 흡혈은 바로 이 육체적 세계에 속하기 위한 만족스럽진 않지만, 필연적인 요소이다. 그렇기 때문에 그것은 반복적인 모티브를 형성하고 그것에 의해서 그의 삶이 결정되어 버리는 것이다. 이것은 그가 오직 밤이라는 차원 안에서만 살아 움직일 수 있다는 사실과 더불어 그의 육체/존재가 완벽하지 않다는 것을 말해준다. 일정한 차원, 시간, 사이에만 존재할 수 있는 육체, 결국에는 이미지뿐인. 이것이 바로 영화 안의 세계이며 인물들이지 않은가?

서사가 행해지는, 허구가 드러나는, 비일상이 주어지는 시간 동안 만의 존재. 인물들*personnages(characters)*은 사실상 텍스트(시나리오, 데꾸빠쥬) 안에서 존재하는데, 다시 말해 허구 안에서만 존재한다. 뱀파이어가 상상적/영적 존재로서 부분적으로 미흡한 육체를 부여받듯이, 인물들이 부여받는 육체(배우의 이미지)도 제한된 것이다. 그는 오직, 영화에서의 등장 동안만 존재한다(즉, 어둠 속에서만).

뱀파이어나 인물들이나 그래서 기생적인(육화된 것/실세계/육체의 세계에 대한 기생) 존재이다. 실패한, 완성되지 않는 육화: 어떤 면에서 그들은 플라톤이 설명하는 거울에 비친 꽃병의 이미지, 동굴의 그림자인 것이다. 어떤 경우에도 만질 수 없으며, 불완전한 감각(시각)에 의해서만 간신히 윤곽이 잡히는. 이것이 바로 고리끼가 지적한 영화의 정체이다.[19)]

바로 이런 이유에서 나는 최면이야말로 영화가 지닌, 가장 원시적이며 기본적인 기능이면서, 가장 집요하게 주목되어온 기능이라고 말한 것이다. 영화는 그렇게 작용하며 영화관은 일상과 비일상의 교차지가 된다. 다시 말해 차원의 교차지 말이다.

영화가 최초의 순간에는 전혀 상상적인 세계로 나아갈 생각은커녕, 명백하게 살아있는 현실, 존재들을 보여줌으로써 놀라움을 끌어냈다

---

19) 고리끼가 영화를 보고 난 뒤에 쓴 일기를 말한다. 유명한 문구로, 가만히 보면 나름 정확하게 영화의 정체성을 파악하고 있다. 하지만 고리끼는 그런 영화의 출현을 지금 이 글들에서 말하듯 끔찍한 무언가의 출현으로 여겼다. [어제 나는 그림자의 왕국에 있었다. 아, 만약 내가 당신에게 그 세계의 기이함을 보여줄 수 있다면. 색도 소리도 없는 세계. 모든 것—땅이나, 물, 공기, 나무들, 사람들—이 그저 회색으로만 나타나는. (…) 거기엔 삶이 없다. 단지 삶의 그림자만 있었다. 삶의 활기는 사라져버린, 일종의 소리 없는 망령이라고나 할까. 그런 것들만 있었다. (…) 이 그림자들의 움직임은 보기에도 끔찍했다. 다른 것은 아무것도 없이 오직 그림자들, 망령들, 유령들뿐이었다. 나는 전설을 생각했다. 어떤 악한 존재가 마법을 걸어 마을 전체를 끝없는 잠으로 몰아넣었다던. 나는 마치 마법사 멀린이 우리 앞에서 그의 주술을 걸고 있는 듯한 생각이 들었다]. 멀린, 마법사… 그러니까 우리 삶에서 외면한 차원이 되살아난다. 있어서는 안 되는 것들이 거기 있는 것이다.

는 것은 틀림이 없다. 하지만, 그래도 '영화'는 이상한 체험이며 비현실적일 수밖에 없다는 사실도 마찬가지로 동시에 발견되었었다. 관객들이 자신들에게로 돌진하는 기차에 놀라는 순간에 말이다. 그것은 허구이며 단지 이야기이지 않은가? 사실 또는, 실체가 아닌 이야기. 영화가 제공하는 모든 육체, 인물이건, 대상들이건 그 육체들은 엄밀하게 말하자면 다만 육체의 형상, 이미지에 불과하지 않은가? 구체적인 질료가 제거된 '유령/그림자'라는 말은 그래서 타당하다. '보이지 않는 육체*corps invisible(invisible body)*!', 우리는 육체의 이미지만을 보고 있기 때문이다.

이 비일상적 존재가 영화관 안에서 상영될 때, 즉, 자신의 차원을 만났을 때, 그것은 명백하게 살아서 돌아다니는 존재가 된다. 다시 말해, 스크린에 이미지가 나타나는 순간에 우리는 그 '존재'를 인정한다. 이미지에 불과한 육체의 형상은 어느 순간에 육질화한 육체*corps carnifié*, 즉, 살이 보이는, 조직을 갖추고 있는, 살아있는 육체로 돌변하는 것이다. 이러한 육체를 무엇으로 설명할 수 있을까? 영화가 이미지의 가장 골깊은 문제를 건드리는 지점이 바로 여기이다. 이것은 '심령체-육체*corps-ectoplasme*'[20] 의 일종이라 볼 수 있기 때문이다. 스크린의 이 뱀파이어는 실제 살아있는 것은 아니다. 그러나, 인물에 의해서 그는 감정을 표현한다. 빛에 의해서 이차원적 평면에, 그림자에 감정이 들어서는 것이다.

---

20) 심령체: 영매의 육체에서 발하는 심령체. 즉, 영매의 몸 안에 실현된 육질 없는 육체.

결국, 일상성과 비일상성은 영화의 두 가지 정체성이라고 할 수 있다. 이것은 사실, 영화에서의 차원의 문제이기도 하다. 그것은 이차원과 삼차원의 문제이며, 엄밀히는 공간의 문제이기 보다는 존재의 차원의 문제이다. 루돌프 아른하임Rudolf Arnheim(1904~2007)은 물론 다른 의미로 영화적 상태가 이차원과 삼차원의 사이에 존재한다고 했지만 이 점에서 볼 때, 그 표현은 아주 적절해 보인다. 《노스페라투》의 마지막 장면을 보라. 먼저, 엘렌의 방에서, 노스페라투는 엘렌의 피를 빠는 중이다. 그때, 갑작스레 닭이 울고, 그는 흡혈을 중단한다. 다음은 감옥이다. 거기서 뱀파이어에게 최면 들린 종, 녹은 그의 주인에게 위험이 닥쳤음을 알린다. 창문 너머 건너편 집의 지붕 위로 햇빛이 드는 것이 보이고 다시 엘렌의 방으로 오면, 노스페라투는 일어서서 가슴에 손을 얹고 창문으로 다가간다. 노스페라투는 정지한다. 그는 햇빛에 쏘인 것 같다. 아주 짧은 순간 동안 우리는 그를 관통해서 사물을 본다. 그리고 그는 지워진다. 창문의 바닥께엔 연기가 피어오른다. 노스페라투의 마지막이 사라지는 중이다.

뱀파이어의 육체가 지닌 이중적 질료성이 이 장면에서 나타난다. 여기서 말하고자 하는 것은 다만, 그의 육화의 미흡함이 아니다. 그는 일상적인 육체(질료)가 존재할 수 있는 차원의 일부만을 자신의 존재 차원으로 갖고 있다. 그는 그것을 넘어서는 육체(질료)로 존재할 수가 없다. 그는 그가 다른 차원에 있게 되자, 즉, 빛이 그의 몸을 관통하자, 그대로 지워진다. 만일 그가 실체로서의 질료를 지니고 있었다면, 그는 죽음을 남겨야 했을 것이다. 다시 말해, 시체로 남았어야 하는 것이다. 하지만, 그는 그저 사라진다. 살 수 없기 때문이 아니라, '존재'할 수 없기 때문이다.

영화는 이 이중적 질료성을 가지고 있다. 그것이 우리가 본 대로 영화에서의 육체의 문제이다. 이 육체는 앞에서 지적한 바와 같은 실체성을 가지고 있다. 그러나, 사실 그것은 실체는 아니다. 그는 존재하지만, 동시에 존재하지 않는 것이다. 그는 오직, 영화 안에서만 존재한다는 사실을 생각하자. 그는 그래서 이미지의 존재인 것이다.

결국 영화도 이런 차원의 혼란감으로부터 시작했다. 그것이 '사실'이라고 믿는 순간에 어처구니없게도 사실이 아니며, 환영이라고 생각하는 순간에 허황하게도 '사실'이 되어 나타난다. 유령 놀음, 최초의 순간에 아무런 기대 없이, 정확히 말해서 사전적인 정보 없이 '영화'를 대했던 사람들 모두가 하나의 신기한 체험이며 환영의 잔치라고 여긴 것도 여기서 기인한다.[21)]

처음에 영화는 이런 단순하고도 기묘하며, 마술적인 체험 이상의 것이 아니었을 것이다. 그러나, 시작하자마자 그는 다른 영역을 개척해 나가게 되는데 아쉽게도 우리는 이미 이러한 역사를 추적할 수가 없다. 죠르쥬 사둘Georges Sadoul(1904~1967)에 따르면 인간의 역사에서 아직까지는 가장 근사치에 태어나고 성장한 이 영화에 대해서도 우리는 이미 많은 자료들을 소실했기 때문이다. 몇 개의 광고, 신문 쪼가리, 화보들이 있을 뿐, 초창기의 기록들은 이제 정말로 시간 속에서 사라

---

21) 우리의 논의야 다른 부분이라서 그렇지 사실 이 순간이 시네마토그래프에서 시네마로 바뀌는 지점이다. 때에 따라선 이 논의는 중요할 수 있다. 이에 관해서는 『영화의 역사-첫 번째 발자국』을 참조하라.

져 버린 셈이다. 그래서 우리는 어떤 순간에 어떤 과정을 통해서 영화가 신기한 체험에서 이야기로 넘어가게 되었는지, 대중들의 반응은 어땠는지에 관해 정확하게 말할 수가 없다. 물론 그렇다고 무한정한 추측으로 이 시기를 메꿔야 한다는 말은 아니다. 나름대로 듬성듬성 남아있는 자료만으로도 이 전환의 단계를 증명하기에는 충분하다. 다만, 어떤 작품들과 함께, 어떤 새로운 시도들과 함께 이루어졌는지 상대적으로 다른 예술들에 비해서 정확히 자료를 가질 수 있던 기회를 놓쳐 버렸음을 아쉬워하는 것이다.

그런 아쉬움은 잠시 뒤로 미루기로 하자. 아쉬움만 붙들고 있을 필요는 없다. 이것은 다른 방식으로 음미할 만한 내용을 전달해 주기 때문이다. '영화'가 만일 당시부터 무언가 문화적인 측면에서 지금처럼 중요했다면 자료는 보존되고 기록되며 조사되었을 것이다. 그러나 '영화'는 그렇지 못했다. 두 가지의 이야기가 가능한데 하나는 '영화'가 시네마토그래프의 상태를 벗어났기 때문이고, 다른 하나는 그만큼 초기 '영화'는 여타 발명품들, 특히 실질적인 삶에 유용한 물리적 장치들보다 훨씬 저급하게 취급되었기 때문이다. 그것은 현실이 아니면서도 현실로 받아들이게 하는 교묘한 체험 이상의 것이 아니었으며—이 체험이 가능해졌다는 사실의 중요성은 잠시 망각되었다!—, 그래서 버라이어티 쇼, 19세기의 싸구려 골목들을 채우던 극장식 카바레의 저급한 쇼와 다를 바 없다고 여겨졌던 것이다. 반면, 다른 친척들, 발명품들은 인간의 삶의 조건을 개선하는 유익한 장치들로 발전했다. 그만큼 사람들은 이 '영화'가 이러한 저질 쇼처럼 퍼져가며 얼마나 중요한 문제들을 제기하며, 은밀한 변화를 끌어냈는지 의식하지 못했다.

사실 나는 위에서 이러한 쇼에서 어떤 새로운 단계로의 진전이 중요했으며, 그래서 그 시기의 소소한 자료들이 없다는 사실이 아쉽다고 했지만, 엄밀히 보면 그 단계까지 가지 않더라도 '영화'는 이미 충분히 중대한 문제들을 제기하고 있었다. 바로 차원의 혼란감이라고 말한 그 문제 말이다. 예컨대, 이것은 현실인가, 아니라면 내가 느끼고 있는 현실감과 내가 보이는 현실적 반응은 무엇인가? 그것은 고리끼의 말마따나 착각이며[22] 단순히 최면에 걸린 상태에 지나지 않는 것일까? 물론 사실 이 문제는 그렇게 쉽지가 않다. 전자라면 모를까, 최면이란 것을 인정한다면 곧바로 중대한 '차원'의 문제를 만나는 것이기 때문이다.[23]

여하간, 그렇다면 반대로 움직여가서, 이것은 현실인가? 그러나, 우리가 영화를 보면서 현실에서와 같이 물질적 접촉을 이룬 일은 한 번도 없지 않은가? 우리 관객들은 그저 이미지의 작용에, 물리적 접촉이 아니라 이미지와의 접촉에 사로잡힌 것에 불과하다. 만질 수 있는 것, 혹은 나를 만지는 것은 하나도 없으며 나는 아주 커다란 움직이는 이미지를 보고 있을 뿐이다. 다시 말해, 실체가 없는 것, 그런데도 우리는

---

22) 과거, '문학과 영상학회'라는 의아한 이름의 세미나 발표에서 나는 놀라운 소리를 듣고 귀를 의심한 바 있다. 그것은 '영화'가 '착시'현상에 의존하고 있다는 것이었다. 지난 1970년대까지야 이 이론에 반기를 든 일은 없었다. 하지만 1980년대의 연구를 통해서 '영화'가 착시현상과 상관이 없다는 사실이 밝혀졌고 그것은 영화계에서 공고하다. 그런데, 영화에 관한 연구발표라는 장에서 기초적인 조사조차 이루어지지 않고 있다는 것은 연구자들과 그들의 관심사 모두에 대해 건강치 못한 의심을 갖게 한다. 무엇 때문에 그들은 영화에 관한 세미나를 여는 것일까 ? 그리고 무엇 때문에 영화에 관심을 지니는 것일까 ?

23) 이 문제에 관해서는 『영화 – 존재의 이해를 위하여』를 참조하기 바란다.

이것을 '현실'이라고 받아들일 수 있는 것일까?

결국에는 현실과 비현실의 교차, 시선의 교환을 통해서 이루어지는 현실적 체험 또는 최면상태의 성립, 두 시간여의 몰아, 비현실(스크린 안)의 세계 안으로 끌어들여져 버린 존재의 변화, 전이 등등, 뱀파이어의 모든 조건들이 지나가고 있지 않은가? 이러한 속성으로 인해 '영화'는 단순하고도 저열한 오락으로 나타났지만 사람들도 알아채지 못하는 사이에 우리가 여지껏 강조했던 시대적인 특징들을 고스란히 담고 있는 또 하나의 소재로 자라났던 것이다.

아이리스 안의 드라큘라, 새로운 세상으로 들어온 뱀파이어, 이제까지는 어둠의 세계에, 음산한 내면의 기억에, 마치 중세의 저 음습한 마녀들과 악귀들의 터전인 숲속에 머물러 있다가 삶의 공간으로 침투한 뱀파이어, 그러나, 그는 거기에 있으면서도 없다. 왜냐하면 그는 살아있으면서도 죽음에 머물러 있는 자이며, 육체를 지니고 있으면서도 육체의 형질로 살아가는 자가 아니기 때문이다. 그의 배고픔은 생명에의 갈증일 뿐, 허기짐이나 육체의 존속을 위한 것이 아니다. 마찬가지로 기쁨과 고통의 감정이 있으되 그것은 인간의 감정이 아닌 저주의 항목이다. 이런 모든 항목을 영화는 고스란히 지니고 있으며 자신 안으로 뱀파이어를 끌어들일 때, 그것은 명백하게 자신에 대해 말하고 있는 순간이 되는 것이다.

나는 뱀파이어가, 『드라큘라』의 출판이 하나의 전환점이라고 말했다. 시대 의식의, 갑자기 나타난 것이 아니라 서서히 준비되어 온 시대 의식, '준비'라는 표현이 눈에 거슬린다면, 종결부를 향해 가는 하나의 과정으로서 이러저러하게 형성된 조건들이 드디어 자신의 등장을 알리는 동시에, 모든 것이 정갈하게 마련되었음을 선언하는 순간이라고…. 예컨대, 신에게서 인간으로, 영적 영역에서 현실 영역으로, 존재의 변환 [관념→현실, 혹은 저편의 무엇→인간 자신]으로 직행하는 변화들이 일견 완수되었음을 지시하는 지표 같은 것 말이다.

5) 최면Hypnose — 이미지의 힘

그래서, 나는 세상의 끝까지 오게 된 것이다. 바람은 이제 시름을 거둬내는 것이 아니라 한 움큼의 비감함을 몰아오며 스산한 밤을 더욱 스산하게, 살아있음을 더욱 흐트러트리며, 물질을 날리는 것이 아니라 세상에 떠도는 유령들을 거리에 휘날린다. 지금은 존재가 존재가 아닌 시간이고, 삶과 죽음이 얼굴을 뒤섞어 내어 보이는 시간이다. 현대의 첫 발부터, 어쩌면 그때부터 우리의 소망, 희망과 함께 죽음이 냄새를 폴폴 피우며 살아 오르기 시작했는지도 모른다. 소망은 어차피 바깥을 바라보는 것, 그런데 바깥으로 나가며 세계를 내다보는 사이에 빈자리로 어둠이 침투하고 안으로 자꾸 뿌리를 내린다. 그렇게 시대에 대한 기대와 함께 몰락의 징후가 자리잡은 연대, 그것이 우리 20세기가 아닌가.

'영화'는 현실을 포착하기 위해서, 고정된 이미지가 아니라 움직이는 그대로에 대한 재현을 조악하게 꿈꾸는 데서 시작했지만, 어느 순간 새로운 내용들을 간직하고 있었다. 사실 우리는 이 문제들을 좀 더 조심스럽게 들여다봐야 할 필요가 있다. 하나가, 사실을 우리의 눈앞에 드러낸다고 하는 것이 무슨 의미를 지니는 것인가에 대해서라면, 두 번째는 그것이 정말로 '사실', 펼쳐진 그대로의 세상을 보여주고 있는 것인가 하는 점에서이다. 이것은 '영화'에게는 동전의 양면 같아서 서로를 보완하는 동시에 배면하고 있으며, 하나에서 하나로 이어지는 동시에, 하나가 하나를 극심하게 밀어내기도 하는 문제들이다. 그러나, 여기서는 가능한 한, 한쪽의 이야기를 주도적으로 풀어가기로 하자. 사실 '현실'의 문제를 극명하게 드러내며, 질문의 포맷들을 '현상'에다 꽂아 넣는, 이른바 현대 영화들은 고전 영화의 집산지에서 출발하기는 하지만 완전히 다른 목표 지점을 지니고 있는 것이기 때문이다.

아이리스가 열린다. 그러고는 세상이 나타난다. 물론 거기에 특별한 것은 없다. 내가 늘 지나쳐오던 거리, 알고 있는 장소들, '나'와 같은 사람들, 예컨대 그것들은 일상의 모습이기 때문이다. 그러나, 그 순간에 우리는 착각하고 있는 게 아닐까? 이 일상을 포착한 이미지들은 상당히 중요한 것이기는 하지만 동시에 그것은 더 이상 우리가 아는 그 세상이 아니다. 현실이 흘러가지만, 그 현실은 이미 다른 것이 되었다는 말이다. 그 유명한 장면, 플랫폼에 도착하는 기차가 만들어낸 새로운 경험들을 생각해 보자. 하지만 이번에는 최면의 수준이 아니라 조금 다른 수준에서 말이다.

그것은 하나의 현실이다. 세상에서 처음으로 현실이 눈에 보여진 것이다. 기차는 우리가 타던, 실제의 그 기차였으며 거기에 있는 것도 익히 봐오던 '사람들'이다. 이 필름 조각이 나오기 이전의 실험들처럼 그림도 아니고(주프락시노스코우프 같은 것들), 사진이 그렇게 했던 것처럼 실제 현상으로 나타나는 사람들 말이다. 하지만 관객들이 그것을 볼 때, 이미 그것은 더 이상 일상이 아니었다. 기차는 자신에게로 다가오는, 자신들을 뭉개버릴 듯이 달려오는 위협이었으며, 현실이었다. 그러나 실재로서의 현실은 그러했을까? 관객들은 모두 카페의 지하실에 앉아 있는 것이며 이것은 스크린에 비친 상에 불과하다. 그런데 순식간에 스크린에 나타난 이미지들이 실제의 현실을 대체해 버린 것이다. 이 내 몸의 상태를 지워버린 현실은 무엇일까? 단지 혼미한 착각일까? 고리끼 말처럼 마법일까? 베르그송의 말처럼 정말 가짜일까? 틀린 말들은 아니다. 진짜가 아니기는 명백하며 그렇다면 마치 마법 같은 것이고 그런 점에서 착각이기도 하다. 그러나, 이제 달라진 몸의 상태를 보면 '그렇다'라고 확신에 차서 말할 수는 없을 듯하다. 왜냐하면 이미 말했듯이 현실은 달아나고 무언가가 새로운 현실이 된 것도 어떠하든 거부할 수 없는 사실이기 때문이다.

우리 앞에 주어진 두 개의 현실, 그 현실에 맞게 변화하는 두 개의 몸. 그렇다면 정신은?

정신은 조금 다른 문제이다. 정신은 두 개의 몸을 따라가면서도 그것을 한 데로 잇고 종합해 내기 때문이다. 물론 순간순간 두 개의 상태를 오간다는 점에서 그것 역시도 몸의 상황을 부드럽게 인식하면서 영화를 보기 전의 일상의 상태를 온전히 유지하고 있다고 말할 수는 없다. 이 점에서 우리가 알던 힘 있는 정신, 어떠한 경우에도 명징한 이성적 수준에서 최후의 보루로서의 정신이 아니다. 보루이긴커녕, 착각이든 최면이든 몰아이든 그것들을 제자리로 돌려내는, 늘 정상성을 지켜주기는커녕, 때에 따라 오히려 감각에 끌려다닌다. 정신이 하는 일은 여전히 가치 있기는 하지만, 흔들리며 그렇기 때문에 분류하고 종합하려 애쓰며, 계속 움직이는 것이다.

이것이 '영화'의 생존을 연장하고 그것을 넘어서서 지배를 가능케 한 힘이기는 하지만 지금은 그런 것을 말할 시점이 아니다. 여기서는 '영화'가 우리에게 던진 것, 세상을 보여준 것에 관해서 말해야 하기 때문이다. 사실, 어쩐지 이 두 개의 현실이란 당시의 사람들에게 이미 익숙한 과제가 아닌가? 줄기차게 말해왔듯이 새로운 차원의 배열 말이다. 어느 것도 정신적이지는 않다. 왜냐하면 과거에 정신적이라고 부르던 항목들을 부정하고는 현실로 차원들을 옮겨왔기 때문이다. 그래서 현실 안에서 두 개의 차원이 존재한다. 그것은 사실 두 개의 현실이고 각각의 현실에 대응하는 우리의 두 개의 몸이다. 우리는 확신을 지니고 명백한 물질의 세계, 과학의 세계에 서 있지만, 여전히 해결되지 않는, 비록 과학이 그것을 풀어가리라고 생각하기도 하지만, 여하간 거기까지는 아직 요원한 세계의 존재에 관해서도 잘 알고 있다. 이 둘은 모두 현실이라는 이름으로 우리 앞에 놓여있고 그것에 관한 정체성의 불안이 온갖 괴물들에 관한 관심, 최면에 관한 관심, 히스테리, 발병, 광기에 관한 독특한 의혹들을 낳는 게 아닌가? 사람들은 꿈을 해부하고 싶어 하지만 어떻든 그것은 해석되지 않았다. 비록 프로이트의 가열찬 노력에도 불구하고 이제 막 그 외피를 인식했을 뿐이다.

'영화'는 그래서 어쩔 수 없는 시대의 산물이다. 루이 뤼미에르 형제나 에디슨의 천재성으로부터 도출된 도구가 아니라 시대가 그들에게 압박을 가해 나타나게 된 산물이기 때문이다. 현실의 혼재들, 일상적 차원과 비일상적 차원의 혼재와 교차, 구분 등등….

'영화'는 여러모로 증거품이다. 뱀파이어가 연 세상, 현실의 흔들림이 가져다주는 것, 우리가 이제껏 믿고 있던 차원이 갑자기 틀어지는 것, 이러한 세상의 모습을 보여주고 있었기 때문이다. 그뿐인가? 그는 체험시킨다. 그는 자신의 '정체', 스테이터스를 우리에게 전파하고 우리를 순식간에 분신으로 만든다. 우리는 아이리스가 열어놓은 기이한 세상 안을 떠도는 것이다(영화 이전에는 '세상'도 아니었으며 이미지에게는 그리 불릴 수 있는 것이 없었다). 현실이 대상이 된다는 것, 그러나, 스크린에 열리는 순간, 이 현실은 내가 이제껏 알고 있는 현실이 더 이상 아니다. 그것은 이야기의 현실인데, 나는 세상에 없는 이야기의 세상 안에서 현실을 관통한다. 내 몸을 현실에 두고, 그 몸의 반응을 통제하는 온 의식은 스크린 안의 현실에 끌려가며…. 아, 나는 두 개의 차원 사이에 그렇게 던져져 있다. 그 순간에, 내 목에는 두 개의 작지만 동맥의 깊은 심연까지 뚫려있는 이빨 자국이 생긴다. 이미 말하지 않았는가, 몸은 그대로 현실에 둔 채, 그러니까 뱀파이어처럼 피를 빨아가지는 않는다. 내 정신을 앗아가는데, 어딘가로 끊임없이 풀어내고, 혼미한 몽상들(이야기의 세계)을 피오게 하는 구멍이다.

뱀파이어, 영화, 오랫동안 무너져 온 과거의 정신적 세계, 임재를 잃어버린 신의 시대에 이 다른 세계가 우리에게 던져졌다. 어떤 쪽일까? 악에 영혼을 사로잡혀 영원한 하수인으로 지내는 용의 자손 쪽일까, 아니면, 새로운 세계에 대한 수많은 성찰들을 사색하는 생각의 입구일까? 과거에는 교부가, 목사가, 철학자가, 예술가가 찾아다녔지만 그런 시대는 갔다. 이제 우리 앞에 기이한 세상이 열렸는데, 세상의 비밀을 찾는 몫은 그렇게 평범한 우리의 책임으로 돌아왔다. 그러니, 우리의 선택이다. 이 신이 사라지고 상대를 잃은 악만이 남아 승냥이처럼 거리를 배회하는 시대에, 우리는 스크린과 싸우며 우리 존재의 비밀을 풀어가야 하는 책무를 지니게 되었다. 20세기, 영화의 세기가 사실 그런 시대였다면 너무나 내지른 헛발일까? 아니다. 20세기가 그랬다는 것은 분명하다. 하지만 동시에 그 세기는 현실에서 우리의 몸을 휘감는 엄청난 폭풍들이 불어대기도 한 시기였을 뿐이다. 마치, 인류사 전체에서, 가장 특별할 수도 있는, 비로소 우리 스스로 세상을 인지하는 것이 중요해진 시기, 보라, 영화는 우리에게 말을 건다. 그 말을 되받아칠지, 단순하게 말의 즐거움을 만끽할지는 우리 각자의 몫이다. 우리의 존재는 한편으로는 불쌍해진 셈인데, 눈에 보이는 것들은 아니지만 분명하게 원칙으로 존재하던 이들이 사라진 시대에 태어났고 서 있기 때문이다. 그러나 한편으로는 비로소 우리 스스로 존재를 증명해야 하는 열망의 시대이기도 하다. 보이지 않는 그 존재들에게로, 너무나 멀어진 존재들에게로 말을 거는 출발점일 수도 있으니까, 구름 저편에 있는 그들에게…. 우리가 할 수 있는 일이라고는, 이렇게 쓰지만 실은 가장 위대한 것인데, 우리와 세상에 대한 신뢰뿐이다. (《노스탈지아》 혹은 《구름 저편에 Par-delà les nuages》)

6) 지평선 너머의 다른 차원들

이제 여남은 것들에 대해 말하기로 하자. 사실 여남았다고 할 것들은 아니다. 뱀파이어로부터 우리는 이미지가 지니는 힘, 무엇보다 '영화'의 의미까지 나아갔다. 이제부터 그야말로 수많은 것들을 말할 수 있다. 처음에 시작한 기조처럼 우선 '악'의 정체성에 대해서 말할 수 있을 것이다.

기원도, 근거도 없는 비정상적인 것들에 대한 경악스러운 거부감에서 출발한 것이 '악'이다. 이 악은 마치 형용사적인 것으로 끔찍스러운, 섬뜩한, 기분 나쁜, 역겨운, 잔혹한 등등의 오늘날 우리가 아는 '악'의 속성들에 머무는 것에 불과했다. 다신교들에서 종교인 이상 종교적 의미의 '악'이라 할지라도 신의 반대편에 기거하는 '존재'가 아니라 차라리 신을 어겼을 때 찾아오는 상태들 말이다. 그렇기에 이후 서구 사회가 이해하는 폭으로 볼 때는 분명한 '악'한 내용들과는 거리가 먼 경우도 있다. 심장 혹은 간을 파, 피를 냄으로써 신성에 참여하는 제의들, 부족장의 위대한 몸을 나누어 먹음으로써 부족의 생명줄을 연장하는 신의 허락을 얻을 수 있다고 하는 제의들, 그 '야만들'을 생각해 보라. 이는 오늘날의 개념(이것이 기독교적인 판단에서 출발했다)에서는 악이지만 그들에게는 신성한 행위였다. 그들에게 '악'은 존재가 아니라 신으로부터 멀어졌을 때 벌어지는 상황이다. 하지만, 기독교의 독트린이 점차 강화되면서, 아니, 널리 이해되고 퍼지면서, 이제 '악'은 구체성을 확보한다. 추상적 개념이자, 동시에 분명한 '존재'로서 나타났기 때문이다. '끔찍스러운, 섬뜩한, 기분 나쁜, 역겨운, 잔혹한….' 이라 했던 것들이 이제 '악'이라는 명백한 존재의 속성이 되었는데, 그렇기에 이전까지 뒤숭숭하게 세계에 떠돌던 기이한 것들이 죄다 존재로서의 '악'과 관계하게 된다. 존재로서의 '악', 그가 악마이며, 이는 신을 어겼을 때 맞이하는 상태가 아니라 존재로써의 신의 대적자이다.

그렇기에 십자군 전쟁 이후, 전염병contagious disease의 끔찍함 속에서 피어나고, 패배의 처참함 속에서 강화되어 마녀들로 응집한 것이다. 애초에 연금술이라는 마법의 초기 단계에서는 비기독교 적일 수는 있지만 안티-기독교는 아니었다. 하지만 질 드레 사건과 그즈음의 여러 예 안에서 진짜 마법이 되더니, 마녀들로 넘어가고, 마녀의 화신들로 이어졌다. 하지만 거짓 신부들, 거짓 기독교의 광폭함에 사로잡혔던 세계는 오래 가지 않았다. 추상이 지배하던 세상을 점차 구체가 점령해 갔는데, 추상의 영역보다 삶의 영역이 시대에 따라 보다 중요해지기 시작했기 때문이다. 그리고 때는 계몽주의가 불어닥쳤고 머지않아 다가올 근대modern의 성근 꿈이 익어갔다. 사실 이채로운 존재는 다시 한번 뱀파이어이다. 오히려 마녀의 시대에까지 이따금 흔적을 보였던 그는 비록 아직 뱀파이어라는 실질적인 명칭을 확보하지는 않았지만, 계속해서 끈이 이어졌다. 앞서 보았듯이 여러 잔혹함과 어울린 사건들의 신화적 해석, 설화들로 내려온 것이다. 그러나 이때까지는 그는 주변부 인물에 불과했다. 그러나 가만히 보면, 이 시기에 그는 자신이 앞으로 존재할 '공간'을 얻어갔다. 실제 무덤이 파헤쳐지고, 죽은자가 일어나 떠도는 것에 관한 풍문들은 서유럽 전역에서 보고된 내용인데, 설화와 결합해 자라난 쪽은 동유럽이었다. 알바니아, 헝가리, 슬라브 지역… 〈숲 저편 땅〉, 그리고 그쪽에 기거했던 잔혹자들(바토리, 블러드 테페쉬…)과 조응한다. 이미 말했듯이 이름도 다양했는데, 결국에는 노스페라투로 자라난다. 그리고 그처럼 이름이 노스페라투로 굳혀갈 때쯤(실은 슬라브 지역에서 이 이름이 널리 퍼져있었다), 서서히 '악'의 주류로 등장하기 시작한다. 기이하다고 했듯이, 이 시기가 특별하다. 마녀의 시대가 저무는 17세기 후반부, 계몽주의 시대로 이어지기 때문이다. 그러니까 터무니없는 광폭한 열정이 사라지고 세계에 대한 냉정한 판단들이 자리 잡을 무려, 그는 '악'을 대신하는 존재가 되었고, 비로소 널리 공식화된다. 이점, 특별하다. '악마'에 대한 무수한 잡 가지들이 사라지고 나자, 그가 다시 세상에 부각했기 때문이다. 교회들과 교황청, 심지어 종교가 아닌 행정을 담당하는 정치권(왕과 귀족의 세계)에서도 각종 보고서가 난무하더니 공식적인 조사가 이루어지고, 심지어 그 존재를 인정하기에 이른다. 이때, '뱀파이어'라는 이름은 우리가 아는 그 흡혈귀로서의 보통명사가 되었다. 이후는 이제 다 알고 있다. 그렇게 자자하고 구체화된 존재가 되더니, 브램 스토커에 의해서 완벽한 또 하나의 이름을 확보한 것이다. 이번에는 고유명사이자, 나중에 보통명사화 된다. 바로 드라큘라….

흡혈귀를 쫓지는 말자. '악'으로써의 존재에 초점을 맞추자. 왜냐하면 이미 말했듯이 이 존재는 이제 완벽하게 '악'으로서의 특징들, 힘, 속성을 지니는데, 정기/혼/피의 양식화와 그에 따른 속박, 컨테이전, 실체 없는 이미지의 세계, 몽환과 최면을 열어간 것이다. 말하자면 '악마'가 그라는 존재의 출현과 함께 비로소 완벽하게 개념화했으며, 구체를 등에 업고 세상에 기거하게 된다. 같은 표현을 다시 말하지만, 냉정의 시대, '과학과 무신론의 시대', 그러니까 신이 사라진 시대에 말이다.

여기가 19세기 말이다. 이제 우리에게는 20세기가 남아 있는데, 우리는 이 '악'의 문제들이 어떻게 퍼져갔는가 말할 수 있다. 그러나, 이미 우리가 방향을 틀었듯이 다른 이야기들을 신나게 전개할 수도 있다. 하필이면(실은 하필이 아니라 나름 세계의 인식에 대한 공통점이 있지만) 뱀파이어의 출현 시기에 영화적 꿈도 익어간다. 둘 사이에는 원초적인 교감이 전혀 있을 수 없지만, 결과적으로 나타난 모습은 같은 속성으로 이어져 있다. 정기의 흡입, 컨테이전, 최면…. 이야기가 상상을 자극하던 시대는 스크린과 함께 사라졌다. 이야기는 이제 실재의 옷을 입고 펼쳐져 우리를 끌어들이는 하나의 세계가 되었다. 그는 상상을 건드리지 않고 이제 감각을 건드리며, 의식을 장악한다. 두어 시간, 스크린이 이미지를 받아 우리에게로 전사하는 시간 동안 우리는 살아있는 세계 속을 거니는데, 나는 '눈'이라는 창구로 이미지화되어 그 세계의 일부로 존재하는 것이다. 물론, 뱀파이어에게 빨린 자처럼 영속적인 노예가 되지는 않는다. 하지만 뱀파이어의 세계에는 없는, 더 흥미로운 일이 발생한다. 영화가 이야기로 그려낸 뱀파이어를 제외하면, 이 세계에 '악'으로 존재하는 그는 언제나 끔찍한 반면, 이 스크린이라는 뱀파이어는 언제나 매혹적이기 때문이다. 이 매혹, 그래서 더 괴이한 상황을 새로운 문명이 연출시켰다. 멀쩡한 인지를 가지고 살아가다, 밑도 끝도 없는 매혹의 세계에 의식을 연결시키는 일은 영속이 아니라, 그보다 더 기이한 상태, 잦은 접속 상태를 빚어낸다. 이런 개념에서 보면, 스크린과 영화관이라는 공간의 문제는 사라지지만 여전히 우리는 이야기의 세계에 접속하는 상태라고 볼 때, 디지털과 네트워킹(인터넷, OTT)는 일종의 연장이다. 아무튼, 매혹은 우리로 하여금 빈번하게 이 '스크린'을 찾도록 만든다.

이 역시, 두 갈래, 세 갈래의 또 다른 담론들로 전개할 수 있다. 이야기의 문제로서 서사하는 방식에 따른 담론이 가능하고, 영화적 상태에서의 인간의 의식에 관한 담론들이 가능하다. 여기에 더해, 이러한 의식들을 이용하는 매체의 새로운 개념도 이어갈 수 있다.

이 모두, 이 책에서는 뱀파이어로부터 시작되었다. 따지고 보면 영화의 무수한 이론들이 뿌리를 박고 있는데, 그만큼 뱀파이어는 영화에게 있어 근본적인 지점이다. 이어갈 내용에서 위에서 말한 담론을 풀어갈 생각은 없다. 그 하나하나가 이어지면서도 논하자면 각자가 두툼한 분량들을 차지하게 되며 결국에는 별개로 다루어져야 하는 항목들이다. 첫 번째가 '악'의 개념사, 연대기로 이어진다면 두 번째는 영화 이론으로 나아가게 될 것이다. 그 안에서 두, 세 갈래로 빠지면 이야기의 수준에서는 '영화'만이 아닌, 인간의 언어문제와 의식관의 관계들로 가고, 영화적 상태 쪽으로 가면, 20세기 이후 인간의 사고방식과 인식 범주까지 나아가게 된다. 이처럼 분산된 각 분야를 모두 다루자는 것은 엄청난 야심이다. 그런 방향을 언급한 데서 만족하기로 하자. 나머지 부분에서는 이 모두를 적당한 수준에서 이어, 좀 더 가벼운 범주에 머물기로 하자. 그저, 뱀파이어의 존재로서의 성질들이 어떻게 영화와 엮여 있는지 정도를 이러저러한 영화들을 통해서 다루는 것을 말한다. 한편으로는 영화적 속성과 '공포'라는 소재의 인접성까지도 살짝 언급할 수는 있겠지만 궁극적으로는, 이야기의 소재들과 영화라는 방식 간의 흥미진진한 교집합, 단, 좀 더 영화들과 함께 다루어보자는 말이다. 이러나저러나 간에 우리 작업은 뱀파이어를 떠나지는 않을 테니까.

Ⅱ.

어지러진 ‘사건의 지평선event horizon’

1. 차원의 경계선

앞서도 잠시 언급했지만, 기독교가 지닌 성질에 가장 적합한 반대편의 현시는 유령/귀신이다. 영화가 공포라는 소재를 발견한 뒤에야 각종 다양한 형태로 이 소재를 다루지만 19세기 이전까지는 이 문제는 정작 현실 속에서는 대체로 잠잠했다. 물론, 인간의 역사에서 이 영적인 문제는 정말이지 아주 오래됨은 물론, 지겨우리만큼 목격담과 사건들을 낳았다. 그렇게 보면 대체로 잠잠했다는 말은 어울리지 않는다. 그래, 그것보다는 '담담했다'는 표현이 나을 듯하다. 이 영적 존재의 출현, 영매 등은 당연히 악마와의 관계 속에서 늘 언급되었지만 독립적으로 심각하게 다루어진 사건은 19세기까지는 별로 없다. 있다면 그 전 시대에 언제나 마녀와의 연관 속에서 빚어진 현상들로 보고되었을 뿐이다. 이점 이상하지 않은가? 늘 있었고 언제나 주목되었음에도 특별하게 부각된 일이 없다니. 아마도 이는 기독교 세계관에서는 하나의 당연한 현상이었기 때문인지도 모른다. 사람들의 특별한 관심을 산 것은 그러한 자자함이 아니라, 있을 수 없는 사건들이었을 것이고, 따라서 파먹힌 시체나, 핏기 하나 없이 마치 피가 증발된 것 같은 시체, 혹은 그러한 모습을 하고 돌아온 망자 쪽에 더 이끌렸다.

하지만 여기 우리가 거시적으로 건너뛰느라 한 가지 생략한 사실이 있다. 애초 직접 마녀 이야기로 돌변한 설화들이 나타나기 전까지 이 망자, 혹은 시체를 파먹은 '무엇'(이름이 아직 없었다!)은 산 자들을 괴롭힌 일은 없다. 이 역시 나름의 이유가 덧붙여졌다. 그들은 아직 악마에게 사로잡혔다기보다는 죄를 짓고 파문당했거나 정화되지 못한 채 죽어버린 이들이었다. 이 문제는 따라서 교회로서는 아주 심각한 일이 아니었다. 죄를 용서받고 파문을 취소시키거나 영혼을 정화하면 해결되는 이들이기 때문이다. 더구나 파문이 심각한 죄이기는 하지만 '악마'가 선포되지 않았으므로(설교들을 제외하면) 아직 엄청나게 문제삼을 것은 아니었다. 16세기, 이러한 이들에게 광범위하게 붙여진 이름이 바로 브리콜라카스Vrykolakas였는데 넓게 보면 이들도 뱀파이어의 명칭사에 거론되어야 하지만 슬라브 표기의 뜻은 늑대인간/늑대로 변신이 가능한 자였다. 늑대인간은 사실 전 세기, 1414년, 헝가리의 왕이자 신성로마제국 황제였던 지크문트의 명에 의해 주교 공의회에서 존재를 인정받은 바 있었다. 이 지크문트, 바로 블러드 테페쉬의 아버지에게 드라쿨이라는 이름을 하사한 그 황제이다. 이후 16세기에 이르자 로마 교황청에서 공식적으로 늑대인간에 대해 조사에 들어갔는데, 오해해서는 안 되는 것이 하나 있다. 이 브리콜라카스는 오늘날 우리가 아는 늑대인간과는 다른데, 이미 말했듯이 산 자를 공격하거나 괴롭히는 존재가 아니라는 점이다. 즉, 언짢음 외에는 아무 해도 입히지 않는 존재였는데, 17세기에 와서 드디어 산송장이 되어(늑대인간으로 나타났다 죽은 뒤) 피를 빨아먹는 존재로 뒤바뀐다. 그러니까 블러드 테페쉬의 잔혹함으로 인해 피어난 피의 설화와 브리콜라카스가 이야기꾼들에 의해서 결합하게 된 것이다. 이 시기부터 유럽 전역에 뱀파이어의 소문이 퍼지고, 학자들의 논쟁까지 벌어졌으며, 급기야 루이 14세의 궁정에도 등장하게 된다. 왕이 읽던 궁정 잡지 『르 메르퀴르 갈랑Le Mercure galant』, 1694년 10월호가 흡혈귀를 특집으로 다루었던 것이다.[1)] 물론, 이때까지 아직 분명한 이름을 얻은 것은 아니다. 18세기 초, 페스트가 유럽을 초토화한 뒤, 음울한 종말의 분위기 속에서 몇 가지 사건이 비로소 뱀파이어라는 명칭을 부상시키게 된다. 헝가리가 우선이다. 페타르 블라고요비치Petar Blagojević 라는 농부가 죽은 뒤(1725년, 자연사로 일단 기록되어 있다), 흡혈귀로 되돌아와 키실로바Kisilova라는 인근 마을에서 8명을 죽였다. 이 기록에서 바로 뱀파이어가 공식적으로 등장하게 되며, 이를 공고히 한 것이 아르놀트 파올레Arnold Paole라는 농부 사건이다. 이번에도 첫 번째에서 멀지 않은 세르비아 지역이다. 1726년, 자신이 몰던 건초 마차에서 떨어져 죽었는데 역시 흡혈귀로 돌아와 자신의 고향, 메드베다Medveđa (메드베지아)에서 마을에서 수많은 사람과 가축을 죽였다. 이 사건은 상당히 주목

1) 이 잡지는 사실 시사를 다루지는 않았다. 일종의 패션잡지에 가까웠는데 궁정의 여인들이 즐겨보는 것이었고, 다만 잡다한 내용들을 다루고 있어 당시, 궁정에서는 널리 읽히는 잡지였다.

을 받았는데 5년 뒤인, 1731년, 공식적인 조사에 들어가며 오스트리아 군의관인 플리킹거Johann Flückinger가 「본대로, 보고받은 대로VISUM ET REPERTUM」라는 보고서를 작성했으며, 여러 증인의 공식 인정 사인이 첨부되었다. 이후, 상당한 반향을 불러일으켜, 특이하게도 왕들이 우선 비상한 관심을 보인다. 오스트리아 황제 카를 6세Charles VI(1685~1740)는 블라고요비치 사건부터 시작해 여러 사건들을 재조사하며 진지하게 관심을 보였고, 루이 14세Louis XIV(1638~1715)이의 뒤를 이은 15세Louis XV(1710~1774)는 당시 오스트리아에 파견된 유명한 공작, 리슐리외 대사duc de Richelieu(1696~1788)에게 공식 조사를 명하고 기록을 남겼다. 이 외에도 당시 대학(온갖 연구를 하는 학자들이 있던 곳이다)을 비롯해 교부들 사이에서도 수많은 논문과 기록들이 나타났는데, 우리가 주목할 것은 어떤 사건이 있었으며 누가 보고서를 썼으며 하는 내용이 아니다. 18세기에 와서야, 뱀파이어가 공식적인 악의 대체자가 되는데 혁혁한 공을 세운 이들이 있는데 애초 풍문은 저잣거리에서 시작되었지만 '세계'에 알린 것은 지배계급이었다는 점이다. 즉, 뱀파이어는 이제 단순한 괴물이 아니라 '악마'라는 개념과 결합한 것인데, 세계의 이데올로기를 제공하는 자들이 바로 그들이었다. 1746년 파리에서 출간된 베네딕트회 수도사 동 오귀스트 칼메August Calmet의 논문, 「헝가리, 보헤미안, 모라비아 그리고 실레지아 등의 지역에서 흡혈귀, 육신으로 되돌아온 자, 정령, 악마, 천사의 출현에 대한 연구Dissertations sur les apparitions des anges, des démons et des esprits, et sur les revenants et vampires de Hongrie, de Bohême, de Moravie et de Silésie」가 대표적인 것으로 애초에는 흡혈귀에 대한 이러한 대중들의 열풍을 지우고자 했으나 결과적으로는 오히려 단순한 흡혈귀가 뱀파이어라는 공식화된 종으로 간주되는 데 혁혁한 공을 세우고 만다.

디드로, 볼테르, 루소 등 계몽주의 학자들은 경악했다. 이성의 시대에 어울리지 않는 이러한 소동을 질타하고 조소했지만 일단 탄생한 뱀파이어의 생명은 멈추지 않았다. 18세기 후반에 이르자, 많은 이들이 막연한 증거들을 들이대며 그 존재를 인정했고, 19세기 초까지 지식인들과 귀족 부인들의 살롱가를 달구었다. 물론 그때쯤이면 동구권의 퇴락한 산골 마을들을 제외하면 뱀파이어는 다시 한갓 이야깃거리가 되고 만다. 그리고 그때쯤 가서 다시 되살아 난 것이 전통으로 돌아가기, 즉, 귀신과 악마의 현현 사건들이었다.

망자의 귀환, 죽음에서의 되돌아옴, 현실에 있어서는 안 되는 존재들의 출현…. 결국 악은 조금 다르게 보자면 이제 뒤섞임의 문제가 된다. 저세상, 〈숲 저편 땅〉에서 이 세상으로 건너온 자들…. 애초 지옥에 머물러 있던 '공포'는 이제 이렇게 이 세상에 널려있게 된 것이다. 그래서 차원들의 뒤섞임, 뒤엉킴, 아니, 보다 정확하게 말하면 차원들의 통합. 어쩐지 합리주의의 붕괴에서도 이 뒤엉킴이 내포되어 있지 않은가?

추상이지만 엄연히 실재였던 본질의 함락, 현실/현상계로 건너온 본질/추상들…. 지구의 땅덩어리 위에서, 거기 도처에서 이제 악이 나타나고 자신을 주장한다. 차원을 가른 경계선이 허물어진 셈이다.

*

여기 경계선이 허물어진다.

TV모니터는 거친 전파 주사선만 내보내고 있다. 실제로 방송이 마감된 뒤의 주사선을 가만히 쳐다보고 있으면, 빛과 흑점, 흑선의 어지러운 분출이 마치 일정한 리듬의 무늬처럼 보이기도 한다. 이 장면에서도 그러하다. 어린 소녀가 그 어지럽고 혼미한 주사선만 내보내는 모니터를 쳐다보고 있는데, 평소의 방송 중인 TV안을 쳐다보듯 고개를 내밀고 있다. 잠시 뒤, TV 안에서 모니터 표면으로 여기저기 빛이 명멸하더니 어느 순간 서서히 바깥으로 튀어나온다. 소녀 뒤의 다른 가족들은 아무것도 모르고 잠에 빠져있는데, 모니터 안에서 빠져나온 무언가가 그들의 영역을 때림으로써 집 안에 진동이 일고 결국 잠에서 깨어난다. 그리고 황망한 가운데, 부부는 자신의 딸을 쳐다본다. 그러자, 소녀가 TV에서 고개를 돌린 채 말한다: '그들이 여기 있어요.' (토브 호퍼*Tobe Hooper*, 《폴터가이스트*Poltergeis*》, 1982)

여기 경계선이 무너진다.

골목을 가던 여인은 그녀의 뒤를 슬쩍 쫓아온 미지의 여인의 손에 낚여 더 어두운 건물과 건물 사이의 틈으로 던져진다. 여기는 도시이고 가난한 자들의 영역이며, 범죄가 자잘하고 흔하게 벌어지는 지대이다. 여인은 두려움에 젖은 표정으로 자신을 몰아놓은 미지의 여자를 쳐다본다. 그때 여자가 말한다. '당당하게 꺼지라고 말할래, 비굴하게 빌래? 당당하게 해봐!' 하지만 그러지 못한다. 여인은 도시의 골목에서 벌어질 만한 강도 사건쯤을 떠올렸을 것이다. 미지의 여자가 비웃으며 다가와 그녀의 목을 물고 피를 빨아먹는다. 여인의 눈은 놀람으로 휘둥그레지고, 마치 시간 속에 멈춘 듯이 목을 내맡긴 채 있다. 이 장면,

특이한데, 몸부림치며 어처구니없는 일에서 벗어나려는 것이 아니라 전혀 예기치 못한 여자의 행동으로 인해 얼어붙어 버린 여인을 보여준다. 여자는 피를 빨 만큼 빤 뒤, 역시 웃으며 물러난다. '이제 무슨 일이 벌어지는지 보자'며…. 여인은 이후, 경찰서를 찾아가 신고하고 집으로 가지만, 몸의 변화에 따른 엄청난 고통이 시작된다. 그녀의 몸 안에서 차원이 뭉개지는 중이니까. 사람에서 뱀파이어로 넘어가는 중이니까. 아니, 뱀파이어가 사람에게로 침투하는 중이니까. (아벨 페라라*Abel Ferrara*, 《어딕션*The Addiction*》, 1995)

여기 경계선을 넘어왔다.

양지 이온화 엔진이 탑재된 우주선이 심우주 탐사를 목적으로 발진되었다. 태양계의 끝, 해왕성까지 나아간 우주선은 드디어 중력 구동기를 작동시키는데, 심우주로 나아가기 위한 블랙홀을 만들어내기 위해서였다. 공간의 휨을 통해서 멀리 다른 우주로 가려는 것이었는데, 사건의 지평선에서 반짝이더니 아뿔싸, 흔적도 없이 사라진다. 당연하다. 블랙홀 너머, 어떤 정보도 파악할 수 없는 지대, 사건의 지평선 너머로 건너갔으니까. 문제는 그가 돌아왔다는 점이다. 7년이 지난 뒤, 조용히 나타나 신호를 보낸다. 또 다른 탐사선 루시우스가 이 우주선을 여정을 밝히기 위해 발진한다. 해왕성 지대에서 루시우스는 사라졌던 우주선과 도킹하고 의문의 세계에 발을 들인다. 어떤 정보도 없이…. 이 우주선 이름이 《사건의 지평선》, 이벤트 호라이즌이다. 그리고 이제 이야기는 뒤엉킨 차원의 경계면에서 벌어진다. 지옥의 공포가 막 넘어온 경계선…. (폴 W.S. 앤더슨*Paul W.S. Anderson*, 《이벤트 호라이즌

Event Horizon》, 1997)

여기 경계의 의미가 소용없다.

신부는 버스에서 내리더니 조용히 어둠이 깔린, 아니 그냥 암흑에 담겨있는 마을의 집들을 바라본다. 그리고 방문하기로 약속한 어느 작은 집 앞에 선다. 오직 그 집의 입구 만이 바로 그 앞에 서 있는 가로등에 의해서 밝게 드러나 있다. 신부의 얼굴은 이미 몹시 피곤에 쩔어있고 어깨는 지쳐있다. 아니, 이 앞에 서면서 그리된 것인지도 모른다. 가로등 불빛이 공간에 선을 가르고 있는데, 어둠의 침범을 간신히 지탱하는 모습이다. 게다가 그 빛과 암흑을 가르는 경계라니. 신부는 선뜻 들어가지 못하고 가만히 주택을 쳐다본다. 주택은 지극히 평범하다. 동네도 마찬가지이다. 가로등도 어디나 있게 마련이다. 하지만 지금 그 평소라면 아무 문제도 없을 이미지가 기괴해 보인다. 지금 이 평범한 세상, 현실, 어디나 있는 이 집 안에 있어서는 안 되는 존재가 소녀의 몸을 탐하고 먹어 치운 채 신부를 기다리고 있기 때문이다. 어둠과 빛의 경계가 강렬하지만 더이상 힘을 발휘하지 못하는 공간에서. 선형으로 진행하는 시공간의 세계 안에 잔뜩 휘어진, 심지어 뒤틀리고 비틀린 세계가 침투해있는 것이다. (윌리엄 프리드킨*William Friedkin*, 《엑소시스트*The Exorcist*》, 1973)

이 네 편의 영화들은 클래식을 넘어선 후에 나온 것들이다. 그러니까 영화의 전통에서 다루어진 전통적 악의 묘사를 훌쩍 넘어선 1970년대 이후의 영화들이다. 하지만 보라, 네 개의 악은 모두 형태가 다르고, 종류가 다르지만 근본은 똑같다.

왜냐하면 악은, 여전히 달라진 것이 없다.

뱀파이어에서 시작한, 노스페라투가 세상에 처음 드러낸 대로이다. 그는 '저기'에 기거하며, 다리 너머의 〈숲 저편 땅〉인데, 언제나 경계지에 일단 멈춘다. 그리고 차원의 경계, 사건의 지평선 너머로 발을 내디디면, 알고 있던 모든 것이 비틀어진다. 이 세상의 것과 저세상의 것이 뒤엉키고, 서로에게 침투한다. 그리고 이 매개자를 통해서 이제 이 세상으로 넘어온다. 그리고 자신을 저지할 힘과 믿음을 잃은 세상을 마음대로 노략해 나간다. 《노스페라투》는 특이하게도 가장 허망한 결말을 보여준다. 그래, 존재와 존재의 목숨을 건 사투는 이 버전 이후, 한참 후에야 등장했다. 이 20세기 초는 아직 터무니없는 사투가 끼어들 틈이 없었다. 악이 장르화한 공포물 안에서 흥미거리로 등장해야 이루어지는 행위니까.

앞서 말한 장면이다. 노스페라투는 정신없이 희생자의 피를 빨아먹다가 그만, 있을 수 있는 시간을 넘겨버린다. 닭이 울고, 햇빛이 깃드는데, 놀란 노스페라투는 달아나려 하지만 이미 빛이 그의 몸을 관통했다. 아, 괴상하다. 그는 방금 전까지 분명한 육체였다. 여자의 피를 빨아먹기 위해서 이빨이 필요하고, 몸이 필요하다. 하지만 이 빛이 그의 몸에 닿자, 관통해 버리고, 마치 지나친 빛에 감광된 듯 필름에서 이미지가 사라진다(실제로 그런 식으로 필름의 인화가 이루어졌을 것이다). 그리고 연기만이 남는다. 그 외에 어떤 것도 없다. 시체의 잔흔도, 푸스스한 먼지도…. 그저 이미지였던 것처럼 사라진다. 그러고보니 사실 새삼 떠오르는 것이 있다. 그는 여기에 있을 수 없는 암흑의 그림자였다. 이미지 만으로 존재할 수 있는….

그래서 그럴 수 있었다. 그림자 상태의 손이 주욱 솟아나더니 문고리를 돌렸고, 그 그림자 손으로 여자의 젖을 비틀었다. 단지 그림자였는데 여자가 실제로 비틀린 듯이 고통스러워했다. 차원의 교차, 넘나듦, 뒤엉킴…. 실체와 이미지, 육체와 그림자, 존재와 존재, 그러니까 현실에 있는 방식의 존재와 현실에 있어서는 안 되는 존재…. 무르나우는 이미 '영화'의 작동 방식을 알고 있었다. 이미지에 실존의 의지를 부여하는, 실체(관객)에 간섭하는, 노스페라투가 여자에게 들어가기 위해서 두 손을 들고 정신의 힘을 주듯, 실체(관객)에게 '영화'가 영화가 되기 위한 최면을 거는…. 관객은 이미지의 세계 속에 걸어들어가 그 세계를 겪는다. 보는 것이 아니라, 그 공포의 한복판을 통과한다. 잠시지만, 어쨌든 자신이 기거하는 차원을 망각하고.

그는 애초 브램 스토커의 드라큘라를 찍고 싶었다. 하지만 저작권 허락을 받지 못했다. 거의 같은 이야기로 그래서 《노스페라투》를 찍었다. 저작권은 그저 뱀파이어의 이름에 걸려있었다. 왜냐하면 이 악은 스토커가 지어낸 존재가 아니라 오래전부터 세상에 있어왔으니까. 이 악이야말로, 인간에게 있어 의식에 양식화된 악마를 규정하는 특성들을 지녔으며, 그 특성에 저작권이 있을 수 없으니까. 인류 전체의 저작권이다, 이것은.

브램 스토커 자신이 소설 안에서 말했다. 이 자는 '과학과 무신론의 시대에' 세상에 건너온 자이다. 신이 사라진 시대에, 인간에게 남은 악. 이 뱀파이어가 따라서 인류에게 있어 현현한 악의 결정체임은 당연하다. 19세기 중후반을 지나며 흥미진진한 이야깃거리가 되었을 뿐이지, 우리가 본 대로, 보고받은 대로VISUM ET REPERTUM, 오랜 역사 속에서 하나하나 정제되고 다듬어져 개념으로 자리 잡은 악이다.

많은 영화들은 어쩌다 이 개념을 다룬다. 이 악의 정체에 대한 특별할 것 없는 경험의 지식이 체적 되어, 그저 흥미진진해진 이야기로서의 악, 장르로서의 공포를 다뤄가다 보면 어쩌다 걸리는 정도라는 말이다. 하지만 어떤 영화들은 의도적으로 진지하게 이 악의 습성과 의미를 다룬다. 단지 소재가 아니라, 그것이 '영화'를 통과한다는 사실을 의식하면서…. 그런 영화들은 '악'에 대해서 아주 친숙해지고, 동시에 심각하며 의미심장해진다. 왜냐하면 그들은 또한 '영화'가 작동하는 법을 알고 있기 때문이다. '악'을 영화로 찍는 것이 아니라, '영화'로 재구성함으로써 그는 자연히 깊은 영화들을 빚어낸다. 둘 모두, 차원의 경계에서 그곳을 넘나들며 벌어지는 게임이고, 관객석이나 희생자의 몸이나 모두 사건의 지평선에 던져진 존재이기 때문이다. 이것이 '영화'라는 게임의 법칙이다.

2. 욕망의 뒤엉킴—두 개의 노스트로모Nostromo

두 가지의 서로 다른 욕망이 있다. 내용은 모두 같다. 생존, 물론 성질이 다른데, 하나는 미지의 세계로 나아가는 욕망이다. 반면 다른 하나는 그런 세계에서 벗어나 다시 집으로 돌아오려는 욕망이다. 둘 모두 같은 우주선이다: 노스트로모.

노스트로모, 밀폐된 공간의 한 지점, 이른바 우주선이라 불리는 공간 안에 있다. 카메라는 가끔 그 우주선의 외곽을 근접 쇼트에서 접근한다. 위치를 지정해 주기 위해서, 그리고 장소의 특성을 드러내기 위해서이다. 거대함, 그리고 망막함, 다음 쇼트들에서 외부(우주)의 장소성과는 다른, 우리가 익히 아는 삶이 여전히 유지되는 내부가 비치면 우리는 다시 그 공간, 밀폐된 답답함 안으로 들어간다. 사실 '내부'는 언제나 친숙하다. 인간의 삶이 안착하는 그 공간은 우리가 익히 아는 세계이며, 생명이 '정상적으로' 유지되는 영역이니까. 하지만 이 공간 바깥은? 중세, 무지한 농부들의 두려움은 충분히 공감할 만하다. 영 갈 일이 없는 것은 아니나, 되도록 가고 싶지 않은 곳이 숲이다. 장원 너머, 다른 장원, 다른 마을로 통하는 여정에 있는 그 숲은 어쩔 수 없이 필요에 의해서 가볼 수는 있다. 거기에는 그들이 '삶'이라고 하는 것은 전혀 펼쳐지지 않으며, 늑대, 거친 공격성을 지닌 야생동물, 물리기 싫은 곤충들, 쳐다보기 싫은 징그러움, 게다가 대낮임에도 인간의 의지와 상관없이 제멋대로 솟은 울창한 가지들이 하늘을 뒤덮어 대부분 음습한 그림자에 가려지는 어둠의 서식지…. '외부'는 그래서 애초 다른 문제에 속했다. 정령들, 도깨비들, 시간이 지나면 마녀, 마법의 세계 말이다. 오늘날이야 집 안과 밖이 모두 친숙해졌지만 당시 사람들은 당최 '지구'를 알지 못했다. 의식 속에 분명하게 들어오는 지도가 없었기 때문이다. 이처럼 '바깥'은 다른 세계였고, 우리 표현은 여전히 계속되는데, 다른 차원이었다. 이 두 개가 적확하게 대비될 때, 갑자기 삶은 허무하고 느려진다. 장소, 위치에 관한 절망은 그렇게 근본적으로 불확실성에 대한 것이고, 그것은 다시 삶을 위협하는 불안감으로 자라난다. 우리가 스스로 가능성을 확인한다는 것, 긍정적이고 가능성이 풍부한 희망의 위치에 서 있다는 것은 무엇일까? 그것은 우리의 좌표에 대한 인식이 강화되고 정도의 차이는 있지만 비교적 명확하게 지점을 확인할 수 있을 때 주어지는 것이 아닐까? 내 방 안의 익숙함처럼 말이다.

하지만 조금만 눈을 다른 곳으로 돌려보면 정말로 우리의 좌표는 보잘것없다. 자신에게 집착하고 있을 때 그것은 확고한 위치인 것처럼 다가오지만 그 집착이 허물어질 때는 이 좌표는 무한한 공간의 특별할 것도 없는 허다한 지점들에 불과한 것이다. '지구'가 우리의 의지와 욕망을 단단하게 다져주었다면 '우주'는 위치를, 자신하고 있던 것이 망막한 전체 우주의 한 좌표에 불과하다는 위치에 대한 인식을 가져다 주었다. '지구'에 대한 이해가 높아가면서 우리는 먼저 과거에는 숲에서 싹튼 악에 대한 근거 없는 사유들을 내쳤다. 하지만 동시에 그 악에 근거들을 가져다 붙이며 아직 해결되지 않은 두려움을 풀어갔다. 여전히 흡혈귀가 마을 주위를 떠돌고, 악마의 징표들이 곳곳에서 목격되었기 때문이다. 하지만 좀 더 '지구'에 대해 알아가자 그 모든 것들이 하나의 과학적 현상들임을(자연과학), 그리고 두려움에 사로잡힌 심리상태(심리학과 정신과학)에 지나지 않음을 알게 된다. 그러자, 세계에서 '악마'가 흐물흐물 과거의 '신'처럼 물러선다. 흡혈귀는 그렇게 서사가 되었고 악마 역시 마찬가지이다(《드라큘라》와 《파우스트》). 물론 이에 대해 여전히 존재하는 은밀한 의미의 작동법을 내밀어야 한다. 선과 악의 작동법 말이다. 특히나 악의 작동법은 아직도 사라지지는 않았다. 우리 의식 안에서 다만 힘을 못 쓸 뿐이다. 어쨌든—

생각을 바꿀 수도 있다. 우리가 자신의 하잘것없음을 인식한다고 해서 모든 것을 폐기하고 허물 필요는 없다. 인식은, 위치에 대한 명확한 파악은 폐기를 종용하기는커녕 새로운 출발을 의미한다. 노스트로모, 그 밀폐된 억압의 공간에서도 출발은 자리 잡고 있지 않은가? 사라지고 부서지고 하는 기억들이 좌표의 명징함을 건드리고 허물 뿐이다. 그것이 2001의 노스트로모이다(《스페이스 오딧세이 2001(2001: Space Odyssey)》, 1968). 물론 연대는 한참 어긋났다. 2001년에도 우리는 기껏 지구에 해당하는 천체 위에 국제 우주 정거장을 지었으며, 심우주는커녕, 은하계 탐색도 전파로만 하고 있으며, 달에 이르는 것조차 한번 가 보기는 했었으나, 여전히 불안감과 함께 모험을 해야하는 상태이다. 그러나, 오늘날(2024), 과거와 달라진 것이 있다면 이제는 막연함이 아니라 어느 만큼 다가올 전개의 양상을 미리 알고 있는데, 실현되기에는 더 기다려야 하지만 우주 개발에 대해서 구체적인 방향과 결과를 대충 계획하기에 이르렀다. 그러니까, 아마 이 영화 안에 등장하는 정도의 여행은 21세기 중반쯤 가야 가능해질 것이다. 그런데, 놀라지 말자. 이 노스트로모를 꿈꾼 것은 1968년이었다. 다른 영화를 할 때의 큐브릭Stanley Kubrick(1928~1999)은 모르겠다. 하지만 이 영화에서 드러나는 창작자의 의지와 상태는 짐작할 수 있다.

사람들은 종종 큐브릭이 차갑고 한정 없이 냉소적이라고 하지만 오히려 나는 반대로 생각한다. 그의 노스트로모는 우리들 좌표에 대한 항해선이고 그것을 다만 명확하게, 지나치리만큼 명확하게 드러내기 때문에 차가워 보이는 것은 아닐까? 관객들에게 제공하는 그러한 차가움은 늘 인식과 연관되지 않는가? 자신의 위치에 대한 깨달음. 그러고 보니 다른 영화들도 마찬가지이다. '전쟁'이 어떤 것인가?(《풀메탈 자켓Full Metal Jacket》, 1987) '사랑'이 어떤 것인가?(《배리 린든Barry Lyndon》, 1975) '공포'가 어떤 것인가?(《샤이닝The Shining》, 1980) 물론 그렇다고 그가 따뜻하다는 것은 아니다. 인식의 선 위에 서 있기에 감정적일 수가 없는데, 사람들이 말하는 '차가움'이란 사실 그 입장이다. 그는 그가 할 수 있는 한 최대한 이성적인 위치에서 대상을 바라본다. 여기에 더해 따뜻할 수 없는 것은 그가 언제나 인간에 대한 시선은 거부하고 있다는 점이다. 그에게 인간은 하나의 대상이며, 기껏해야 자신이 주제로 잡고 있는 것이 적용될 이차적 대상이다. 결국, 여전히 우리 문제는 이어진다. '위치'…, 그리고 '차원'…. 그는 내부와 외부 사이에 선다. 거기서 안에서 벌어지는 것과 바깥의 일들을 더듬어보고자 한다. 아쉬움이 있다면 그가 제작하는 지대가 할리우드라는 것이다. 서사의 끝까지 그 자신을 유지할 수 없는 조건 말이다. 장르의 법칙대로 결말이 이어지는데, 물론 자신과 할리우드의 요구에서 허물어지지 않으려 애를 쓰지만, 이미 영화들의 과정에 어쩔 수 없이 드러나고 있다. 대표적인 것이 《풀 메탈 자켓》에서의 슬로우 모션이다. 갑자기 이 장면을 허용함으로써 '전쟁'에 대한 담담하고(감정에 치우치지 않는다는 점에서) 냉정했던 시선은 볼거리를 탐닉케하는 할리우드 공식과 뒤엉킨다. 아, 물론 우리는 이 책에서 감독론이거나 작품론을 하자는 것이 아니다. 하지만 이러한 그의 입장이 결국에는 나아가 시선의 입장이며, 그 시대, 우리 의식의 한 정점이 지닌 편차를 보여주지 않는가? 외부와 내부에 대한 이해의 시선…. 끊임없이 질문하고자 하는 욕망, 근거를 파헤치고 양상을 주목하며, 사연들을 캐내는 것. 하지만 그러면서도 우리가 육체를 지니고 있다는 사실을 벗어나지는 못한다. 즉, 육체가 속한 당대 삶의 강박(이를테면 자그마하게 보면, 할리우드)에 시달리는…. 이것은 인간의 의지가 담긴 욕망이지만 그 의지를 담당하는 한 부분, '영화'의 욕망이기도 하다. 현상을 캐고, 더듬고 파헤치면서 잃어버린 것들을 되찾으려는…. 하지만 시간을 앞서고자 하는 그 욕망도 육체에 담겨 시간의 노예로 남아있다. 어쩌면 바로 그렇기에 오히려 이 욕망은 중요해지는 것이 아닐까? 체념하고 즐거움을 만끽하는, 시간의 노예임을 암묵적으로 인정하는 대신, 목숨을 건 정신적 사투를 이어간다는 점에서…. 예술, 혹은 철학이 지닌 가능성은 여기서 나온다. 여전히 세계 안에 있지만 언제나 바깥을 바라보고 나아가는 욕망을 지녔다는 점에서. 악에 대해서 우리가 내렸던 기준들은 사실 악에만 속하는 것이 아니라 우리 인식의 문제기도 하기에 이처럼 악과는 전혀 속성이 다른 지대에도 고스란히 적용된다. 뒤에 가서 다시 말하겠지만, 사실 결과적으로 우리는 '악'의 실체를 알고자 하는 것이 아니라, 그처럼 모호하고 불분명한 것들을 들여다보려는 것이기 때문이다.

또 다른 노스트로모….

역시 거대한 우주 위에 떠도는 우주선. 카메라는 이번에는 한 점에서, 하잘것없는 점에서 시작한다. 그것이 서서히 자신의 크기를, 윤곽을 보일 때 그때에야 우리는 내부로 간다. 그러니까 먼젓번 노스트로모와는 다르다. 비교라는 점에서는 유사하지만, 외부라는 공간과 내부의 히아투스가 내포하는 의미에서 차이가 있다. 먼젓번 노스트로모는 목적지가 불분명하다. 어떤 곳에 다다르고 싶은 것이 아니라 막연한 심우주를 항해한다. 내가 미지로의 탐색의 욕망, 우리 의식을 헤집으며 검토하는 '영화'의 욕망이라고 한 것은 그 때문이다.

하지만 이 작디작은 노스트로모는 미지의 심우주에서 헤맨다는 점에서는 똑같지만 목적이 분명하다.[2] 집으로 돌아옴. 그러니까 외부를

---

2) 실제로는 이 작은 비행선은 1편에 나온 우주선의 탈출선이다. 그 우주선이 노스트로모이며, 이 우주선엔 탈주정 외에는 이름이 없다. 집으로 돌아가려했던 노스트로모는 파괴되고 시고니 위버는 망막한 탈주정에 몸을 싣는다. 우주의 대해(외부)를 돌아, 집으로 가기 위해서… 집으로의 욕망의 중첩, 그것이 이 노스트로모의 탈주정이다.

버리고 다시 내부로 돌아옴. 그러니, 이미 집의 욕망들이 가득 찰 수밖에 없다. 장면의 전환 역시 그러하다. 바깥에서 해방되는 내부, 비로소 만나야 할 대상(지구)를 만났으며, 원하는 곳에 이르렀다. 그래서 해방은 기계에 의해 이루어진다. 기계, 오직 인간만이 다루는 도구이지 않은가? 먼젓번과 유일한 공통점이 있다면 어둠뿐이다. 여전히 무거운…. 이제 영화는 시작이고, 나아갈 방향은 다시 돌아감이므로…. 외부로, 도망치고 싶었던 곳으로…. 가고 싶지 않으나 보라, 의식에 잠자고 있는 외부의 끔찍한 기억이 어쩔 수 없이 그녀, 노스트로모 안에서 망막한 기대의 꿈에 빠져있던 시고니 위버로 하여금 다시 외부로 가게 한다(《에이리언 2Aliens》, 1986).[3] 그러니, 여전히 무거운 톤이 유지될 수밖에 없다. 이것은 근본적으로 삶의 무력감에 대한 위치 인식이니까. 하지만 이 버전에서의 노스트로모는 그렇다고 이 무거움을 기저

---

3) 1편(1979)과 꼭 같은 제목처럼 보이지만(원제에는 2가 없다) 아니다. 어떤 의미에서는 사실 결코 2가 아닌데, 이어지기는 하지만 서로 다른 주제를 다뤘다. 그러니, 1과 2의 작품성을 비교하고 연작 개념에서 따질 필요가 없기도 하다. 1편에서는 오직 딱 한 마리의 에이리언이 나온다. 그러니까 단수인데, 7명의 승무원이 타 있는 우주선에 끼어든 알 수 없는 존재와의 긴장을 다뤘다. 반면, 2편이라고 하는 작품은 복수이다. 여기서 이미 영화의 차이가 나타나는데, 한 마리가 주는 불안과 섬뜩함이 아니라 떼거리끼리 살려고 기를 쓰는 액션이 된다. 물론 이 사투가 매력적으로 펼쳐지지만 말이다. 리들리 스콧은 가끔 알다가도 모를 감독이다. 이 1편처럼, 아주 놀라운 의미들을 영화에 담기도 하지만 때로는 애써 범상한 영화들로 나아간다. 1편은 적어도 경계선의 흔들림이 빛나는 영화인데, 나는 한국에서 이것을 보지 못하고 프랑스에서 봤다. 보통 원제가 대체로 훌륭하지만, 이따금 수입국의 제목이 뛰어나기도 한데, 1편에 관한 한, 나는 프랑스에서 붙인 제목이 항상 더 낫다고 여긴다. 더 섬뜩하고 영화가 다루고 있는 불안의 의미를 증폭시킨다. 프랑스에서 붙인 제목은《8번째 승객Le Huitième Passager》였다.

로 두지는 않는다. 이 영화에게 있어 이것은 서술을 위한 미장센, 그러니까 일종의 장치에 불과하다. 계속에서 외부/우주와의 대립을 강조하기 위한 장치 말이다. 보라, 그녀가 외부로 다시 나아갈 때, 엄밀히 말하면 과연 외부인가가 목에 걸린다. 심우주가 아닌, 행성으로 가는데, 지구의 이주민들이 정착했던 곳이다. 그러니까 집에서 집으로…. 지구가 아닐 뿐이지 같은 방식의 내부로…. 이 내부에서 목숨을 건 사투가 이루어지고, 따라서 이 전투는 외부와 내부 간의 근본적인 히아투스가 아니라, 내부와 내부, 그 안의 존재자들 간의 전쟁에 불과하다. 심하게 말하면 우리가 인간이니 인간 편을 들 뿐인 전쟁 말이다. 인간과 인간이 아니니 이것은 '내부'의 심원한 긴장 관계, 충돌을 보여줄 이유도 없다. 인간 대 인간이 아닌 존재의 싸움일 뿐이기에, 싸움은 오직 행동들, 액션으로 집약되게 된다. 인간의 생존, 권리를 위한 욕망, 인간임을 주장하는 욕망, 내부에의 안착을 꿈꾸는 욕망, 영화에게 있어 이것이 곧 액션을 담을 수밖에 없는 이유이다. 그래서 보자.

이러한 노스트로모에서 시작하고 나자, 다시 노스트로모, 다시 돌아오려고, 생존하려고 벌이는 엄청난 액션의 투쟁이 나타난다. 그러니까 이 경우의 외부는 결코 넘어서서는 안 되는 경계 너머의 것이다. 이처럼 목적이 내부에 머무르는 경우는 두 가지 가능성이 겹치는 정도의 문제로 진행한다. 내부에 대한 새삼스러운 파악, 아니면 내부의 문제를 해결하려는 행동…. 전자는 드라마로 나아가는 반면, 후자는 대체로 쟁쟁한 사투가 벌어지는 액션으로 나아간다. 이것이 할리우드의 방식이다. 할리우드를 단순하게 오락영화, 상업영화로 치부하는 것은 어리석다. 할리우드가 그렇다기보다 우리, 관객들인 소비자들이 보고 싶어 하는 것이고 할리우드는 그 욕망을 따를 뿐이다. 할리우드가 나쁘다거나 오락이 저질이라고 말하는 일은 문제의 핵심을 벗어난 현상에 대한 언급에 지나지 않는데, 이 두 내부의 충돌을 어느 만큼 가져가는가, 욕망들을 대립항에 놓는가, 내부에서 뒤엉키게 하는가에 따라 다양한 층위들이 나타나기 때문이다. 내부에의 파악으로 줄기차게 나아가면 결국에는 내부의 핵심, 심리에 이르게 마련이다. 반면 내부의 문제를 일으키는 내부자들 간의 충돌에 몰입하면 그 자체로 액션이 나온다. 물론 내부에의 파악이 욕망과 자연이라고 하는 상태와의 충돌로 나아가, 어쩔 수 없이 행동들이 거대한 규모 안에 담길 때도 있다. 그것이 어드벤쳐물이다. 여기서 자연은 내부의 바깥 같지만, 그것은 내부를 인간에게로 지극히 좁혔을 때의 경우이고, 근본적으로는 자연은 다른 차원에 속하지 않는다. 우리가 살아가는 내부의 기계화되지 않은, 따라서 인간의 방식이 적용되지 않는 영역일 뿐이다. 우리 의식이 외부, 우주, 다른 차원으로 나아간 이상, 더 이상 자연은 미지가 아니고, 실제 우리 삶에서 현재 그러하다. 아직 이 세계가 내부에 속하지 않았을 때, 자연에 대한 이해가 턱없이 부족할 때, 어땠던가? 그때에는 숲이 외부였고 삶의 차원을 벗어나 있었다. 거기에는 유령과 도깨비들, 마법이 있고, 그 존재들을 기독교라는 이데올로기로 투영시키자 비로소 마녀가 되었으며, 악에 대해 좀 더 냉정해지자 뱀파이어가 나타났다. 이때까지는 지금 우리가 내부라고 일컫는 영역 안에도 외부가 있었다. 하지만, 19세기, 악(악마)에 대한 의식이 사라지자 뱀파이어는 더 이상 세상에 있지 않고 이야기 안으로 들어가 버렸다. 그러고는?

자연이 남았는데, 과학적 의미에서 여전히 미지의 영역이 거기 있었기 때문이다. 19세기에 온갖 SF가 상상된 것은 그 때문이다. 쥘 베른으로 대표되는 흥미진진한 과학적 탐색의 모험들…. 이 '미지'는 그래서 괴기스럽지 않다. 진짜 미지가 아니라 아직 가보지 않은 땅일 뿐이다. 그리고 냉정하게 보면 죄다 우리가 이미 대충 파악한 과거의 피조물들을 19세기의 여남은 미지 영역에 가져다 놨다. 지하에, 발을 딛고 있는 지구의 땅속에 그저 온갖 지층과 들끓는 마그마 외에 다른 것은 없다는 사실을 이미 알고서 말이다.

흥미로운 것은 할리우드의 욕망과 이 욕망은 제법 정확하게 일치한다는 말이다. 1910년대에 할리우드는 자본에의(따라서 아주 강력한 내부인자) 욕망에서 시작했는데, 그 시기, 이처럼 내부의 것들만이 관심사였던 때로, 온 세상이 산업화의 대상이 되어가던 시기였다. 그러한 이야기들, 따라서 할리우드가, '영화'보다 영화들에 관심을 두는 것은 당연하지 않은가? 게다가 심각하게 재고해 보자는 것이 아니므로 내부에서 벌어진 것들 모두를 액션화하는 일도 자연스럽지 않겠는가? 서부극과 역사적 모험극과 행동들로 채워지는 슬랩스틱이 우선했던 이유이기도 하다. 여기에서 영화들을 넘어, 잠시 논의에서 떨어뜨려 놓았던 '악'과 끔찍함으로 돌아서면 매우 주목할 만한 일이 벌어진다. 말하자면 세상은 이제 '악'을 떼어놓고 인간을 욕망과 의지의 존재로 해석하고 나아가는 데 매달리고 있었지만, '악'에 투영될 만한 현상들이 사라진 것은 아니다. '영화'가 손을 놓고 마구 산업적 발명품으로서의 책무 쪽으로 달려갔을 뿐이지, 여전히 세상에는 이해할 수 없는 일들이 벌어졌다. 그리고 그것은 분명한 악마의 계교로 해석됐다. 그래 사람들이 악을 잊은 것은 아니다. 더 이상 영향을 받지 않으며, 관심사에서 젖혀버렸을 뿐이다. 악은 여전하며 악마는 지속적으로 발밑에 엎드려있었다. 외부에 대해 떠들지 않는다고 외부 자체가 사라지지는 않는다. 대신 외부는 다시금 모호한 지대의 비밀로 화하는데, 분명한 장소가 아니라 추상으로, 되돌아간다. 해명할 수 없는 어떤 것으로 남아있기 위해서는 이는 당연한 일이다. 쥘 베른과 비슷한 궁금증, 비슷한 열망, 비슷한 탐색, 하지만 다음 세대 중 누군가, 대부분 사람들이 더 이상 떠들지 않는 곳으로 시선을 옮겨갔고, 온갖 악의 보고서를 빚어냈다. 다만 이 시대에 진지하게 다뤄지지 않았을 뿐이다. 러브크래프트가 바로 쥘 베른의 다음 세대로, 기괴함에 대한 새로운 해석들과 발견을 이야기로 풀어냈다. 결국 이는 교훈으로 남는데, 이미 말한바, 아무리 외면해도 악은 사라지지 않으며, 외부가 소멸되지도 않는다. 오히려 의식 속 어딘가에 자리 잡아 장소를 잃어버린 저주를 우리에게 퍼부을 뿐이다. 누군가에게는 힘이 발휘되고 많은 이들에게는 무관심한…. 그러나 남아있는 그 힘이 의식된 자에게는 얼마나 끔찍한가? 전장에서 본 네 개의 작품들이 분명하게 보여주고 있지 않은가?

3. 황혼에서 새벽까지—그 불안의 시간

악은 여전히 존재한다. 다만, 그에게는 일정한 조건이 필요하다. 언제나, 어디서나, 아무에게나 작동하지는 않는다. 물론 조건의 내용은 신의 섭리만큼이나 불투명하다. 이는 당연하다. 인간들이 생각하는 이유와 조건에 따라 작동한다면 그는 더 이상 신이 아니며, 더 이상 두려운 악이 아니다. 그 조건에 들지 않으면 그뿐이다. 다시 옛이야기로 잠시 돌아가자.

'조건' 자체에 대한 해석도 오래전에는 없었다. 우리가 브리콜라카스를 말할 때 이미 설명된 바다. 이 산송장은 무엇 때문에 세상으로 다시 돌아오게 되었는지 도무지 알 수가 없다. 하지만 이 표현, '알 수가 없다'는 말은 영 잘못된 표현이다. 브리콜라카스가 등장하던 시기에는 '알고말고'가 없었기 때문이다. 무관심도 아니고, 그저 의식 안에서 '악'의 실체가 존재하지 않았다. 실체가 없다면, 한 마디로 그가 어째서 악인지, 어째서 그런 지경에 들게 되었는지 파악할 수가 없다. 그런 나머지, 당시에 지니고 있던 가냘픈 지식이 활용된다. 파문당한 자나, 자살한 자, 세속에서 정화될 수 없는 삶을 산자, 그자들이 천국에 가지 못하고 세상으로 되돌아온다. 이미 죽은 자였기에 형태가 바뀌는데(왜 그런지는 모르지만!), 대개 늑대를 상정했고, 그래서 슬라브 뜻으로 늑대인간인 브리콜라카스라 불렀다고 했다. 한번 조건이 서면, 나름 완강해진다. '내가 알기에 파문당한 일이 없는데, 그자가 브리콜라카스가 되었다. 그렇다면, 그자는 파문이라는 형식을 통과하지 않았을 뿐이다. 즉, 같은 인간들에게 노출된 것이 없을 뿐이지, 하나님이 이미 파문을 했다!' 이것은 이데올로기의 완강함이면서 동시에 단순함이고 나아가, 무지이다. 당시 사람들의 삶에 편만한 무지 말이다.

이 점에서 흥미로운 것은 다시 마녀와 흡혈귀의 경계이다. 구체화된 대상으로서 마녀는 애초의 주술사, 약제사, 마법사에서 이제 '악마'와 결합한 존재가 된다. 사람들이 여전히 무지했다는 것은 분명하다. 달라진 것이 있다면 교회가 권력의 과시를 위해 '비난의 대상'을 지정하기 시작했다는 점이다. 즉 이데올로기가 극단적으로 투영될 대상을 찾아낸 것인데, 여기까지는 이미 말한 바다. 하지만, 이 악의 현현의 조건과 연결해서는 생각해 보지 않았다. 물론 역사적으로는 이 옛것(이미 존재했던 모든 것들)과 '악마'와의 결합은 마녀사냥 시대 이전에도 있어왔다. 하지만 산 자들에게 해를 입히지 않았다는 점, 달리 말해 산 자와 하등의 관계가 없었다는 점에서 그만큼 느슨했던 셈이다. 조건을 염두에 둘 필요가 없었다는 말이다. 그러나 마녀라는 존재가 공식적으로 등장하자 문제는 달라진다. 마녀는 악마의 행위에 속하기에 산 자와 명백한 관계를 지니게 되며, 인간과 교회에 대적자가 된다. 당연히 이 존재는 이제 누구나가 아니며, 악마와의 교접이 가능한 조건을 지니게 된다. 그 조건은 '교회에 대한 적대감, 인간의 생명을 해하는 심성 또는 행위, 불순함, 성적인 타락/추문, 그 외에 불길해 보이는 모든 것들, 명백한 해를 입히며, 무엇보다 성스러운 것에 대한 모독' 등이다. 하지만 악마와 결합했음을 보여주는 이 조건들은 사실 구체적이지 않았다. 한정적으로 작동할 수도 있지만 누구에게도 적용될 수 있었고, 즉, 인간 누구나(당장 최적의 조건은 여성이어야 했지만) 해당했다. 누구에게나, 즉, 언제나 어디서나 악마는 자신을 증명할 수 있었다. 그만큼 '마녀'를 통해서 드러난 사실은 '악마'의 편재성이다. 두려운 사실이기는 하지만 마녀는 '공포'의 화신까지는 되지 못했다. 교회가 원한 대로 교회에 대한, 하나님에 대한 악마의 끊임없는 도전을 의미할 뿐, 교회가 위협받지는 않았다. 마녀의 공격 대상은 하나님에 대한 무지와 죄에 대한 어찌할 수 없는 갈등에 휩싸인 못난 존재, 평민들이었다.

'공포'는 편만한 것이 아니다. 그것은 특정한 순간에 발동되며, 고도의 긴장감들이 응집함으로써 그 극단, 예정된 조건들의 결합과 함께 나타난다. 마녀와 뱀파이어의 흥미로운 차이란 바로 이 부분이다. 뱀파이어는 마녀와는 다른 존재인데, 그와 함께 악마의 성질이 응집하고 재구성되었기 때문이다. 밤, 어둠, 숲 대신 시간이 나타났다는 점은 이런 측면에서 주목할 만한 변화이다. 긴장들이 쌓여 폭발하는 시간도 그렇겠지만 '공포'가 준비되는 시간이 우선이다. 이미 폭발할 지점을 향해 달려가게 하기 때문이다. 긴장과 불안감의 적체, 저녁을 알리는 종소리가 울리면서 그의 시간이 찾아든다. 세상에 어둠에 잠기는 시간에….

게다가 그로의 악마의 현현은 또한 목적이 분명하다. 마녀들에게는 그들 존재를 관통하는 분명한, 악마의 목적은 없었다. 이러저러한 행동을 하며, 통일된 것이 아니라 그저 불길하며 괴기스러운 것들이다. 반면, 뱀파이어는 오직 한 가지뿐이다. 그저 해하거나 그 해함의 극단에서 살해가 이루어지는 무작위가 아니다. 그는 오직 피를 목적하며, 죽이고 말고를 떠나 살아있는 피를 마시려 한다. '피'라는 점에서는 대개 꺼림칙하게 마련이지만 이 악마의 아들은 그처럼 단순하지 않다. 그는 피를 마셔버림으로써 희생자의 영혼을 소멸시킨다.

> 우리가 죽는다는 걸 두려워할 필요는 없네. 두려운 것은 죽은 뒤에도 죽음의 세계에 들지 못하고 이곳을 영원히 떠돌게 된다는 그것이지.
>
> — 토드 브라우닝《뱀파이어의 흔적Mark of Vampire》(1935)**4)**

그리고 희생자는 빠져나가 버린 피의 굶주려진 혈귀가 된다. 마치 비어버린 피의 곳간을 다시 채우려는 듯 말이다. 전염, 전이, 여기서 공포가 시작된다. 증식에의 공포…. 즉, 악마는 뱀파이어를 통해 자기 존재를 증식시키고 세상을 감염시킨다. 이런 존재의 시간을 앞두면 긴장은 당연히 따라오며, 공포가 작동하기 시작한다.

이런 점에서 뱀파이어는 근본적으로 서사적이다. 시간 속의 어느 정

---

4) 《뱀파이어의 흔적》에서 주인공에게 친구가 하는 말이다. 얼마나 정확하게 두려움의 실체를 지적하는지, 사실 이 토드 브라우닝(1880~1962)도 차원들과 긴장, 경계선과 침투, 심도있는 영화의 문제들과는 빼놓을 수 없는 감독이다.

점으로 몰려가는 두려움, 응집이 있다. 서사는 아무 리듬도 없이 그저 널려있는 방식의, 편만은 아니지 않은가? 그것은 언제나 구조적으로 어떤 정점, 어떤 시간으로 응집해 가는데, 그 때문에 발단과 클라이맥스가 생겨난다. 물론 뱀파이어는 서사를 위해서 만들어진 존재는 아니다. 하지만 서사적인 것은 분명한 사실이다. 그는 사연이 있으며, 무엇보다 악마의 대리자로서 해야 할 일이 명확하고 목적도 분명하다. 그가 끼치는 해악도 마찬가지인데, 악의 조건에 적합한 증식을 꿈꾸는 것이다. 무지한 백성들이 아니라 교양 있는, 계몽주의 시대의 지배자들이 빠져든 매혹이 바로 '서사적'인 존재로서의 뱀파이어가 아닐까? 이 악마는 역사적으로 산재했던 여타 다른 형태로의 현현보다 훨씬 더 구조적이다. 기괴함의 응집과 구조, 만일 단순하게 벌어진 일 자체에 멈춘다면 관심이 가닿을 지점이 없다. 조건에 화답하는 시간이 되어야 판도라의 상자가 열린다. 비로소 공포의 시간이 엄습한 것이다.

*

땅거미가 내려앉는 시간, 이윽고 밤이 오고, 어둠이 자신을 강조한다. 하지만 하나의 주기적 과정인데, 매일 엄습하며, 해가 떠오르기까지 그의 시간이다. 이 시간이 어둠의 활동 시간이다. 자연적 이치인데, 여기에 추상적 어둠(악)이 서서히 겹쳐졌다. 처음에는 형용사 상태의 '악한, 불길한, 모호한' 등의 의미만이 있었다. 하지만 마녀들의 활동시대가 되자, 이 형용사는 명사가 된다. '악마'라는 의미를 차지하고는, 그 시간을 명확하게 그 추레한 자, 하나님의 대적자의 시간으로 변모시킨다. 그러나 이미 말했다. 마녀가 그 시간에만 활동하는 것은 아니라고. 그 시간에 마녀는 축제를 벌였을 뿐이다.

최초의, 이런 역사적 탐방에서 진짜 명확한 '최초'가 있을까 하지만, 대체로 문제시되기 시작한 초기의 기록에는 다음과 같이 나와 있다.

> 우리가 보두의식에 참례하고자 한다면, 봉헌된 성찬을 먹인 두꺼비의 재[불에 태운 후 남은 재]와 어린아이의 피에 적신 인골 가루를 막대기에 문지릅니다. 그리고 이 막대기에 걸터앉으면, 대기가 순식간에 우리를 보데리Vauderie에 참여한 이들이 모인 장소로 날라갑니다. 거기서 우리는 원숭이나 염소, 혹은 개, 때때로 인간의 형태로 화한 악마를 만나고, 보데리에 참례한 이들은 그에게 경의를 표하게 됩니다. 도저히 상상조차 안 되는 가장 추하고 비루한 예식 속에서 말이지요. 바로 그의 명령에 의해, 그들은 예수의 수난상, 십자가를 짓밟고 침을 뱉습니다. 그러고는 그는 가장 외설스럽고 추잡한 그 짓거리로 하늘에 대듭니다. [……] 그들은 마시고 먹고, 종래에는, 때로는 남자, 여자로 변화는 악마와, 아니면 제멋대로 그들 서로와 그 추악한 짓(성행위)을 저지르기에 이릅니다. 당연히 촛불은 끄고 말이지요.[27]

하지만 이 장면, 악마가 개입한 것을 빼면 여느 시골의 조금 감정과 이성이 흐드러진 축제의 밤이 아닌가? 그보다 훨씬 이전의 시간대에서는 '느슨해진 도덕감'과는 상관없이 늘 거리낌 없이 행해지던 것들이고….

결국, 두 가지 생각이 가능하다. 하나는 그토록 열정적으로 벌어졌지만 마녀들은 사실상 지극히 평범한 존재들이었다는 점이다. 물론 스스로 혹은 주변에 의해서 마법사라 불렸던 존재도 있지만 재판에 휘말리기 이전까지 그들은 위험한 존재가 아니었다. 게다가 이 축제의 행위들은 사실 기독교적 입장에서 '도덕적인 잣대'가 주어졌을 뿐, 특별한 해를 주지는 않았다는 점이다. 부정적인 것으로 치부당할 만한 일을 하기는 했으나….

두 번째는 이 모든 일이 '악마'라는 존재와 결부됨으로써 고발 대상이 되고, 주목받았다는 점이다. 그리고 악마 역시 하는 짓이라고는 하나님을 모독하고 교회가 성스럽게 여긴 모든 일들에 저주를 퍼붓는 데 지나지 않는다.

즉, 한 마디로 '악'이 '악마'라는 추상적 개념과 결합함으로써 분명한 적의의 대상이 되기는 했지만, 엄청난 공포를 몰고 오지는 않았다. 공포는커녕, 종교재판의 참여자들은 어떤 두려움도 없이 그들을 고문했고 폭력을 가했다. 상대가 뱀파이어였으면 결코 하지 않았을 일을….

---

5) 프랑스의 아라스Arras 지역의 연대기록자인 자끄 뒤 끌렉Jacques Du Clercq (1424~1501)이 1449년부터 1467년까지 아라스 지역에 있었던 일반역사를 개인적으로 낱낱이 기록한 『기억들Mémoires』에서 발췌한 글이다. 1835년에 부르고뉴에서 공식적으로 발간되었으며, 역사적으로 아주 귀중한 자료로 취급받는다. 여기서 보데리Vauderie란, 사실 뜻이 명확한 단어는 아니다. 애초 아직 명확하게 '마녀'(그냥 마법사가 아니라 '악마'와 관계한 의미에서)란 개념이 나타나기 이전에 기독교를 벗어난 기괴한 주술적 신앙을 지칭하기 위해서 1440년, 교황 에우제니오 4세Eugène IV(1383~1447)가 라틴어에 기반해 사용한 용어로 불명확한 상태에서 두루 사용되다, 가톨릭과 주술이 결합한 상태의 이단 종교라는 의미로 공식적으로 사용되어 마녀재판을 규정하는 개념이 된 것은 그 유명한 아라스에서의 마녀재판(1459~1461) 때였다.

이 점에서 뱀파이어는 확실하게 다르다. 어둠이 내리는 시간에, 그의 활동 시간에 그를 상대하는 일은 어리석은 일이다. 적어도 새벽의 어스름이 그의 몸을 찔러대고 존재를 산화시켜 한갓 연기 밖에 남지 않는 존재로, 사라져 버림 속에 거둘 때까지는…. 그러니까, 로베르트 로드리게즈의《황혼에서 새벽까지From Dusk Till Dawn》(1996) 말이다.

타란티노는《저수지의 개들Reservoir Dogs》(1992)로 시작했다. 그러고는 곧바로《펄프 픽션Pulp Fiction》(1994)을 만드는데, 전편에서는 역량을 보여주었다면, 사실 예기치도 않은 놀라움을 선사한 것이 후자이다. 경쾌한 편집이 사실상 이 영화의 모든 것이었는데, 편집의 대상이 곧 영화사였기 때문이다. 대단했는데, 바로 이 점에서 그에게는 미심쩍음이 따라다녔다. 이 사람, 진짜일까?

사실 그가 '진짜'가 되는데 공헌한 결정적인 영화는《재키 브라운Jackie Brown》(1997)이다. 자신의 영화뿐 아니라, 시나리오이든, 프로듀서이든 직간접적으로 참여한 모든 영화들은 늘 편집의 영화들이었고, 경쾌할 수밖에 없었는데, 다시 말하지만 어디에나 할리우드의 영화사가 끼어들었다. 만만치 않아 보이는 그의 실력에도 불구하고 경계를 쉽게 풀지 않은 이들은 따라서 당연히 유럽인들이었다. '영화'에 대한 나름의 시각을 지닌, 그것도 명백하게 하나의 표현 기호체계로서, 이 움직이는 이미지의 잔치를 진지한 사색의 단계로 몰고 간 지역이고, 의문과 진단은 늘 그들의 몫이었다.

이만큼의 편집을 다루는 데, 쉽게 말해 마스터 급일 텐데, 스필버그, 드 팔마, 월터 힐, 즉 혹스Howard Hawks, (1896~1977)과인지, 그보다 더 깊은 데까지 나아간 큐브릭, 린치, 핀처, 즉, 포드John Ford, (1894~1973)

과인지 의심스러웠던 것이다.[6] 사실 포드조차, 비교적 끄트머리에 이르기 전까지는 아직도 의혹을 품은 이들이 많았던 것처럼 말이다.

그러나, 타란티노는 결국 그들이 그러한 관심을 지니든 말든(나는 이 점이 항상 마음에 드는데), 포드의 《수색자The Searchers》(1956)에 이르렀던 것이다.

'어, 이거 우리가 아는 그 총잡이가 아닌데?' 자신의 인생에 치어서 회한과 고독에 잠겨, 아무도 환영하지 않는 고향에 돌아온다. 하지만 거기서도 원치 않은 일이 벌어지고, 벗어나고자 했던 총을 쥐는 일이 다시 발생한다. 사실 일반적인 총잡이의 개념이 없는 것도 아니다. 그러나, 적어도 '인생의 회한'에 잠긴 보안관은《하이눈High Noon》(프레드 진네만*Fred Zinnemann*, 1952) 쯤에서나 슬쩍 엿보이는데, 혹스과가 그토록 싫어한 캐릭터였다. 더군다나 사람들에게 천대받다니…. 혹스과에게 더 기가 막힌 일은 이후에 벌어진다. 서부극은 전통적으로 이 지점이, 다시 손에 총을 드는 순간이 클라이맥스였다. 이후로 속전속결, 미장센이 시간을 최대한 응집하고 잡아당겨 행동들을 빛나게 한다. 그런데, 조카를 찾아 나선 이 총잡이의 클라이맥스는 하염없이 늘어진다. 결정적인 계기로 돌입하는 것이 아니라. 그러더니 급기야, 그 어떤 결

---

6) 여기서 대비시키는 두 부류의 통칭에서 혹스과와 포드과라는 표현을 사용한 것은 엄정한 이론적 시각이라기보다는 개인적인 장난기 쪽에 가깝다. 하워드 혹스 역시 가볍지 않으며 '영화'에 대해서 중후한 묘미를 내어 보이곤 했다. 하지만 혹스는 어쨌든 항상 흥행 영화와 개척보다는 트랜드에 맞추는 경향을 지닌 데 반해, 포드는 그러한 면모를 지녔으면서도 짐작보다 타협 없이 자기 고집을 묵직하게 밀어붙이는 경향이 있다. 서부극에 대해서도 비슷한 차이를 보이는데, 그런 의미에서 명칭을 붙인 것이다.

투도 없다. 총성이 쌍둥이 언덕으로 휘감은 대지에 울려 퍼지기는 하지만, 결투는 아니다. 포드는 마지막 총격전에서조차 카메라를 갑자기 빼어버린다. 그리고 다시 드라마로 돌아가는데, 정체성을 혼동하는 조카를 안는 그 장면에 이른다. 편집은 무조건 속절없이 빠르지 않다. 사람들은 편집이라면 그 말이 의미하는 대로 자르고 갖다 붙이는 작업을 떠올리고는 쉴 새 없는 프레임의 히야투스라 여기지만 그것이 교차편집의 하나의 예라면, 이 편집에는 또 하나의 이름이 붙여지고 있지 않은가? 바로 평행parallel (물론 한글에 있어 '평행'이라는 말이 지나치게 단선적이기는 하지만)이다. 두 개의 요소가 지속적으로 경계를 이루는 것, 마치 앞으로 어떤 일이 벌어질지 알 수 없는 사건의 지평선 위에 서 있듯 말이다. 지속이 속도로 변하면 교차가 되지만, 시간을 두고 깊은 심연까지 내닫는 것이 평행이다. 그래, 존 웨인과 세계, 그러니까 내부와 외부는 이 경계를 허물지 못하고 허덕인다.

내용은 물론 다르다. 그러나 재키 브라운은 몇 가지 놀라운 평행편집을 담고 있는데, 하나는 영화사와 현재이며, 다른 하나는 그래서 깊은 문제까지 나아가 이 캐릭터와 저 캐릭터이며, 사실 모든 캐릭터가 자신이 형성해 온 전통으로부터 죄다 벗어나게끔 지속을 연장한다. 이 드 니로Robert De Niro는 처음 보는 드 니로이며, 동시에 가능한 드 니로이다. 팜 그리어Pam Grier 역시, 처음 보는 팜 그리어면서 익히 알던 팜 그리어이다. 더구나 하나의 캐릭터를 그 캐릭터가 나타나던 시대성과 엮으면서 두 명에게 분산시킨다. 왜냐하면 그 캐릭터는 주류 사회의 주목받는 대상이 아니지만 어디에나 그런 기괴하며 초라한 방식으로 존재하던 것이기 때문이다. 보라, 두 명의 이 어처구니없는 폰다(피터 폰다와 브리지트 폰다)를…. 게다가 팜 그리어가 이야기 안으로 걸어 들오는 그 긴 오프닝처럼, 영화 전체를 이 '평행'이 관통한다. 그래, 여기서 타란티노는 마스터 급을 넘어섰다. 마스터는 편집을 다룰 줄 알지만, 그 이상의 존재들은 그 편집의 개념을 알고 있기 때문이다. 단지 산뜻한 기술이 아니라, 관객들에게 의식을 불어넣는 의미로서.

하지만 내게는 이미 《황혼에서 새벽까지》였다. 영화가 아니라, 그 시나리오 말이다. 어떤 영화들은 완벽하게 시나리오가 장악한다. 대개 그런 영화들은 당연히 결코 뛰어난 작품이 되지는 않는다. 하지만 시나리오가 장악할 경우, 기본은 언제나 채워진다. 흥미진진하고 완성도가 높은….

당연하다. 서사의 완성도를 결정짓는 것은 시나리오이기 때문이다. 영화가 인류사에 있어서 의미 있는 하나의 독특한 도구, 맞물린 여타 예술적 형식과 나름 구별되는 독립성을 지니게 된 데는 한편으로는 이 문제도 이유일 수 있다. 시나리오와 결과물을 완전히 변별한 것. 만일 시나리오가 좌지우지하는 것이었으면 형태가 아무리 다르더라도 연극처럼 문학의 연장에 속했을 것이다. 하지만 영화는 시나리오 이상으로 나아갔다. 시나리오에 의존해 이야기가 서술되지만 바로 그 서술의 독특함(움직이는 이미지)에 의해 시나리오가 갇힌 서사의 틀을 벗어난 것이다. 서사는 중요하나, 방식에 있어 그 서사를 은근히 뒤흔든다고나 할까?

아무튼, 그렇기에 시나리오가 도드라진 영화는 처음에서 끝까지 이어지는 선이 있게 마련이다. 대체로 안정적이고 완성도가 높은 것이 될 수밖에 없다. 최근의 아주 좋은 예는 《카운셀러The Counselor》(2013)

이다. 리들리 스콧은 거기서 사실상, 그저 프로듀서에 지나지 않는다. 코맥 메카시Cormac Mc Carthy(1933~2023)의 시나리오를 보라. 거기 그 영화가 할 수 있는 모든 것이 죄다 나와 있으며, 언어가 다룬 깊은 수준에서 영화는 끝을 맺는다. 아니, 메카시이기에 사실 시나리오가 영화를 뛰어넘는다.

만일 그렇다면 '진짜일까'의 의혹을 받던 타란티노와 이 영화를 연관 짓는 것은 좀 아니지 않을까? 시나리오가 불거진 영화라는 말인데, 시나리오는 그저 서사가 아닌가? 영화감독은 서사를 이어가는 자가 아닌 데 반해서 말이다. 서사를 잘하는 것은 훌륭한 능력이지만, 감독으로서는 반드시 요구되는 능력은 아니다. 그런데 진짜 뭔가 있는 영화감독임을 말하면서, 시나리오를 쓴 영화 얘기를 하다니!

하지만 시나리오의 단계에서 놀랍게도 그는 서사를 해체하고 이미지로의 진입을 획책한다. 그러니까 언어와 이미지의 경계에서 양측을 저울질 해가며 '영화'를 조정해 갔다는 말이다. 결국, 여기서도 여전히 뱀파이어의 환環은 이어진다. 다만 다른 차원, 다른 수준에서의 변증법이다.

만일, 이 개념을 적용하지 못했다면, 이것은 타란티노가 재기발랄하게 쓰고, 거기에 로드리게즈의 정제될 수 없던 황당함(당시까지 로드리게즈는 정말 별 볼 일 없는 자였다. 그에게서 영화를 발견한 것은 오직 타란티노인데, 그의 눈이 얼마나 뛰어난지 알게 해주는 일화이다)이 적절하게 겹친, 혹스과의 범작으로 여겼을 것이다. 물론 어떻든 간에, 이 영화 자체는 어쩔 수 없이 혹스과이다. 그러나, 내내 《노스페라투》와 같은 뱀파이어 개론서가 쓰여진다. 게다가 이제는 시간이 한참 지났으므로 무르나우처럼 '영화'를 애써 진지하게 언급할 채무도 없다. 그저, 소재, 영화의 소재가 아니라, 악의 역사에서의 소재, 동시에 주제인 뱀파이어가 펼쳐진다. 앞의 사십 분이 넘는 서설을 제외하면, 진짜 완벽한 황혼에서 새벽까지, 어둠의 시간을 훑는다. 어쩌면 이 당시 타란티노는 포드과에 속한 이가 지닐 수 있는 가장 가능한 놀이, 경쾌함까지 지니고 있었는데 로드리게즈로 하여금 자신의 황당함을 마음대로 끼워 넣게 한 일이다. 시나리오 작성 시의 한 과정인데, 어떤 것은 먼저 써지지 않고, 결과물을 예상하고 과정 중에서 언어의 세계를 넘어서는 이미지의 부분들을 계획해 간다. 말하자면 시나리오의 글이 앞서고 이미지를 끌어당겨, 자신(글)의 방향을 비틀게 만들어버린다는 말이다. 그 비트는 지점마다, 타란티노는 해당 부분의 깊은 의미들을 재기발랄하게 끼워 넣어, 글과 이미지의 달음질에 묘미를 발생시킨다.

그래서 나오게 된 것이 이 《황혼에서 새벽까지》이다. 지극히 평범한, 흥행용 뱀파이어 영화 중 하나같지만, 사실 이 안에는 문학적이라고까지 할 만큼 함의로 가득찬 '말'과 이미지의 미장센이 넘쳐난다. 액션에 취해, 정신없이 보게 되는 오락으로서의 즐거움 안에서 말이다. 로드리게즈가 잘하는 일을 잘하도록 해주었다는 말이다. 그러면서도 의미망을 잃지 않고, 내내 깔아두는 일까지 성취하면서….

그래, 솔직히 말하면, 그때 그런 생각이 들었다. '진짜가 아니면 어때, 이 정도로 영화사와 이미지를 가지고 노는데', 하는 생각이었다. 물론 내가 아무리 뱀파이어에 환장해 있더라도, 재미있는 뱀파이어 이야기를 접한 이유 때문만은 아니다. 뱀파이어라는 존재에 묻은 여러 고리를 그렇게 재기발랄하게 섞어놓는 일은 쉽지 않은 일이다. 로만 폴란스키가 했는데(《뱀파이어의 무도회》), 완전히 다른 영화 같지만, 사실상, 둘은 비슷한 정점에 서 있다. 당연히 '영화'라는 장치의 작동법을 몰라서는 그만한 수준에 이르지 못하는 법이다. 진짜 코미디는 항상 말보다 이미지가 앞선다. 말은 차라리 따발총처럼 쉴 새 없이 튀어나와도 된다. 들어야 되는 말이 아니니까. 실제 삶도 그렇지 않은가? 대부분 사라지는 따발총이고, 아주 이따금, 상황에 적합한 몇 마디의 말이 있는 법이다.

'welcome to slavery', 살마 헤이약이 바닥에 깔린 조지 클루니에게 하는 말이다. 그 전의 대사가 흥미롭다.

> 나는 너의 전부를 마시지는 않을 거야. 너는 내 노예가 될 거야. 인간의 피로 채워진 놈이 아닌 것이 분명하니까. 떠돌이 개의 피로 채워져 있어. 그러니 너는 내 발을 올려놓는 스툴에 불과할 거야. 내가 명령하면 너는 내 뒤꿈치에 묻은 개똥을 핥겠지. 네가 그렇게 내 강아지가 된 이후에, 널 뭐라 불러야 할까… 방울이(spud: 고환의 비속어)?

그러고는 위의 말을 이어간다. 여기에 더해, 조지 클루니의 대답이 축약적이다.

> 이런 사양 할게, 내게는 이미 아내가 있어.

마지막의 'spud'라는 단어가 클루니에게 이런 응대를 끄집어내기는 했지만, 굳이 'spud'가 아니더라도 그 앞의 전반적인 내용도 이 응대에 어울린다. 하지만 비속어를 적절하게 가져다 쓰는 타란티노의 대사 문장의 맛깔을 말하자는 것은 아니다. 여기에 함의되어있는 뱀파이어라는 존재의 문제이다. 한마디로 '너를 죽이지 않는다'라는 의미이다. 인간으로서의 자유 의지를 빼앗는데, 오죽하면 발을 올려놓는 작은 탁자stool 수준으로 발발 기는 강아지에 비유될 정도이다. 오히려 자신의 뒤나 파는 하릴없는 고환 구실을 한다는 표현은 그저 타란티노의 장난이 과도하게 뿜어져 나온 데 불과하다. 중요한 것은 노예가 된다는 것으로, 뱀파이어에게 종속된 노예화를 강조하기 위해 'slavery'라는 단어를 끌어들였다. 쓸모없는 단어들을 줄기차게 잔뜩 늘어놓는 반면, 정작 중요한 개념은 한 문장으로 표현하고 있는 것이다. 황혼에서 새벽까지, 이 노예들의 잔치판이 아닌가? 여기에서 '아내'라는 개념이 끼어드는 것은 또 다른 방향으로의 확장일 것이다. 제이콥과 가족들, 믿음, 줄기차게 확장의 사례들이 전반부에 깔려있던 것처럼 말이다.

*

모든 욕망에는 유효기간이 있다. 욕망의 구현은 언제나 필요한 시간에 벌어지며, 적합한 시간을 찾아야 한다. 그 법칙을 벗어나면 모든 것이 헝클어져 버린다. 욕망이 구현되는데 필요한 차원이 죄다 파기되기 때문이다.

황혼에서 새벽까지, 빛조차 물질적으로 소멸되는 미지의 어둡이 들어찬 블랙홀의 시간이다. 그곳(그 시간)은 우리가 갈 곳이 아니다. 중력이 압착되고 휘말려, 시공간이 휘어지고, 우리 몸이 흐트러지며, 어떤 정보도 없는, 미지의 영역이기 때문이다. 보라, 이벤트 호라이즌 호는 공연히 거기로 갔다가 심우주, 지옥을 통과한다. 그 경우처럼, 여기서는, 우리가 가서 안 되는 차원으로 들어간 이야기가 펼쳐진다. 그곳이 바로 slavery의 세계이며, 우리가 스스로를 양식으로 내던지는 장소이다. 여기까지 가는 데는 물론 일련의 조건들이 있다. 뱀파이어에게 제물이 되는 조건들이다.

역시 브리콜라카스 설화에서 시작된다. 파문당한 자, 자살한 자, 인간적 감정이 추슬러지지 않은 폭력의 희생자, 사산아, 마법에 사로잡힌 자(악마의 기운이 침투한 자), 기독교식 매장을 하지 않아 세상을 떠도는 걸귀가 되어버린 자, 그 외 기독교에서 탐탁지 않아 하는 모든 일들…. 이 자들에게로 악마가 들어가 흡혈귀로 만든다. 물론 여기에 가장 중요하게 빗대어진 경우가 믿음을 상실한 자이다. 여기서의 제이콥처럼 말이다. 이 주변으로 배치된 인물이 세스(타란티노)와 리치(조지 클루니)이다. 그야말로 악한들이다. 하지만 뱀파이어 앞에서는 이 악함은 아무것도 아니다. 아주 단순한 문장 하나로 뱀파이어에게 깃든 악마와 세상의 악한, 형용 상태의 악은 구분이 된다. 떠나는 마지막 장면에서 세스가 말하기를: 내가 개자식bastard일 수는 있겠지만 진짜 개자식fucking bastard은 아니다. 그래, 뱀파이어에게 입혀진 악은 우리가 일상에서 대하는 악이 아니다. 그자는 일상에 편만한 존재가 아니라, 어느 장소에, 무엇보다 황혼에서 새벽까지 움직이는 존재이다. 그 시간대에만 그의 존재가 가능한데, 달리 말하면, 그의 존재 자체가 그 시간에만 보인다는 말이다. 즉, 그자가 활동하기 위해서는 특정한 조건이 주어져야 하는데, 가장 핵심적인 것은 시간이다. 어쩌면 시간 마저 휘어져 버리는 깊은 어둠…. 밤이 자신의 날개를 펼칠 수 있는 때까지…. 어느 영화에서나 햇빛은 거칠고 폭력적으로 뱀파이어의 몸을 부순다. 장난기까지 섞여 있기는 하지만 차원이 뭉개지는 표현으로는 그만이다. 해는 서서히 떠오르지만, 빛은 서서히가 아니다. 그것은 순간적으로 다다르며 뱀파이어에게는 완벽하게 집약적으로 파고든다. 대개의 영화가 타들어 가는 과정을 보여주는데, 타란티노는 순식간에 신의 격정 어린 발길질에 터져버리는 식으로 묘사한다. 물론, 이는 뱀파이어에 관한 묘사라기 보다는 할리우드식 폭력이고 장난기어린 묘사이기는 하지만 말이다.

이 이전까지, 즉, 이 장소/시간에 담긴 내용은 마치, 마녀의 제전에서 시작되어 뱀파이어에 이르는 전 과정을 한데 응축하고 있는 듯이 펼쳐진다. 물론 이 책의 연장선인 '기괴한 것들'[7] 에서쯤 진지하게 펼쳐질 '좀비' 역시 한데 뒤섞고 있지만 1996년, 게다가 타란티노라면 이는 특별한 소재가 아니라 편만한 판타지일 뿐이다. 뱀파이어가 공포에서 물러나 액션에 들기까지는 꽤 긴 시간이 걸렸지만, 좀비는 나타난지 얼마 안 되어 순식간에 공포에서 떨어져 나갔고, 영화들에 있어 하나의 경쾌한 장치가 된다. 여기서도 그 속성은 눈요깃거리일 뿐이다.

---

7) '영화'를 이해하는 데 있어서 또 다른 중요한 모티브인 '기괴함/그로테스크'를 주제로 현재 쓰고 있는 책이다. 사실 '영화'의 출범 자체가 당대 사회에 있어서 그로테스크한 현상이었는데, 그의 첫 모습도 마찬가지였다. 그리고 장르화 되기 전에도 이 '기괴함'은 '영화'가 영화들로 나아가는 데 있어서 중요한 제재였는데, 어떤 의미에서는 장르화 되기 전의 모습이 훨씬 더 진지하다. 뱀파이어라는 고리를 빼면, 《노스페라투》 역시 이에 들지만, 무엇보다 벤자민 크리스텐센을 비롯한 북구영화들이 그 시작이다.

물론 좀비를 산송장으로 치환하면 뱀파이어에게 있어 아주 오래된 조상이 된다. 애초, 10, 11세기의 시체 이야기에서 출발하니까 말이다('좀비'라는 명칭이야 부두교와의 결합에서 기원하지만). 아무리 부풀리더라도 이 영화에 타란티노가 그런 의미까지 담았다고 볼 수는 없다. 차라리 로드리게즈 스타일을 만들기 위한 요소라고 봐야 하지 않을까? 사실 이러한 재기발랄함이나 장난기의 원인을 고려하는 편이 이해에 도움이 될 것이다. 사실 이 황혼에서 새벽까지의 제전 장면들은 타란티노가 애호하는 저질 영화들의 역사를 응축하고 있는데, 《펄프 픽션》에서부터 시작된 과거 캐릭터들 삽입들이 바로 그렇다. 조지 로메로George A. Romero,(1940~2017)의 《새벽의 저주Dawn of the Dead)》(1978)부터 시작해 B급 호러 영화(사실 고어영화에 가까운)들에 다양한 역을 소화한, 섹스 머신으로 나오는 톰 사비니Tom Savini, 월남에서 돌아온 외로운 늑대역으로 밑바닥 B급 영화 속의 스타였던 프레드 윌리엄슨Fred Williamson 등, 사실상 영화의 삶에서 사라져갔던 이들이다. 이들 자신에게 이 영화는, 자신들의 몸에 각인된, 하지만 이제는 사라진 육체를 다시 입는 기분이었을 것이다. 그들을 오랜만에 다시 보는 관객들에게도 마찬가지였을 것이고. 마치 '심령체-육체'corps-ectoplasme처럼, 다른 영혼을 몸에 입어, 잃어버렸던 차원에 진입하는 듯 말이다. 재미있게도 정말로 이 영화에서 이들은 뱀파이어의 영을 받은 자, 심령체-육체로 변해버린다!

배우들의 역사를 읽어, 그들을 새로운 차원으로 밀어 넣는 일, 영화사를 긁어와 다른 영화의 조각이 되게 하는 일, 꼭 뱀파이어 영화를 만들어서가 아니라, 타란티노는 이처럼 다양한 차원이 뒤범벅된 '영화'

를 개척해 나갔다. 그런 점에서, 할리우드의 과거라는 유전을 캐어, 석유를 긁어내는 타란타노는 진짜, 영화감독이기 전에 무엇보다 열정에 가득 찬 문화사가이다.

4. 존재하지 않는 공ball—《Blow-Up》

타란티노는 그런데 왜, 뱀파이어에 관한 거의 모든 것을, 비록 장난기 어리기는 하지만 비속어식으로 내뱉자마자 바닥에 주저앉아 버리는 언어들에까지 담아내면서도 정작 아주 중요한 항목은 다루지 않았을까? 하지만 이점도 역시 이 영화가 장난으로 만들어진 것이 아니라는, 혹스과의 할리우드 영화처럼 보이긴 하지만 그를 추구한 것은 아니라는, 나름대로 생각이 있는 진지한 재현이라는 사실을 말해주는 부분이라면 지나친 평가일까?

뱀파이어는 인간의 영혼을 혼미하게 하고, 병들게 만듦으로써, 셀마 헤이약이 말한 대로 노예화slavery시킨다. 물론,《황혼에서 새벽까지》에서의 뱀파이어 왕녀, 셀마의 태도는 아니다. 셀마는 하이힐로 클루니의 가슴팍을 밟고 있고, 위에서 그리 찍어 누르며 압제자의 모습으로 말한다. 그러나, 애초 뱀파이어는 이런 방식으로 사람을 압제하지 않는다. 더 깊고, 더 몽환적인데, 언제나 최면에서 시작한다. 《노스페라투》를 보라, 자신의 건물에서 양손을 들고 창가에 나와 건너편 건물의 엘렌에게 최면을 건다. 그녀가 일어나 창문을 열고 자신을 들이기를…. 물론, 이 최면은 근접거리에서만 작동하는 것이 아니다. 백작이 아직 트란실바니아에 머물고 있을 때, 같은 시각에, 엘렌은 갑자기 몽유병 환자처럼 일어나 테라스의 담장 위를 걸어 다니는 등, 정상적이지 않은, 사로잡힌 자로 보일 행동들을 보였다. 그러니까 이 최면은 뱀파이어에게 있어 가장 핵심적인 사항이다. 그런데 왜 타란티노는 이를 완전히 배제한 것일까?

우리는 뱀파이어/악의 문제가 결국 차원의 충돌이며 경계면의 문제라고 말했다. 게다가 이미 앞서 움직이는 이미지가 던져지는 스크린 역시, 이 경계면이라고 하면서 '영화'와 뱀파이어 간의 묘한 인접성을 얘기했다. 차원들이 충돌을 넘어 침투하고 경계면을 으스러뜨리면서 상대에게로 미끄러져 들어갈 때, 벌어지는 것이 바로 지각의 교란이다. '영화'를 먼저 말하자. 우리 몸은 현실 안에 있는데, 따라서 이 몸을 의식하는 지각은 현실적 지각이다. 그런데 영화가 시작되면, 그러니까 '영화'가 작동하면 우리의 몸은 눈을 따라 스크린의 경계면 안으로 미끄러져 들어간다. 이때 이전까지 소파에 붙박혀있던 몸에 대한 현실적 지각은 어떻게 되는 것일까? 이 현실은 스크린 안에도 있는 또 다른 현실로 치환되고, 그에 따라서 우리의 현실적 지각도 그 세계로 미끄러져 엉망이 된다(애초의 현실적 지각에 비한다면). 몸은 객석에 있으되 그 몸을 의식할 수 있는 모든 것이 스크린 안에 들어가 있기 때문이다. 여기서 우리가 영화들에서 흔히 보는 장면을 겹쳐보자.

상담의가 우리를 빤히 쳐다본다. 그리고 그는 구슬이거나 손가락, 그도 아니면 자기 눈을 보라면서 우리 의식을 한 곳으로 몰아간다. 그러고는 어느 순간, 우리는 더 이상 상담 소파를 지각하지 않으며, 그가 유도한 기억 속으로, 혹은 환몽 속으로 넘어간다. 몸은 상담 소파에 늘어져 있는데, 또 다른 몸이 입혀져 다른 세계, 하지만 여전히 현실인 그 안을 돌아다닌다. 이 상담의의 자리에 '영화'를 가져다 놓자. '영화'는 우리에게 영화를 제시한다. 그러고는 서서히, '영화' 역시 상담의처럼 일정한 카운트를 통해서 우리를 끌어들인다. 빨려 들어간 우리에게서 벌어지는 일이 무엇이던가?

생전 본 적도 없고 존재도 입증된 바 없는 뱀파이어를 진짜라고 여기고 보는 내내 가슴을 졸인다(물론 이런 뱀파이어는 더 이상 스크린에 등장하지 않지만). 존재의 가능성이 있네, 뭐네 하지만 공식적으로 본 자는 없는 외계인을 만나 싸우든 교감하든 직접 몸으로 그 존재를 수용한다. 더구나 일생에서 단 한 번도 가본 일이 없는 심우주에서!

또한, 때때로 우리는 최면술사 이상이 된다. 그 어떤 최면술사도 최면당한 자의 기억 안으로 자기 의식을 지니고 들어가, 그가 어떤 감정인지, 심리인지 느끼고 경험해 볼 수가 없다. 하지만 영화에서 보라, 우리는 안소니 퍼킨슨Anthony Perkins(1932~1992)이 지금 어떤 당혹감을 지니고 있으며, 어떤 병리적인 생각에서 그 일을 벌이는지 죄다 파악하고 해석해 낸다(《싸이코Psycho》, 1960). 심하면 반대일 수도 있다. 캐릭터가 내 몸 안으로 밀려들어, 내 의식과 지각을 조종한다. 마치 내가 영매가 되어버린 듯 말이다.

이것이 '영화'가 영화들을 통해서 하는 일이다. 물론 어느 순간부터,

이용법을 파악한 뒤부터 이 관계는 역전되었다. 영화들이 '영화'의 힘을 이용해, 급기야 '영화'를 내던지고 완벽하게 스크린을 장악한다. 그리고 한번 이 법칙을 깨닫게 되자, 오로지 그 길로 나아가려는 욕망을 품는다. 이미 말하지 않았는가, 영화는 매번 욕망을 꿈꾼다고.

이것이 할리우드고, 그보다 더 넓은 수준에서는 상업적인 장치 안에서 움직이는 영화들이다. '영화'가 이쯤되면 자신의 존재를 증명하기 위해 무엇을 하겠는가? 자신이 '영화'라고 주장하는 수밖에 없으며 영화들이 자신의 몸을 빌어 쓰고 있다는 사실을 알리는 수밖에 없다. 그러기 위해서는 어쩔 수 없이 스스로를 빛 아래 내보이는데, 보는 이들에게 '나는 '영화'다'라는 사실을 버젓이 드러낸다. 이것이 모던 시네마이다. 자기 스스로의 가면, 정확히 말하면 영화들이 자신에게 씌운 가면을 벗어버리는 일. 그래서 이런 종류의 영화들은 익숙지 않고, 생경하며, 자꾸 스크린 안으로 밀착하려는 우리를 밀어낸다. 나는 '영화'로 만들어진 한 편의 영화일 뿐이다를 주장하고 증명하기 위해서, 가뜩이나 있는 생경함에 또 다른 생경함을 더하기까지 하는데, 너무나 '진짜 현실'을 보여준다. 영화와 관계없는 사람들이 지나가다 영화를 찍고 있다는 것을 구경하려고 카메라를 쳐다보며, 여과 없이 상영관의 스크린에 투영되기까지 한다. 그런 나머지, 대체로 지금, 당대, 우리를 다루며, 서사를 위한 문장으로 포장되기보다는 녹음 상태까지도 이따금 침범할 정도로 통제되지 않은 촬영 상황의 현재/현실을 고스란히 드러낸다.

결국 뱀파이어가 하는 일이나 '영화'가 하는 일이나, 극단까지 몰려 모던 시네마처럼 자신을 다 던지고 내어 보이는 지경에 이르지 않는 경우, 꼭 같다. '자신'을 지우고 은밀하게 이것은 너의 현실이며 네 욕망이고, 너 자신이라는 것을 주지시킨다. 그 고리 안에서 자신은 자연스럽게 우리의 의식 안으로 침투해서 마음대로 쥐락펴락하니까. 노예화slavery도 꼭 같은데, 하나는 생명을 앗아가는 일이고, 다른 하나는 잠시 현실을 미적/서사적 경험으로 가져다 놓는다. 그러니까 이 최면에 대해 말할 때, 그것이 영화를 통해 나아갈 문제라면, 진지해지지 않을 수 없다. 뱀파이어와 인간의 만남, 거기서 빚어지는 일을 다루는 데 있어서 최면은 타란티노에게는 진지한 문제였을 것이다. '그것까지 다룬다면 지금 황혼에서 새벽까지라는 내가 고수하려고 하는 주제는 망가지는데?', 왜? 그것까지 다루면 이야기는 황혼에서 새벽까지가 아니라 버젓한 대낮까지 나와야 하기 때문이다. 게다가 그 순간, 뱀파이어가, 타란티노의 방식에서는 자신의 정체를 죄다 드러내지 않을 수 없다. 갑작스레 문제의 성질이 바뀌어버리고, 경쾌했던 영화가 난데없이 진지하며 심리적인 영역으로 들어가지 않을 수 없다는 말이다.

왜냐하면, 최면은 '영화'에게 있어 아주 진지한 성찰이기 때문이다. 그래서 뱀파이어와는 전연 상관도 없지만 크게 보아, '영화'가 하는 일이라는 측면에서, 오직 그 측면에서만 밀접할 수도 있는 이야기를 하나 풀어보자. 가만히 앉아서 음미하듯 보지 않으면 영 생뚱맞고 어색하고 무언가 빠진 듯한, 미켈란젤로 안토니오니Michelangelo Antonioni(1912~2007)의 《블로우 업Blow-Up》이다.

*

여기, 한 사진작가가 있다. 이 자는 광고사진을 찍는다. 그 방면에서 아주 잘 나가는 사람으로 언제나 바쁘게 산다. 왜냐하면 광고사진 일로부터 쉴 때면 그는 사진의 또 다른 차원, 현실을 생생하게 포착하는 작업에 몰입하기 때문이다. 이러나저러나 그에게는 한가함이란 없다. 그런데, 영화가 진행되려니, 그런 그가 모처럼 한가하게 빈 시간을 얻는다. 그는 마침 옆에 있는 공원으로 카메라를 가지고 들어간다. 나무를 찍기도 하고, 비둘기를 찍기도 하고…. 무료하다. 사진작가는 눈으로 무언가를 쫓고 포착하는 일을 한다. 그러니 여기에서 무료함은 '대상이 없다'이다. 공원의 언덕으로 오르기 시작하는데, 거기서 더 이상 무료하지 않은 일을 만난다. 주시할, 아니, 사진으로 담을 대상을 만난 것이다. 사실, 여기에 이르기까지 영화에는 두 번의 차원의 걸름이 있었다. 이야기를 계속 이어가기 전에 아주 중요하므로 먼저 언급해 두자.

영화가 시작되면, 우리는 정신없이 얼굴을 광대로 치장하고 떠들어대며 경박하게 행동하는 무리를 만난다. 그 무리는 왁자지껄 차에 올라 돌아다니는데, 경적과 환호성만 있다. 그러다 어떤 장소에 멈추고 계단을 따라 몰려 내려간다. 이 부분, 그들의 시작은 아주 현대적인 도시이다. 하지만 계단을 따라 내려가서부터는 사진작가가 등장하고 사건이 벌어지는 고풍스러운 건물들의 구도시로 바뀐다. 물론 단지 어디서 어딘가로 갔을 수 있다. 하지만 이후, 이 광대들은 주인공을 한번 마주치고 지나더니 서사의 맨 끄트머리까지 다시는 나오지 않는다. 관객들에게 영화의 시작은 당연히 광대들의 등장부터이다. 하지만 정말 그럴까? 전통적으로 우리에게 영화의 시작은 서사가 시작되고 난 다음부터 아닌가? 서사는 캐릭터들이 있고, 그들이 캐릭터가 되는 까닭은 서사가 지닌 서사적 근거에 맞는 인물들이기 때문이다. 설령 그저 거리를 건너가는 임의의 불특정한 행인을 담는다고 할지라도 말이다. 거기가 행인이 그렇게 평범하게 다니는 거리여야 해서 보여준 것이니까….

하지만 말하자면 이 광대들은 서사 어디에도 끼어들지 않는다. 끼어들 듯이, 마치 행인처럼이라도 아무튼 끼어들 듯이 주인공과 마주치고 시끄럽게 떠든 뒤 사라져 버리고 만다. 그러니까 행인도 아니고, 서사적 장치도 아니고…. 오직 주인공과의 빗김 뿐이다. 그러니, 이 존재들은 전통적 서사의 캐릭터가 될 수가 없다. 그런데 그자들이 영화의 시작을 열었다. 즉, 전통적 의미의 서사영화가 계단 아래쪽에서 시작하는데, 이들은 우리가 보러 온《블로우 업》이라는 영화와는 전연 상관없는, 그저 영화 앞에 놓인 영상이다.

두 번째 걸름은 보다 정교하다. 공원에 들어가기 전과 공원 안이다. 아니, 보다 정확하게 말하면 공원에 들어가기 전과 들어간 이후 전체이다. 지극히 평범한, 우리가 아는 방식의 영화는 사실 공원 이전까지이다. 그러니까 광대들의 계단 장면에서 공원 입구까지가 있고, 그 이후가 있다. 광대들이 등장한 장면들과 그들이 영화 안으로 들어가는 장면(서사의 무대 안으로)의 가름이 있고, 다시 그 이후부터 공원 진입까지의 가름이 또 있다는 말이다. 그리고 이 두 번째가 정교한 이유는 여기에는 어정쩡한 간섭자 광대 같은 무언가가 있는 것이 아니라 사진작가에게서 변별되는 지점이 있기 때문이다. 앞에서 내가 '영화'의 작동이 뭐라 했던가…. 우리는 캐릭터의 의식과 심리를 파악하고 해석하는 상태에 놓인다고 하지 않았던가? 대체로 영화는 우리를 캐릭터 안으로 들어가게도 하지만 그 캐릭터에 대한 다양한 논평의 시선들도 제공한다. 때로는 다른 캐릭터의 입장에서, 그리고 서사에서 가장 폭력적인 또 다른 시선에서…. 곧 모든 것/정황을 파악하는 전지적 시점 말이다. 그저 객관적 정황을 보여주는 카메라의 시점으로 보는 이도 있으나 천만에, 그런 시점조차 사실 서사 전체의 주제를 총괄하는 데 있어서 역할을 담당하지 않는가? 인물의 시선이 아닌, 그 인물들을 보여주고, 상황을 기록하는 이 시점은 그래서 어떤 트릭을 쓰던지 결국에는 전지적 작가 시점이고 이에 의해서 우리는 인물의 정체와 특성, 사건의 정체와 방향을 파악하게 되는 것이다. 그런데—

공원 전까지 영화는 평범하게 진행된다. 정확히 말해 전통적 방식으로 이어져 왔다. 그런데, 공원 안에 들면, 이제 카메라는 더 이상 인물 안으로 파고들지 않는다. 좀 전에 말했던 객관적 위치에 가 있는데, 이번에는 진짜 객관적 위치이다. 인물들 모르게 우리로 하여금 슬쩍 정황을 파악하게끔 놓인, 인물에 대한 논평을 담은 객관이 아니라 정말로 아무 상관도 없다는 의미에서 객관이다. 그러니, 우리는 정황과 인물의 관심과 관심의 의미조차 전혀 파악할 수가 없다. 마치 이야기가 있고, 이 카메라는 단지 여기 놓여서 그것들을 보여줍니다, 하는 식이다. 그 결과, 이제 멈춘 부분으로 다시 돌아가 보자.

그 결과, 우리는 사진작가가 발견한 대상이 무엇인지, 왜 관심을 두는지 전혀 알지 못한다. 말하자면 데이트하는 남녀인 것은 보았는데, 그 이상 정보가 없다. 거리는 엄청나게 떨어져 있고, 사진작가는 이편에 있다. 그런데 사진작가로서 관심의 증표인 사진찍기에 집중한다.

행여 남녀에게 들킬까 몸을 숨기기까지 하면서…. 정말 웃긴 장면 하나는 그렇게 해서 몸이 숨겨질까 하는 정도로 서사에 대해서 불충실하다는 점이다. 하지만 이것은 초라한 미장센은 아니다. 대개 TV드라마에서 보이는 것처럼 말이다. 누군가 누군가를 몰래 쫓고 있다. 그 경우, TV드라마는 모든 것을 이야기의 설정에 맡겨 버린다. 몰래 쫓는다고 선언했으니, 시청자들은 그렇게만 볼 것이다 식으로, 버젓이 들킬 정도의 행동과 거리에서 보여준다. 그래서 나는 이런 경우, 탤런트들이야말로 정말로 연기를 잘한다고 여기는데, 버젓이 눈에 보이는 데도 잘 숨어있는 것처럼 연기하며 상대자도 그렇게 설정하고 행동한다는 것 때문이다. 이것은 의도도 아니고 실수도 아니며, 그저 TV연출가들의 서사 작동에 대한 무지이다. 이런 이유로 나는 거의 평생 TV드라마를 안 봤으며 안 봐도 이미지를 이해하는데 전혀 탈이 없었다.

하지만 여기서는 이미 차원이 공원 안으로 들어가면서 바뀐 셈인데, 더 이상 전통적이지 않겠다는 일종의 의도이다. TV드라마의 예와 비슷하지만, 의도의 측면에서 완전히 다르다. 어쨌든 결국 들킨다. 이 역시, 들켰다는 사실 관계로만 파악하지, 어떤 것이 들킨다는 긴장과 연기의 밀도를 동반한 당혹 등이 전혀 보이지 않는다. 이점 역시 여러분이 의식해 두어야 한다. 이를테면, 만일 할리우드의 일반적 영화였다면, 이 들킴이 어떻게 구성될지 생각해 보면서 말이다. 즉, 이 영화는 의도적으로 '그처럼 구성될 것이다'라는 일반론을 완전히 배제한다. 어디부터? 공원에 진입하면서부터….

먼저 들켰다가 될 뿐, 거기까지 이어질 긴장의 조성 따위는 없다. 그냥, '어, 들켰네!', 그리고 또 의미 없는 일이 계속된다.

여자가 남자에게 쫓아와 따진다. 왜 사진을 찍느냐고! 이런저런 얘기가 오간다. 여자는 사진을 달라고 하고 남자는 능글맞게 답을 돌리고…. 그러다 갑자기 여자가 과하다 싶을 정도로 반응하더니 이윽고 남자의 손에서 사진기를 가져가려 물려는 동작까지 취한다. 남자가 '왜 이렇게 구냐(서두르냐)', 하는 것은 당연하다. 이것도 살짝 안 어울리는 부분인데, 대체 뭣 때문에 이 정도인지가 도무지 알 수가 없다. 물론, 어떤 영화들은 일부러 뒤로 유보하기도 한다. 당장 감각적으로 충격을 먼저 주고 이해시키기 위해서. 하지만 안토니오니는 정말이지, 진짜 당최 보여주지 않는다. 먼저 저지르고 후에 몰아치는 장치로 기능하기에는 너무나 먼, 한참 뒤에야 이유를 알게 한다. 아무튼, 여자가 더 이상 어저찔 못하고 있더니, 돌아보자, 자신과 데이트하던 남자가 보이지 않는다. 그러자 갑자기 사진작가에게서 떠나 남자를 찾으러 간다. 사진작가는 그녀의 뒷모습을 다시 한번 담고…. 여기까지였다 공원의 해프닝은….

우리가 뭐 이 영화를 자세히 분해하려는 것은 아니므로 그 외에도 말할 것이 수두룩하지만 넘어가자.

사진작가는 이후, 공원에서 나온 후, 자신의 삶을 산다. 우선 자신의 직업대로, 사진을 찍는다. 광고사진을 찍는데, 이 경우 사진작가의 손에 들려있는 카메라는 단지 포착이 아니다. 공원에서는 오직 포착이었던데 반해, 여기서는 구성이며, 가짜이다. 왜냐하면 애초 아름다운 것이 아니라 아름답도록 만들어진 대상에게서 아름다움을 끄집어내는 일이다. 그러니까 여기서 사진의 가치는 작가의 의도와 대상이 만나는 정점을 잡아내는가 아닌가의 여부로 결정 난다. 이 과정, 그 자체로 예술의 한 부분이다. 인위적으로 아름다움을 구성하고 정점을 그려내는 일 말이다. 자신의 스튜디오인데, 모델을 음악과 함께 흐느적거리면서 이런저런 포즈를 취한다. 사진작가는 바짝 붙어서 셔터를 눌러대는데, 이따금 환호성을 지른다. '굿, 굿, 베리 굿, 그레이트 !'

이 아름다움은 철저하게 구성된 것이고, 따라서 인위적이다. 보라, 다음 작업에서 여러 모델을 데리고 같은 개념의 광고사진을 찍을 때, 어느 순간, 작가가 화를 낸다. 모델들은 사실, 전혀 잘못한 일이 없다. 그들은 애초 시킨 대로 하고 있다. 그러나 작가는 정신 차리라고 짜증을 낸다. 하지만 달라진 것은 모델들이 아니라 자신이다. 방금 그는 사진기의 위치를 옮겼다. 그러니까 자기 문제이지, 대상의 문제가 아니다. 이 '예술'은 그러니까 자신의 엄청난 정신적 긴장을 동반한다. 주어진 것 안에서 아름다움을 구성해 내는 일이기 때문이다.

그러나 곧바로 '예술'의 또 다른 의미가 다루어진다. 이 사진작가는 직업적 작업 다음, 자기 매니저 겸 갤러리 주인을 만난다. 거기서 그는 방금까지 자신이 했던 일과는 완전히 다른 사진을 들이밀며 또 다른 감탄사를 뱉는다(판타스틱). 노숙자 합숙소에 침투해 거기서 찍은 사진들이다. 포착인데, 연출되지 않은, 시간 속에 지나가는 어느 정점에 포착된 현실이다. 그러고 보니 우리가 아주 중요한 장면에 대한 설명을 빼놓은 듯하다. 광대들이 계단 밑으로 내려간 뒤, 일단 그들 장면이 완전하게 컷팅된다. 서사 영화로 돌입하는 장면은 어느 합숙소를 빠져나오는 일군의 노숙자들로 넘어간다. 여기에서 주인공은 그들 사이에 있는데, 마치 다큐멘터리처럼 일정 기간, 완벽하게 그 사실을 무시한다. 그러니까 일부러 안 보여줬다기보다, 실제로 찍힌 것처럼 다루어진다.

그러다 주인공이 갑자기 주목되고, 그다음부터 주인공을 카메라가 따라간다. 처음부터 영화는 일반적인 공식, 우리에게는 할리우드로 익숙한 그 전개를 따르지 않은 셈이다. 매니저를 만난 장면에서 작가가 내민 사진들은 바로 영화에 다뤄지기 전의 서사, 합숙소에 들어간 뒤에 그 안에서 찍은 사진이다. 이 장면, 특이한 바는 없는데, 영화 서사가 시간을 처리하는 방식의 독특함을 보여주는 것은 사실이다. 즉, 서사가 선형으로 진행하고 있는데, 갑자기 되돌아가, 서사 자체 이전에 벌어졌던 것을 이처럼 다루는 것이다. 이 장면은 안토니오니 감독의 역량과는 상관이 없다. 많은 영화에서 이렇게 다루며, 그럴 경우, 끼어든 과거사는 현재의 서사적 진행에서 맥락을 지니게 된다는 자연스러운 이음이다. 하지만 시간을 이렇게 다룰 수 있는 도구는 오직 '영화', 영화이기 전에 '움직이는 이미지'로서의 '영화'라는 사실을 알아야만 한다.

매니저에게 사진을 보여주고 이러저러한 한담을 나눌 때, 주인공에게 잊혔던 사건, 갑자기 상당 시간 동안 외면하고 마치 지나가 버린 듯이 취급했던 주요 사건으로 되돌아간다. 누군가 자신을 감시하는 듯한데, 까짓 안토니오니는 이것이 감시였을 수도 있고, 아니면 그처럼 관객에게 보일 뿐인, 상관없는 장면일 수도 있다는 식으로 다룬다. 이 역시 이 영화의 중요한 전략이다. 이 전략의 실체는 좀 후에 말하자. 어쨌든, 그렇게 주인공은 매니저와 헤어져 자신의 스튜디오로 돌아온다. 그런데 그때 갑자기 사진을 뺏으려 손을 물어뜯을 양 굴었던 여자가 그의 스튜디오 앞에 나타난다. 아니, 어떻게 알고?

그래, 아주 중요한 문제이다. 공원 전과 공원 후를 가르는 의미니까. 공원에서 남녀를 찍게 되는 이유부터 지금까지 마찬가지이다. 관객은 서사 안의 주인공과 꼭같이, 도무지 정황을 모른다. 관객은 계속 주인공이 이해하고 아는 범주만 알게 될 뿐이다. 그러니까 결국 주인공에 몰입해서, 그 주인공을 간파하고 생각하게 해주는 역할의 장면들과 함께 서사의 내막을 파악하는 일반적인 영화들과는 바로 이 지점에서 완전히 갈리는 영화인 것이다. 이렇게 전개되니 내내 뭐가 뭐야, 하며 따르게 되고, 영 일반적인 영화 같지 않아서 심리적 거리를 두게 된다. 혹, 주인공과 같은 궁금증으로 따라가게 되었다면 흥미진진하겠지만 말이다. 드물다. 어떤 영화에서 이처럼 그 안의 누구도 아는 자가 없는 체, 나오는 인물들과 관객들이 완벽하게 꼭 같은 벌어진 일과 벌어질 일에 대한 무지의 입장을 취하게 되는 일은…. 말로만 이처럼 쓰면 전통적인 '영화'의 힘의 이용과 별반 다를 바가 없다. 우리를 영화 안에 몰입시켜 주인공의 관점과 이해를 따라가도록 만드는 일 말이다. 하지만 그 일반적인 서사는 서사의 끈을 따르기 위해서 그 힘을 이용한다. 감정 이입되고 몰입하도록 꾸미는 게 일반적으로 '영화'가 하는 일이다.

하지만 여기서는 몰입해서가 아니라 그저 같은 상태에 이르러서이다. 달리 말하면, 주인공과 꼭 같은 현실 속에 관객들도 던져진 것이다. 왜 이런 일이 벌어지는지 아무것도 모르는 그 상태로…. 다시 한번 전통적 영화에 대한 이해를 돕는 말을 하면, 아무것도 모르는 상태는 대체로 캐릭터의 연기 때문에 벌어지거나, 서사적 트릭을 위해 발생한다. 하지만 여기서는 서사 때문에 주인공이 모르는 척 연기하는 것이 아니다. 실제로 그러한 일이 벌어졌을 때처럼 그는 그저 반응해 갈 뿐이다. 그래서 관객인 우리가 같은 상태가 되는 것이다. 주인공이 나름대로 해석하고 간주하는 어떤 것도 없이, 무지의 상태에서 전개되므로….

여자가 나타났을 때 주인공의 반응과 관객의 반응은 정확히 일치한다. 어떻게 알았지?

이 영화를 파리에서 한참 후에 재상영하는 어떤 기회에 극장에서 봤을 때, 이 장면 때문에 옆 사람(모르는 관객)에게 슬쩍 질문을 받은 일이 있다. '내가 잠깐 졸았는데, 아까 남자가 여자에게 (주소를) 가르쳐 줬나요?'

행여 여러분이 아무리 생각하고 돌려봐도 소용없다. 어디에도 그런 일은 없었으니까.

웬걸, 여하간 여자가 답하지 않으며, 남자도 더 이상 추궁하지 않는다. 둘은 안에 들어가서 묘한 상태에까지 서로에게 접근하며, 공원에서 찍은 사진 문제로 다시 돌아간다. 그리고 여자가 사진을 원하므로 남자는 암실에 들어가 사진을 갖다주려 한다. 하지만, 영 궁금하지 않은가? 자신이 찍은 사진이 뭐가 그리 중요하다고 이렇게까지 했을까?

남자는 다른 필름을 가져다주고 여자의 전화번호를 받는다. 그리고 여자가 가고 나자, 사진을 인화한다. 아, 정말이지 영화사에서 가장 빛나는 장면들 중 하나가 줄기차게 펼쳐진다.

인화는 세 번에 걸쳐 이루어지는데, 정확히 '사진'이 지닌 개념대로 진행한다. 롤랑 바르트Roland Barthes(1915~1980)와 상관없는 상태에서 안토니오니는 롤랑 바르트가 지적했던 사진의 정체성을 고스란히 따라간다. 롤랑 바르트는 사진이 현실과 유리된 것이 두 가지 수준/두 차원이라고 했다. 하나는 공간이다. 사진은 프레임 안만 있으므로 그것이 있던 현실로부터 그만큼 잘라내지게 마련이다. 두 번째는 시간인데, 당연히 사진은 그 순간만을 포착해, 앞뒤의 시간적 분포를 알지 못한다.

첫 번째 인화에서, 사진사는 자신에게 닥쳤던 사건의 시간 순서대로 사진을 배열한다. 상황을 재구성하기 위해서이다. 과정은 다음과 같다. 두 장을 인화했는데 영 부족하다. 그래서 잠시 딴짓하더니 다시 사진에 몰두한다. 이 행위, 이 작가가 벌이고 있는 것이 추정치라는 사실을 분명하게 보여준다. 남녀가 포옹하고 있는 장면 두 장이었는데, 아무리 봐도 별것이 없어, 두 번째 사진을 부분 확대해 본다. 여자가 포옹 중에 뒤편 숲 쪽을 쳐다본다. 하지만 그쪽을 아무리 쳐다봐도 별것이 없다. 사진사만이 아니라 관객인 우리에게도 마찬가지이다. 결국 미상의 행위들로 돌아간다. 불특정하며, 시간을 소비하는…. 관심을 거둔 것이다. 하지만, 이 과정에서 기가 막힌 미장센이 나타난다. 앞서 걸어 놓은 두 사진 뒤쪽에서 사진들 사이의 공간으로 스튜디오 안에서 움직이는 사진사를 잡는다. 그래, 사진 두 장이 있다. 그 둘의 '사이'는 존재하지 않는다. 앞의 것과 뒤의 것 사이의 관계를 추정하고 잇는 일은 보는 자의 몫이다! 간단하지만 그만큼 깔끔하게 사진의 개념과 관객, 관람객의 상태를 설명해 낸 미장센이다.

그 두 장 사이에서 사진을 다시 작가가 쳐다보더니 돋보기를 들고 접근한다. 다시 자세히 보니, 여자가 쳐다보는 쪽에 무언가가 있는 듯하다. 그래서 이번에는 그 부분을 확대해 가져온다. 이것을 벽에 거는 장면, 바로 롤랑 바르트가 말했던 현실과 사진의 괴리를 메꾸는 방식인데, 공간적으로 재구성한다. 그런데, 확대한 사진에는 아무것도 없다.

다시 말하지만, 주인공이나 우리나 마찬가지이다(이 사진을 봤다는 사실을 잘 기억해 두라. 주인공이 봄에 따라 관객인 우리도 분명히 봤다!).

결국, 주인공은 지금까지 파악한 그 단계에서 사건을 재구성한다. 그러니까 자신에게 벌어졌던 대로의 시간적 구성을 꾀하는 것이다.

둘이 데이트하는 장면을 찍었다 → 여자와 남자가 놀라더니 → 여자가 와서 사진을 찍지 말라고 했다. 이유는? → 나이를 훌쩍 먹은 남자와의 데이트….

아, 이런 어처구니없음이라니, 기껏 불륜 때문에?

놀라운 것은 이렇게 말로 설명한 내용을 안토니오니는 영화 안에서 말 한마디 없이 보여주는 것으로 관객에게 이해시킨다는 점이다. 아니 사실은 안토니오니는 이미 그렇게 작동하도록 오래전에 조절해놓았다. 이 주인공의 상태대로, 꼭같이 관객들도 따라간다. 그러니, 주인공이 이해한 내용이, 그의 눈과 손짓을 따라 그만큼만 관객에게 들어오는 것이다.

그래서 불륜 때문에 여자가 염려한 것이니까 사진을 돌려주려 했을까? 여자에게 받은 번호로 전화를 건다. 당연히 꽝이다. 제길!

그런데 바로 다음 장면에서 허탈감에 확대한 사진을 쳐다보던 남자가 뭔가를 발견한다. 그런데 이상하다. 이 사진, 아까도 주인공과 관객인 우리가 분명히 봤던 것이다. 뭐가 다른 점을 발견하게 했을까? 새로운 관심, 새로운 주목이다.

확대한 사진을 부분을 잡아 확대한다. 그래, 애초 '블로우 업'은 단순한 확대를 부르는 명칭이 아니다. 이미 인화된 사진에서 어떤 부분을 재차 찍어, 그 부분을 확대하는 행위를 일컫는다. 그러니까 애초 사진으로부터의 확대, 부풀림, 그만큼 모호해짐. 그런데 롤랑 바르트를 들어 이미 말했다. 어떤 사진이든, 이미 당시의 현실로부터 두 차원에서 괴리되어 있다고, 공간, 시간…. 그 때문에, 이 부분이 안토니오니의 탁월함인데, 롤랑 바르트는 말하지 않았던 가장 중요한 세 번째 괴리가 다루어진다. 공간과 시간적 구성을 담지 않으니, 그 사진의 인과관계가 영 파악되지 않는다!

보라, 여기까지, 작가는 추정치에서 인과관계를 재구성할 뿐, 실재는 자꾸 달아나고 있다. 그런데, 이번에는 뭔가 실재에 다가간 듯하다.

확대해 보니 놀랍게도 총이 있었다. 영화가 놀라운 장면으로 이어진다. 바로 새로운 인과 관계 — 역시 말도 없고, 설명도 없고 인화된 사진들만을 쫓는다. 그런데, 여러분은 의식할까나? 여기 도저히 있을 수가 없는 것이 함께 흐른다. 이곳은 스튜디오인데, 사진을 주욱 보여줄 때, 소리는 바로 사진에 담긴 공원의 당시의 자연음이다. 바람 소리, 가지 날리는 여린 소리….

먼저 데이트 중인 두 남녀, 그다음 데이트의 다른 장면, 작가가 차례차례 인화한 순서대로, 그다음에는 확대된 포옹 장면에서의 여자의 다른 방향 주시. → 여자가 바라보는 쪽의 사진 → 확대된 사진, 총 → 여자가 놀라서 사진사를 쳐다보는 장면 → 남자의 모습 → 다시 사진사를 쳐다보는 여자의 클로즈 업 → 여자가 쫓아와 찍지 말라고 말리는 장면(이 이후에 사진사에게서 뺏으려 했었다) → 남자는 이미 공원에 없고 멀리 여자가 달려가던 중의 모습 → 그 확대, 여자의 멈칫한 뒷모습

그러니까 굳이 설명하면, 남녀가 데이트를 하는 중에 숲 속에서 권총이 나타난다. 그때, 여자가 사진사가 있다는 사실을 알고는 당황하는데, 남자를 죽이려 한 것이기 때문이다. 여자는 사진사에게 와서 사진을 달라 하다가 달아난다. (이 모든 것을 또 강조하지만 주인공도 보고,

관객인 우리도 봤다! 반드시 기억해두자.)

이번에는 남자가 매니저에게 전화를 건다. 정말로 기가 막힌 일이 벌어졌는데, 살인을 기도했고, 자신이 막았다고 흥분한다. 그러나 매니저는 관심이 없었는지 통화가 끊겨 버린다. 그때 누군가 와서 스튜디오 벨을 눌렀다. 나가려는 중에 남자는 여자의 사진을 쳐다본다. 여자가 왔다고 생각하는 것을 이처럼 표현했다.

문을 열어보니, 영화 초반에 모델이 되고 싶어 왔던 두 소녀이다. 이 소녀들과 구질구질한 일이 벌어지고…. 그 와중에, 사진사는 다시 사진에 주목한다. 아, 이때 또 등장하는 그 미장센, 사진의 뒤편에서 쳐다보고 있는 자를 잡는…. 한 장의 사진은 아무것도 아니다. 현실로부터 완전히 공간과 시간에 있어 괴리되어 있기 때문이다. 따라서 그러한 사진들을 보며 달아난 것, 포착되지 않은 진실, 현실을 추상하는 것은 바라보고 있는 자이다. 그곳은 그저 벽이고 사진이 연장되지 않는 다른 면인데…. 즉, 사진과 사진 사이는 사라지고 없는, 흘러간 것인데….

소녀들을 서둘러 보내고 당혹감에 젖어 작가는 새로운 블로우 업을 한다. 아, 거기, 여자가 멈칫한 아래, 남자의 시체가 있다. 보라, 아까 내가 강조했다. 이 장면, 분명히 우리도 봤다는 점이다. 그때는 시체처럼 보지 않았다. 아무것도 없다고 여겼지. 그래서 살인을 막았다는 사진사의 말을 우리도 확신했다. 그런데, 같은 사진에 이제 다시 보면 시체가 누워 있다. 이미 말하지 않았는가? 보는 자의 주시에 따라서 사실이 아닌 어떤 것이 추상된다고!

여태껏 사진사는 직업의 가치를 따라 '사진'의 힘을 믿었다. 그렇기에 사진을 확대하면 거기 진실이 담겨 있을 거라고 믿고 여기까지 온 것이다. 그렇지 않았다면 사진을 왜 확대해 가겠는가? 그런데, 또 한 번의 경이적인 미장센.

남자가 죽었다는 사실을 파악한 사진사는 지금까지 벌인 온갖 나열한 사진 아래에 앉아 있다. 추상의 집에 둘러싸여 있는 것이다. 아니면 비로소 그 사실을 터득했는지도….

사진사는 그 누구도 안 하는 짓을 하는데, 직접 현장에 다시 가본다. 그 밤에?

그 밤에!

이제까지 자신이 믿고 있던 '사진'의 의미와 가치를 허물며—그러고는….

시체를 발견한다. 어둠 속에서….(내게는, 순전히 내게는, 마치 뱀파이어의 시체같이 창백하다. 이것은 전적으로 시쳇말이다!)

남자는 공원을 내려와 화가인 친구의 집에 간다. 아, 이 이야기도 마땅히 해야 할 듯하다. 영화 초반에 이 화가가 잠시 등장한다. 둘 사이의 또 다른 친구인 여성도 함께…. 이 화가는 추상화를 그리는데, 갑작스레 추상화의 개념을 작가에게 떠든다. 사진은 추상이 아닌 반면에 자신의 회화는 추상이니까. 애초 자신도 무엇을 포착하려는지 모르며, 그러다 마치 뭔가게 걸린 듯 따르게 된다는 것…. 그림을 가리키고는 '저 다리처럼'이라 말하지만 우리 눈에나 사진작가의 눈에나 전혀 다리처럼 보이지 않는다. 화가가 '다리'라고 했으니 막대기가 아닌 '다리'라 여길 뿐. 바닥에 놓여진 아주 거대한 또 하나의 점들이 찍힌 추상을 보여주는데, 도무지 맥락도 형상도 없다. 안토니오니는 이 작품에서 사진만 말하지 않는다. 이미지에 관계된 모든 것에 대해 암시하고 은

유하는데, 도처에서 번뜩인다.

아무튼, 자신이 발견한 것에 당황해서 찾아간 화가 집에서는, 화가와 여자 친구가 섹스하고 있다. 마치 버림받은 듯한 이 씁쓸한 처지. 더구나 스튜디오로 돌아오면, 누군가 와서 모든 것을 다 망가뜨리고 사진을 가져갔다. 황망함…. 그때, 미안함 때문인지 화가와 섹스했던 여자 친구가 찾아온다. 남자는 인기척에 숨었다가 친구임을 확인하고 나타난다. 그러고는 대화가 이어진다. 난처한 한 두 마디의 대화 후에 남자가 갑자기 말한다.

- 아침에 죽은 사람을 봤어.

- 어디서?

- 총에 맞아 죽었어. 공원에서…

- 확실해?

- 아직 거기에 그대로 있어.

- 누군데?

- 몰라 누군지는.

- 어떻게 된 건데?

- 몰라, 보지는 못했어.

- 못봤다고?

- 응.

- 경찰한테 안 알렸어?

여기서 놀라운 장면이 하나 또 나온다. 우리가 봤던 맨 마지막, 분명히 시체임을 가리킨 그 확대된 사진 하나가 남아있던 것이다. 남자가 말한다.

- 저게 그 남자야.

여자는 사진을 들고 한참을 들여다보더니 '이건 빌이 그린 그림 같잖아!'라고 말한다. 그러자, 남자가 '그래'라고 답한다.

우리가 보아 왔음에도, 사실 그 사진은 하나의 추상에 불과하다. 그래, 이미지가 구체라는 믿음은 관습적이다. 실은 언제나 사실과 괴리되어 있는 추상이다. 보라, 우리 믿음을 지탱하는 것은 이제 사진이 아니라 현장에 가서 본 시체이지 않은가?

여자는 떠나고, 작가는 이제 매니저에게로 가려 한다. 가는 길에 사진 사건의 여자를 발견하고 차에서 내려 쫓다가 음악 공연장에 들어간다. 기이한 장면인데, 록가수가 노래하고 있고, 관중들은 다들 그 가수만 쳐다본다. 사진작가가 그들 사이를 오가지만 누구도 시선을 돌리지 않는다. 어쩐지 작위적인 듯한 미장센…. 하지만 이제 남아있는 부분에서 전체를 마감하기 위한 장치이다. 다들 자신이 보고 있는 것만을 본다!

결국 여자를 놓치고 매니저에게로 왔지만 그곳은 마약질의 환각파티가 벌어져 있다. 누구도 제정신이 아니다. 단독 사진을 찍었던 모델을 거기서 다시 만나, 작가가 묻는다. '파리 간다며?'

그러자 모델이 답한다: '응, 나 지금 파리에 있어'

지각을 빼앗기고 다른 지각으로 대체된 자…. 이 장치는 놀랍게도 마지막으로 이어진다.

아침이 되고, 사람들은 이미 가고 없다. 작가는 다시 아침의 공원에 가본다. 그런데 거기 이제는 시체도 없다. 있는 것은 사진을 쳐다보고 있을 때의 바람 소리뿐이다. 작가는 허망하게 언덕을 내려온다. 그때, 드디어 광대들이 나타나는데 뜬금없다. 그들은 공원 안의 테니스장으로 들어가 테니스를 치기 시작한다. 말소리는 여전히 하나도 없다. 게다가 사실 라켓도 공도 없다. 장면 구성은 다음과 같다.

광대 둘이 테니스 경기를 시작한다. 주인공도 다가가 본다. 하지만 구경 중인 다른 광대들과는 거리를 둔다. 동행이 아니니까.

경기 중인 광대들의 행동에 따라 구경꾼들이 반응한다. 정말로 공이 있는 양, 이쪽저쪽 고개들을 돌려가면서…. 그러다 경기 중인 남자가 공을 잘못 쳐 벽에 튀기고 구경꾼은 공을 피한다(실제 공은 없다!). 이것을 보고 싱긋 웃는 주인공. 그러다 이번에는 잘못친 공이 사진작가 쪽으로 흐른다. 공을 주우러 온 여자가 작가를 쳐다보고, 작가는 이 터무니없는 게임의 법칙을 알겠다는 듯이 고개를 끄덕인다. 이때이다. 지금까지 아주 정적이던 카메라가 그때부터 공을 좇아 움직인다. 몇 번 랠리를 주고받더니 이윽고, 상대편 남자가 잘못 쳐, 사진작가 쪽의 담장으로 공이 넘어간다. 이 순간, 사진작가도 게임에 참여했는데, 담장을 넘는 공을 좇아 고개를 돌리고 있다. 카메라는 담장 바깥으로 나와 바닥에 통통 튀기는 공을 정확하게 같은 움직임으로 따라간다. 마치 진짜 공이 있는 것처럼…. 경기하던 여자가 사진작가에게 공을 주워달라는 신호를 보내고, 사진작가는 공이 있는 쪽으로 가서—

공을 들어 손으로 몇 번 통통거리더니—

그들에게 던져준다!

카메라는 오직 사진작가를 잡는다. 그때부터, 지금까지 소리는 오직 바람 소리뿐이었는데, 라켓에 맞는 공소리가 들린다!

아, 힘들다. 이렇게 우리는 글로, 한 시간 오십일 분의 영화를 보게 되었다. 그런데, 대체 이 영화가 왜 이 책에 끼어들지?

*

이 영화만큼, 자신의 아버지 '영화'가 하는 일을 뜬금없는 필름 누아르 서사에 담아 조목조목 풀어낸 예는 글쎄, 나는 지금까지 본 일이 없다. '영화'를 담다 보면 자못 진지해지거나, 애초 묵직한 소재와 걸린다. 게다가 스릴러 서사인 필름 누아르 쪽은 여간해서 '영화'를 담기가 힘든 법이다. 물론 그래서 줄거리만 그럴 뿐, 애당초 전통적인 공식을 안 밟았지만 말이다.

이 영화만큼, 회화와 예술, 사진, 그리고 영화에 대한 개념을 분명하게 담은 영화도 글쎄, 본 기억이 없다. 그러나, 그러한 미적 가치로 이 영화를 선택하지는 않았다. 이미 말했다. 하나의 측면에서 뱀파이어와 연관이 있다고…. 느슨하기 짝이 없긴 하지만 그 하나의 측면 자체를 본다면 그런 말은 할 수가 없다. 왜냐하면 회화나 사진, 예술의 개념보다도 이 영화 전체가 가장 집요하게 다룬 것은 바로 '이것이 '영화'이다'이기 때문이다. 바로 최면…. '영화'의 힘…. 이것이 마지막 광대들의 테니스 장면을 통해서 전체적으로 압축이 되는데, 서사로서의 영화 한 편의 바깥에서, 여태껏 풀어진 영화와 그것을 풀어낸 '영화'의 힘을 고스란히 담고 있다. 예컨대, 영화가 보여주고 있는 것은 단지 이미지이다. 그것은 실체가 아니라, 실체를 움직이는 이미지로 긁어온 것으로서, 전체가 허상이다. 하지만 사진작가의 테니스 게임에의 동의처럼, 작은 고갯짓 하나 같은 관객의 게임에의 참여가 그 모두를 실재하게 만든다. 카메라가 마치 실체처럼 영화 안의 모든 것을 잡아채고 따라다니며(존재하지 않는 공의 바닥 튀김을 따라갔던 장면처럼), 그 카메라의 눈을 따라가면서 우리는 소리 없이도 실재하는 소리를 듣는 듯이 반응한다. 그것이 애초 '영화'이지 않았는가, 소리도 컬러도 없이 눈앞에 현상으로 인식되는 이미지를 가져다 놓은 것, 그리고 그 이미지에의 관객들의 몰입을 이용하는 것. 롤랑 바르트 이야기를 또 하나 하면, 그는 영화관 안에서, 우리가 하는 일은 마치 스크린에 코를 바짝 붙이고 있는 꼴이라 했다. 전 책에서 달았던 인용을 다시 전개하자.

영화적 이미지(사운드를 포함), 그것은 무엇인가? 바로 허구leurre이다. 이 단어를 여기서 정신분석적 의미에서 받아들일 필요가 있다. 나는 이미지들 속에 완전히 갇혀 있다. 마치 내가 상상력을 구성하는 유명한 이중적 관계들 안에 푹 빠져 있을 때처럼. 이미지는 거기에 있다. 내 앞에 그리고 나를 위해서 유착(그것의 기표와 기의는 확실히 뒤섞여 있다), 유추, 포괄, 함축. 이들은 완전한 허구의 조건이다. 나는 이 이미지를 향해서 달려간다. 마치 동물이 자신을 유혹하기 위해 마련한 헝겊 인형을 향해 달려들듯이. 물론 이미지는 내가 존재한다고 믿는 주체 안에서, 나Moi와 상상력을 망각으로 밀어 넣는다. 영화관 안에서 나는 아무리 멀리 떨어져 있다고 할지라도 여전히 스크린이라는 거울에 마치 짓이겨질 듯이 코를 맞대고 있다. 나르시스적으로 나 자신을 일

체화할 이 다른 상상에…. […...] 이미지는 나를 손에 넣었고, 나를 잡아채 갔다.[8]

이와 같은, '영화'에 대한 인식, 작동 방식과 다양한 이야기들(소재)에 대응해 풀어가는 방식들을 이해하는 일은 어떤 이야기를 할까보다 훨씬 중요하다. 어떤 이야기를 하는가와 상관없이 미적 생산물이 지닐 수 있는 가장 고도의 의식이 투영되기에 근본적으로 의미심장한 영화 한 편이 만들어지기 때문이다. 물론, 서사적 측면에서의 의미심장함은 아니다. 페라라의 영화들이나, 타란티노의 영화들은 언제나 즐겁다. 하지만 경쾌함을 넘어 마치 B급 드라마투르기를 따르는 듯한 경박함까지 거침없이 내달리지만, 결과적으로는 그들이 말하고 있는 '영화'는 묵직하다. 그들이 영화를 만들 때, 마치 그런 말을 하는 듯하다: 나는 '영화'를 가지고 영화를 만들고 있어요!

8) 롤랑 바르트, 「영화관을 나오며*En sortant du cinéma*」, 『꼬뮈니까시옹Communications』 23호, Seuil, Paris, 1975, p. 106.

5. 오버룩 호텔Overlook Hotel—'그'의 시선

다시 여기로 돌아왔다. 어쩔 수 없다. '최면'을 말하다 보면, '영화'만으로 그치기가 힘든데, 마찬가지로 아주 중요한 인자이기는 하지만 뱀파이어에 멈출 수도 없다. 물론, 뱀파이어와 악은 완벽하게 일치한다. 뱀파이어에게 그러한 속성을 지니게 한 것이 악이고, 악이 인류에게 그처럼 나타나도록 허락한 것이 뱀파이어이기 때문이다. 그러나 우리는 조금 먼, 앞에서 뱀파이어가 19세기에 멈췄다고 했다. 실체로서 공포의 대상이었다가 이야기로 흘러들었다고…. 그래서인지, 사실 뱀파이어는 이미 전설, 그것도 실재했던 것에 관한 전설이 아닌, 풍문으로서의 전설로 인식되어 더 이상 맥을 못 춘다. 보라, 1980년대와 함께, 뱀파이어는 악한 속성들은 성질상 여전히 다루지만, 인간과 사투를 벌이는 존재가 되어, 액션으로 돌변한다. 외부 즉, 〈숲 저편 땅〉에서 추방되어 내부로 들어온 이상, 내부와 내부의 히야투스, 액션이 될 수밖에 없다. 내부의 문제를 몸과 가슴에 담고 있는 드라마가 되기에는 그는 애초 내부에서 볼 때, 이방인이니까. 뱀파이어가 우리가 사는 내부의 고민과 고통 따위를 생각이나 하고 성찰할 미친 짓을 하겠는가? 따라서 이제 뱀파이어는《에이리언》에서의 에이리언이 되어버려, 그저 사람과 서로 죽고 죽이는 아웅다툼 속에 놓이고, 허황된 모험극이 된다. 그러나—

악은 쉬는 법이 없다. 뱀파이어는 그의 자식 중 하나이며, 자식이 집을 나갔더라도 아버지는 여전히 있으며, 더구나 이 아버지는 부도덕하기 짝이 없어서, 수많은 자식을 낳아 집 나간 자식을 잊거나 대체시킨다. 수많은 유령/귀신들…. 그도 아니면 그저 자신이 모든 것을 대신한다. 섬뜩한 피의 잔치와 괴이함의 문을 열어젖히며….

앞서 우리는 뱀파이어의 최면에 관해 말하면서, 물리적 거리와 상관없는 예를 하나 들었다.《노스페라투》에서였는데, 자신은 트란실바니아의 성에 있으면서 런던에 있는 엘렌에게 행사하는 어둠의 힘이었다. 하지만 사실 애초 전설 속의 뱀파이어나, 우리가 아는 서사 속의 뱀파이어에게 이 능력은 그다지 크게 주목되지도 않으며,《노스테라투》에서처럼 아주 작은 일화들로만 나타난다. 코폴라의《브램 스토커의 드라큘라》[9] 에서도 마찬가지인데, 아직 런던에 오기 전, 스토커의 소설

9) 많은 이들이 이 작품의 제목을 그저《드라큘라》라 알고 있지만 애초 원제는《브램 스토커의 드라큘라》이다. 물론 단순하게 이해해도 되지만 당시(1994) 코폴라의 목적은 분명했다. 수많은 드라큘라를 하나 또 자신의 독특한 시각 하에 만드는 것이 아니라, 우리에게 드라큘라라는 존재를 이름과 함께 분명하게 각인시킨 브램 스토커가 만들어낸 드라큘라를 다루겠다는 것이었다.

속의 가장 열정적인 캐릭터, 루실에게 영적으로 임하는 장면이 그려진다. 사실 뱀파이어 속성에는 다소 맞지 않는 이 '원격조정'은 어쩐지 언제나 서사의 전개에서 살짝 걸리적거린다. 드라큘라 백작의 대상은 미나이며, 따라서 '그에게 행사할 수도 있는 힘을 왜 애써 유보시키는가, 그가 벌써 런던에 도착했다는 말인가, 미나가 보는 것은 환영인가, 루실을 물고 있는 늑대인간 같은 모습으로 화한 뱀파이어는 또 뭔가, 왜 난데없이 늑대인간이지?' 등등 앞뒤가 딱히 들어맞지 않는 고리들이다. 어쩌면 이는 악의 속성이 뱀파이어에게 부여되는 18세기 무렵의 과정에서 슬쩍 들어간 요소처럼 보인다. 피를 갈구하고 영혼을 흡입하는 뱀파이어, 컨테이젼(페스트처럼)이라는 무시무시하고 끔찍한 결과들을 빚어내는 뱀파이어가 하지만 너무도 강렬했다. 그래서 뱀파이어의 가장 특징적인 것들로 끌려가느라 최면에서 가장 불가사의한 내력을 지닌 이 '원격조종'은 거의 무시되어, 흔적만 남았다. 그러니까 애초 그의 아버지, 용, 악마의 잔존이다. 어쩌면 우리는 다시 한번 여기서 '최면'에 관한 색다른 연구를 잠시 정리해야 할 듯하다.

*

1990년대 파리, '영화'에 관한 공부를 하고 있을 때였다. 파리 3대학에 다니고 있었는데, 레이몽 벨루Raymond Bellour도 교수들 중 한 분이었다. 박사준비과정(DEA)[10] 에서 그의 수업을 들어야 했는데, 그 제목이 '최면'이었다. 처음에는 어이가 없었는데, 나는 '영화'를 전공하고 있었기 때문이다. 하긴 처음 프랑스에 가서 공부를 시작했을 때부터 언뜻 어울리지 않는 것들이 죄다 전공수업이어서 혼란스럽기는 했다. 주로 역사학과 철학 과목이었는데, 정작 서점에서 영화 코너가 아닌, 다른 데만 다녀야 했었다. 생각해 보면, 여기와 아주 커다란 차이가 있는데, 여기서는 '영화'를 예술대학 영역에 넣어버려 한계가 분명했던 반면

---

10) 지금과는 다르지만 1990년대 프랑스에는 Noveau Doctorat Regime이 적용되고 있었다. 1980년대까지 이어오던 박사학위 시스템의 학문적 경쟁력이 떨어진다고 보아, 새로운 박사학위 시스템이 들어섰고, 그 과정은 우리가 알고 있는 여타 체제와 달랐다. 학생들에게 많은 원성을 샀지만 결국 그러한 원성의 영향일까, 나중에는 제대로 운영되지 않아, 현재의 일반적 시스템으로 되돌아갔다. 하지만 내가 보기에 제대로 운영되었다면 아주 좋은 제도였다. 실제로 엄한 파리 3대학의 방침으로 나는 힘들었지만, 그 수혜자였다. 이 체제는 박사과정을 두 단계로 나누는 것으로 석사 이후에 곧바로 박사논문을 쓰는 학위 과정에 돌입하는 데 대한 부실함을 보완하기 위한 것이었다. 즉, 구체적이고 디테일한 연구인 박사학위 연구에 들어가기 전에 마지막으로 보다 심화된 수업을 들으며 폭넓게 연구하는 과정으로써 DEA(Diplome d'Etude Approfondie)를 두었는데 기간은 1년이지만 애초 이 과정은 4~5개의 수업을 이수하고 논문을 작성하는 것이었다. 원성이 당연히 있을 텐데, 그 이전 과정인 석사도 2개의 수업과 논문 작성인 데 반해, 이 과정은 너무나 벅차게 운영될 수밖에 없었다. 일반적인 경향과는 다르게 당시 프랑스에서 석사는 1년이었고, 그 자체로 아주 집중적인 훈련이 될 수 밖에 없었는데, 상대적으로 석사는 계속해서 도전이 가능했다. 그러니까 몇 년씩 끌어도 큰 문제가 없었다는 말이다. 하지만 DEA는 아주 예외적인 경우가 아니면, 단 한 번만 연장등록이 가능한데, 2년이었으며, 그럴 경우, 첫 1년간에 들은 수업의 결과는 모두 지워진다. 그러니까 공식적으로 어떻든 1년 안에 이 상당한 수의 수업을 듣고 논문을 써야 했다. 이 때문에 몇몇 학교를 제외한 대부분은 학교의 재량으로 수업 수를 1~2개로 줄였으며, 그렇기에 DEA를 만든 취지가 무색해진 것이다. 하지만 파리 3대학에서는 5개의 과목을 들어야만 했는데, 첫해의 도전에서 가차 없이 미끄러졌으므로 결국 나는 열 과목을 듣게 된다(당시 3대학은 더 엄격해서 첫해에 들은 과목은 이수에 통과를 했든 안 했든 다시 들을 수가 없었다). 자, 내가 수혜자인 이유가 여기에 있다. 힘들고 버겁긴 했지만 결국에는 중요하며 주옥같은 열 개의 강의들을 들었으며, 첫해의 실패로 논문도 한 번 더 작성하게 되었다(DEA의 연장은 최종과정까지 가야 받아들여진다. 즉, 등록한 해에 논문을 심사받지 않으면 아예, 연장할 수가 없었다– 이 내용은 일반적인 것이 아닌 3대학의 특수성뿐일 수도 있다). 이 초라하고 눈물 날 지경의 버거움이 없었다면 나는 내가 되지 못했을 것이다.

에, 그곳에서는 분명한 인문학 범주였다는 점이다. 지금 와서 생각해 보면, '영화'에 대한 연구는 전적으로 인문학 영역인 것이 당연하다. 이것이 예술이 되고 안 되고는 그저 개인의 문제에 지나지 않으니까.

수업은 흥미진진했다? 아니, 나중에 깨닫고 나서일 뿐, 듣는 과정은 영 생뚱맞았다. 심지어 저명한 최면술사를 동원해 학생들에게 체험시키기도 했다. 박사 준비과정 수업이어서 학생은 20여 명이 안 되었고, 다들 잠깐씩 체험했고, 별별 일이 다 벌어졌다. 엉뚱해 보였지만 레이몽 벨루 선생은 마치 장난 같은 이 직접 체험을 통해서 결과적으로 '최면'의 내면적 의미들을 이해하는 데로 이끌려고 했던 것 같다. 이후, 수업의 전반기는 '영화'와는 관계없는, 심리학, 정신분석, 그리고 특히 '최면'의 역사였다. 이 수업은 내게 엄청난 영향을 미쳤는데, 당시 과제 연구로 생각했던 것이 바로 기괴함에 대한 것이었고 그것이 이 책을 쓰는 데까지 이어졌다. 아무튼—

프란츠 안톤 메스메Franz Anton Mesmer(1734~1815), 찾아보면 오스트리아, 스위스, 독일 등으로 국적이 나온다. 하지만 이는 그가 태어난 지역에 대한 오늘날의 명칭들이다. 이 지역은 역사적으로 위의 세 나라가 이러저러하게 뒤엉킨 지대이고, 그래서 서로가 어떤 역사적 사실들에 대해서 지금도 자국의 역사로 편입시킨다. 심지어, 한때 이 지역을 점령하고 오랜 기간 통치했던 프랑스도 여기에 끼어드는데, 실제로는 현재의 프랑스 쪽에 가까운 중부유럽 지대이며, 당시 프로이센이었다. 물론, 수업에서 애초 최면의 역사로 걸어 들어간 시기는 당연히 그 현상의 연원만큼이나 과거이다. 하지만 대체로 메스메의 시대, 18세기가 최면에 대한 (지금으로 보면 어처구니없기도 하지만) 근대적 조명이 이루어지고 여기에 메스메는 상당히 관여하고 있다. 그가 했던 시술과 연구 등이 유럽 전역에 퍼져 결국에는 메스메리즘으로 자리 잡았으며, 이는 동물자기와 최면의 애매한 영역을 넘나드는 개념이지만, 근대적으로 문제를 제기한 최초에 드는 작업이다. 이 용어 이후에 비로소 'hypnose'라는 개념이 등장한다. 그러니까 메스메리즘은 최면의 전초 단계에 해당하는 개념이었던 셈이다.

그가 '동물자기'에 관한 초기 견해를 정리한 것이 그의 의학 박사 논문이었는데 제목을 보면 다소 의아할 것이다. 「행성들이 인간의 병에 미치는 영향L'influence des planetes sur les maladies humaines」이었고, 당연히 상당한 물의를 빚는다. 신학을 전공했던 그의 이력까지 겹쳐 당시로서는 가톨릭적 사고와는 위반되는 내용이 들어있었기 때문이다. 당시, 과학과 신학의 영역 다툼이 첨예한 시기였다는 것을 고려하자. 의학 박사로서 학위는 취득했지만, 메스메는 활동에 있어 제약을 받고 있었다. 게다가 그의 모호한 관심 영역을 제외하더라도, 꿈과 추억의 문제에 관해서조차 당시 학문적 논의는 거의 감행되지 않았다. 아직도 신학적 카테고리가 의식적 검열로 작용하는 시대에서, 정신적 문제들은 의학적으로 접근하기 힘든 분야였기 때문이다. 이 때문이었을까 메스메는 정통 의학 영역으로 나아가지 못하고 재야에서 활동하게 된다(사실, 레이몽 벨루의 수업에서는 메스메에 관한 아주 두툼한 자료 페이퍼가 읽혀졌고 탐구되었다. 우리가 그것까지는 여기서 다룰 필요가 없지만, 서지 목록에 남겨둔다). 왜냐하면 실증적일 수밖에 없었던 의학 분야에서 메스메는 실증에 접근하려고는 했지만, 애초 영역이 실증적인 것에 기반하지 않은 '동물자기'라는 초자연적인 현상에 의존해 실험을 이어갔기 때문이다. 물론 재야 세계에서의 다양한 시도들은 반드시 메스메가 처한 입장 때문은 아닐 수 있다. 자료들에 의하면 그는 다분히 학문적 기질 보다는 한량의 기질도 충분히 지니고 있어서 프랑스의 살롱 가에서 주로 활동했고 그곳에서 온갖 추문을 비롯해, 돈 문제까지 자질구레한 일들이 벌어졌고, 그로 인해 결국 프랑스에서 추방되어 지금의 스위스 지역으로 도망가게 된다. 그의 실험은 주로 '동물자기'를 환자에게 주입함으로써 병을 원인적으로 치료할 수 있다는 것이었는데, 이 '동물자기'는 그의 논문에 의하면 우주 공간에 가득 찬 보이지 않는 기체이며, 생명의 균형 잡힌 원천이다(마치 동양의 '기'에 관한 이론과도 유사한 면도 있다). 이러니, 교회 쪽에서 문제삼지 않을 수 없었다. 하지만 이 추방은 어떤 면에서 그에게 자유를 제공했다. 위험하기는 했지만, 스위스에서 이제 그는 제약이 없는 상태에서 다양한 가능성을 시도할 수 있게 된 것이다. 수업에서 읽은 여러 공판문들이 있는데, 이 시도들이 빚은 물의로 프랑스만이 아닌 이곳저곳에서 고발당하게 되고 재판정은 꽤 진지한 내용들로 채워지게 된다.[11] 이 중에서 가장 중요하며, 동시에 가장 물의를 빚은 것이 스위스에서 감행한 어떤 소녀에 대한 치료 시술이었다.

이 소녀는 맹인인 데다 밤낮으로 끔찍한 꿈에 시달리는 10살 남짓한 아이였다. 하지만 성장은 그보다 어린 나이에 멈춰 있었는데, 그 때

11) 서문에 첨부한 사진 왼쪽 편에 당시에 작성된 경찰 보고서 복사본 이미지가 있다. 그 내용에도 우리가 주목할 만한 부분들이 있지만 우리는 '최면'에만 할애한 책을 쓰는 중이 아니므로 다음으로 미루자.

문에 종교적으로 은밀하게 비난받는 상태에 있었다. 물론 그 부모들이 말이다. 아이의 상태는 일반적인 것이 아니어서 이즈음부터 문제 되기 시작한 악마에게 영혼을 사로잡힌 한 사례로 언급되기도 했기 때문이다. 사실, 당시 18세기 중반은 이러한 사례들이 공식적인 문제 제기 안에 들어온 시대이며, 엑소시즘에 관한 종교적 가설들이 형성되던 시기였다. 당연히 엑소시즘은 시체를 파먹는 괴물이나 브리콜라카스, 마녀 예화들처럼 아주 오래된 연원을 두고 있다. 하지만 교회가 그 개념을 공식적으로 정립시킨 것은 이 시대였다. 그러니, 메스메의 주변에는 아주 위험한 지뢰밭들이 널려있던 셈이다.

당시 이 소녀의 입장은 절박했는데 교회나 일반 의학에서는 더 이상의 치료를 포기하고 내버려 둔 상태였다. 아이의 어머니는 하지만 실날같은 소망을 안고 소문을 찾아 메스메를 방문한다. 메스메는 소녀에게서 자신이 주장하는 바를 입증할 수 있는 가능성을 발견했고 소녀의 몇 개월에 걸친 치료를 담당하게 된다. 물론 비공식적이었다.

첫 번째 치료는 고통스러웠으나 성공했다. 소녀의 시신경 자체는 당시 의학으로도 물리적 손상이 없었다. 그럼에도 소녀는 맹인이었는데, 그래서 불가사의했고 '저주'의 개념이 부여됐겠지만 메스메가 그 문제를 해결했던 것이다. 즉, 소녀의 눈이 '밝아졌다'. 그러니까 보지 못했던 것을 보게 되고 희미했던 그 대상을 현상 속에 드러냈는데, 그 점에서 나는 '밝아졌다'는 이 표현이 지닌 적합성에 놀라곤 한다.

이 치료 과정에서 동원한 최면술에 대해 물론 메스메는 자신이 하는 일이 '최면'이라는 영역에 든다는 사실을 인지하지는 못했다. 아직 이 영역이 심리학적으로 공식화되지 않아, 오늘날 우리가 쓰는 '최면'이라는 용어를 획득하지 못했기 때문이다. 바로 이런 이유로 그의 기술에 대해 메스메리즘이라는 용어가 붙여졌던 것이다. 하지만 이는 분명히 최면 과정이었다.

사람의 기억은 의식 자체의 작동을 인식하지 못하는, 사람마다 차이를 보이기는 하지만 지나치게 어린 시절까지 내려서지 못한다. 메스메는 최면을 통해서 바로 그 영역에까지 접근하는데, 이것은 없는 것은 아니지만 보이지 않는 영역으로의 접근이다. 그러니까 잠재 영역으로의 접근 말이다.[12)]

소녀의 잠재된 기억은 단순했지만 엄청난 폭력이었다. 그 점에서 저주가 맞기는 했다. 비록 종교적 의미의 저주는 아닐지언정. 소녀는 아주 어린 시기부터 의부에게서 성폭력을 당했는데, 소녀는 그 끔찍함을 보고 싶지 않아, 겪고 싶지 않아, 보는 기능을 본능적인 수준에서 차단

12) 조심스러운 사람들은 이 '잠재'라는 개념이 심리학 영역에서 기원했다고는 할 수 없지만 당시 철학에서도 서서히 중요해졌다는 사실에 주목할 것이다. 오늘날 우리가 빈번하게 사용하는 용어인데, 그 의미의 연원을 캐는 데 있어서 메스메가 제공하는 의미들도 생각해볼 만하다는 점에서 말이다. 애초 이 '잠재'에는 '가상'은 아주 먼 개념에 불과했고, 냉정하게 본다면 오늘날 우리가 '가상'이라고 하는 것과는 완전히 다른 개념이다. 그러니까 오늘날 우리가 같은 단어를 사용하지만, 고전적 철학적 의미에서 '가상'과 현재의 '가상'은 미묘한 차이를 지니고 있고, 사실 피에르 레비Pierre Lévy가 현재의 가상현실에 대한 개념적 논의를 위해서 쓴 책에서 다루는 주요 내용도 이 용의 개념에 관한 것이다. 그것이 바로 『가상이란 무엇인가*Qu'est-ce que le virtuel?*』(Paris: Éditions La Decouverte, 1995)인데, 이 책이 한국에서는 『디지털 시대의 가상현실』(궁리, 2002)로 '둔갑'한다. 그리고 본문 안에서 'virtuel'이라는 단어는 죄다 '가상'으로 번역되고 있다. 근본적으로 이 책이 제기하는 문제는 이 단어에 깃든 잠재와 가상이라는 이중적 개념에 대한 이해인데 말이다. 얼마나 본질에서 멀리 나가 있을까?

했던 것이다. 즉, 소녀는 자기 기억에서 그 과거에 대한 부분을 '인지' 차원에서 차단했다. 결국 메스메는 소녀에게서 그 끔찍함의 연원을 다시 보게 했으며, 그로 인해서 소녀는 실제로 보는 기능을 회복한 것이다. 이점 무척 중요하다. 왜냐하면 기억을 본 것은 다른 누구도 아닌 소녀 자신이며, 소녀는 자신에게서 차단된, 지워진 기억들을 재정립했다. 조각난 이미지들, 시간적인 인지를 결여한 이미지들을 시간상으로 재배열하고 인과관계를 구성한 것이다. 여기, 앞서 《블로우 업》에서 이미지에 관한 중요한 언급을 다시 가져올 수 있지 않은가? 사진의 현실과의 괴리, 공간과 시간성이 부여되지 않으면 인과관계가 파악되지 않는다. 소녀의 끔찍함만이 정점으로 낙인찍힌 기억 이미지의 조각들에 시간이 부여되고 그에 따라 서사가 파악되고 인과관계가 드러난다, 결국 《블로우 업》에서 다룬 내용과 메스메의 이 시술이 중요한 이유는 여기에 있다. 이것이 '최면'이 하는 일인데, '영화'에서 이 기능을 담당하는 근본적인 장치가 있지 않은가? 바로 편집 말이다. 앞서 편집을 언급하면서 말했던 내용을 떠올리기 바란다. 편집과 정신의 체계가 움직이는 방식, 기억과 인과관계의 방식은 여기서 끝나지 않는다. 베르그송이 또한 중요한 의미를 부여했는데 다름 아닌 다음의 도식이 지닌 설명이다.

원추 SAB는 기억에 쌓여 있는 추억의 전체에 해당한다. 베르그송은 일반적 삼각형을 뒤집었는데, 이는 과거의 적체를 강조하기 위함이다. 밑변 AB는 과거이며, SAB는 정체된, 마구 뒤섞인 기억이다. 기억-이미지와 추억-이미지는 의미에 있어 차이가 있다. 기억-이미지는 시간적 지표가 부여되지 않은 SAB에 속한 것이며, 추억-이미지는 P에 맞

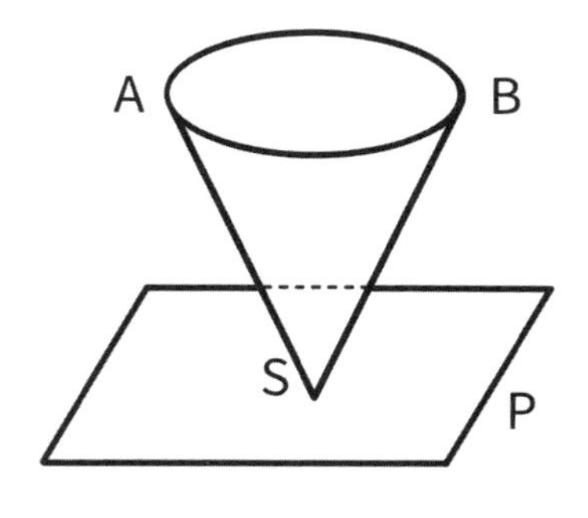

베르그송 도식

닿아 있는 S로 올라와서야 붙여지는 개념이다. 즉, 기억-이미지에 속하면서 시간이 부여된 이미지를 특별히 지칭한다. P는 지각perception, 따라서 동시에 현재présence의 약자이다. 결국 S를 제외한 나머지 기억-이미지들은 그저 과거이며 이 과거는 정렬되어 있지 않고 뒤엉켜 있다. 반면 S의 추억-이미지는 현재로 올라온 것이며, 기억에 '언제'라는 시간 지표가 인식된 상태가 된다. 말하자면, 현재/지각이 어떤 기억-이미지를 인식할 때, 추억-이미지라 불리게 되는데, 과거 언제의 것이라는 시간성에 대한 인지가 이루어진다. 그러나 더욱 중요한 개념은 이 추억-이미지가 현재화되었다는 사실이다(현재/지각에 포착되는 순간에). 즉, 과거 그 자체로 인지되기보다는 현재의 요구와 필요에 의해서 시간적인 배열이 이루어지는데, 여기서 이 추억-이미지에 대한 인과관계가 형성되는 것이다.[13)]

따라서 베르그송에게 기억이란 아직 인지되지 않은 채, 막연하게 저장되어 있는 이미지 덩어리들이며, 현재로부터 완전히 유리된 상태이다. 이것이 현재에 영향을 미치거나, 혹은 현재를 재구성하기 위해서는 반드시 추억-이미지의 형태로 변화해야만 한다. 지각되어야 비로소 판단의 대상이 되기 때문이다. 이처럼 현재화의 성격이 타나나는데, 다름 아닌, 시간의 차원 안으로 들어왔다는 점이다. 현재로 침투하기 전까지, 현재와 만나기 전까지 기억의 덩어리는 시간 문제에 속하지 않는다. 그저 파악되지 않은 채, 창고 안에 널려있는 '과거'일 뿐이다. 이것은 시간을 통해서, 지각을 통해서 서술의 연대기를 부여받는다.

거의 완벽한, 편집에 대한 설명과 다를 바가 없다. 촬영에서 이루어진 러쉬 필름들은 비록 촬영 당시에(사건의 발생 시에) 해당하는 서사적 시간이 있지만, 촬영됨으로써 오히려 조각난다. 그러니, 정작 서사적 의미를 위해서는 이제 다시 배열되어야 한다. 서사라는 지각의 조건에 의해 시간성을 부여/재확인받아 좌표를 얻게 되는데, 그래야 서술이 이루어지며 인과관계 따른 조각으로 늘어선다. 서사가 원하는 시간에 따라 조각이 배열되어야 한다는 뜻이고 그렇게 배열(인과관계)에 늘어선다는 말은, 곧 시간을 부여받았다는 말이기도 하다. 서사적 시간 말이다.

메스메가 아이에게 했던 것은 바로 이 작업이다. 기억들이 어지럽고 혼란스럽게 펼쳐져 차단이라는 막을 뚫고 무작위로 현재와 만남으로써 악몽으로 진행했었는데, 아이로 하여금 악몽의 실체를 파악하게 함으로써, 달리 말해, 무엇 때문에 괴로웠는가를 깨닫도록 함으로써 문

---

13) 앙리 베르그송, 『물질과 기억』, 169면.

제를 해결한 것이다. 아이는 본능적인 차단, 자신도 모르는 사이에 자신을 압제하고 있는 차단을 거두고 시각을 회복했다.

'영화', 역시 마찬가지의 일을 한다. 관객들에게 조각을 보여주는데, 일정한 배열, 즉, 조각들에게 서사 시간을 부여함으로써 관객들로 하여금, 인과관계를 구성해서 서사를 파악하도록 만든다. 과거부터 현재로, 그 선형적인 틀을 벗어나더라도 이해에 문제가 없는 것은 편집이 최면이 하는 것과 마찬가지로, 조각들에게 인과를 꾸밀 수 있는 시간성을 부여하기 때문이다. 결국 '영화'는 스크린에서만이 아니라, 그 내적 영역에서도 최면의 기능과 이처럼 밀접한 유비 관계에 놓여 있다.

우리 이야기와 연관이 없지만 기왕 메스메가 나왔으니 흥미로운 지점을 하나 더 이어가자. 진짜로 여러분에게 아주 놀라운 사실이 될 것이다.

치료된 후 몇 개월이 지나 어머니가 다시 아이를 데려온다. 아이의 시각은 제 기능을 찾았지만, 나머지 문제들은 여전히 남아 있었다. 그렇지, 어린 시절의 성폭력 경험이 다시 인지되었으니 그 괴로움이 비명 지를 정도의 악몽을 일궈내겠지…. 천만의 말씀이다. 대상의 정체를 알고도 끔찍할 수 있지만 그것이 혼란스러운 공포를 야기하지는 않는다. 그런 경우는 딱 한 가지인데, 바로 이 대상 자체가 오히려 정체를 알고나면 더더욱 끔찍스러운 것일 경우이다. 물론 밤잠을 설치는 경우도 악몽이라고 한다. 그러나 여기서 내가 악몽이라 부른 것, 소녀에게 여전히 남아 있는 악몽은 그 정도의 것이 아니다. 여전히 밑도 끝도 없는 공포에 휘말리는 지각 상태이다. 메스메는 다시 소녀를 연구한다. 이번에는 치료가 아니라 연구이다. 남은 것은 무엇인가, 어떤 새로운 문제가 있는가를 탐하는 것이니까.

그러고는 아주 놀라운 결론을 밝혀낸다. 소녀는 자신이 아닌 타인의 기억으로 들어가거나, 타인의 지각에 자신을 이식시켰는데, 당연히 소녀의 의지는 아니었다. 메스메는 적어도 이 문제는 완전히 해결하지 못했다. 그의 경이적인 가설을 확인시켰을 뿐이다. 그래서 고통스럽게도 어머니와 주변인들이 메스메를 고소했고, 메스메는 재판에 서게 된다. 하지만 우리의 관심사와 이 재판의 추이는 상관없다. 중요한 것은 메스메의 발견이었는데, 인간에게는 자신이 아닌 무언가 다른 존재를 감각할 수 있는 능력이 있고, 그것은 물질화된 것이 아닌, 영적인 것들에 관한 감각 능력이다. 그리고 이에 붙여진 이름이 바로 '식스 센스', 육감이었다. 비록 메스메를 전혀 언급하지는 않지만 나이트 샤말란이 재기발랄함을 물론, 진지한 학도인 이유는 여기에 있다. 메스메가 밝혀낸 이 식스센스의 문제를 자신의 유령 영화에 고스란히 담고 있지 않은가?[14)]

---

14) 언젠가 우연히 TV에서 메스메를 소재로 한, 바로 여기서 말한 소녀 사건을 다룬 2부작 시리즈를 본 일이 있다. 나는 '이런 일이 다 있네'하며 흔치않게 TV수상기에 앞에 앉았다가, 어처구니없는 TV의 산업적 메커니즘에 다시 한번 어이없어한 일이 있다. 명확히 기억이 나지 않지만, 핵심 사건 자체를 대충 따르긴 했지만 의미에 대해서 다루지는 않았다. 게다가, 기가 막힌 왜곡이 있었는데, 어린 소녀가 아니라, 다 큰 처녀로 바뀌었고, 나중에 메스메와 사랑하는 사이로 둔갑했다. 대체, 왜 메스메를 모니터에 불러내어 시리즈를 만든 것인지 지금도 이해가 안 간다. 하긴, 조금이라도 인가가 있거나, 사용가치가 있으면 호들갑을 떠는 일이 애초 TV가 하는 일이니까. 그래도 왜곡도 정도껏 해야 함은 물론이다.

*

그래서, 이것과 앞서 말한 '원격조정'과는 대체 어떤 관계인가? 우리는 아직 메스메의 이 작업에 대해 중요한 학술적 개념들을 적용하지 않았다. 메스메가 가닿은 결론은 다소 장황하기는 하지만 다음과 같았다: "인간의 육체는 우주를 관통하는 신비한(영적인) 어떤 것의 돌발과 흐름에 의해 지배당하고 있다. 이 영적인 어떤 것을 지각하는 능력이 바로 식스센스이며, 이것은 육체와 영에 있어서 새로운 조명을 필요로 한다."

아, 위험하다. 한갓 의학이 감히 신학적 영역을 건드릴 조짐을 보여준 것이다. 가뜩이나 당시는 심리학과 신학 간의 은밀한 세력다툼이 벌어지고 있었다(심리학은 사실 탄생한 지 오래되지 않는다. 바로 이 시기, 18세기에 시작된다). 신학계로서는 물러설 수 없는 입장이었고 메스메는 소녀 주변인들의 고발로 인해 엄청난 사회적 물의를 빚었다. 그 결과, 오늘날 여기저기에는 메스메가 언제 죽었다가 써있지만 실제로는 명확히 확인된 바가 없다. 대개의 당시 자료를 종합해 보면, 메스메는 완전히 밀려나 이름 모를 어느 곳에서 이름도 없이, 언제인지도 모르는 채 죽은 것으로 대체로 받아들인다. 인류에 있어 엄청난 무언가를 밝힌 자에게 어울리지 않는 처연한 몰락이다. 그러나 어쩌랴, 때는 18세기인 것을….

당시 지배적인 사회영역은 그렇다 치고 심리학조차 이 메스메리즘, 나아가 최면의 가능성을 문밖으로 내쳤지만, 현실이라는 질료 위에서 상상의 힘을 구가하는 영역, 예술은 조금 달랐다. 메스메라는 인물과 최면은 새로운 상상의 근거를 제공했던 것이다. 하긴 이것이 메스메가 열어놓은 가능성이기도 하다. 최면을 통해서 우리가 알지 못했던 신비한 힘이 드러났고, 베일을 벗었다. 그리고 무의식의 세계 속에 있던 무언가가 지각의 영역으로 들어온 것이다. 여기서 메스메가 밝힌 식스센스와 연관한 새로운 능력, 즉 현실적 감각에 지각되지는 않지만, 도처에, 현실에 영향을 미치는 무언가가 있고, 최면을 통해서 그것을 엿볼 수 있음은 물론, 그 이상(영적 조절 능력)도 가능하다! 그 감각이 실제로 소녀에게서 발생한 것, 그것이 바로 '원격조종'이라고 일부러 내가 우습게 말한 능력이다.

실제로 그 유명한 알렉산드르 뒤마가 자신의 야심 찬 소설에서 이 새로운 상상을 형상화한다. 『조셉 발사모Joseph Balsamo』 3부작인데, 문학적 가치와는 별개로 당대 살롱 가를 휩쓴 작품이었다.[15] 엄청난 반향을 일으켰는데, 그렇다고 최면의 영역이 문학에만 그치지는 않았다. 당대 대부분의 예술들에도 상당한 영향력을 가져왔는데, 연극, 심지어 오페라, 여기에 더해 싸구려 보드빌 쇼 등으로 퍼져 나갔다. 이 발사모는 아무튼 이전에는 등장하지 않았던, 새로운 상상을 제공하는 인물이었다.

그는 인간의 무의식에 침투해 그것을 조절하며, (여기에 다시 한번 최근의 이슈와도 맞물리는데) 그들의 기억은 물론, 가상의 세계에도 끼어들며, (네트워킹을 구성해서) 이들 인민을 부리는 능력을 지닌 자였다. 아, 뱀파이어, 혹은 악마가 여기 다시 끼어든다. 물론 발사모는 인간이다. 다만 그는 식스센스를 통제하는 능력을 지닌 인간이었고, 그에 의해서 영적인(정신적인) 세계를 지배했다. '현상의 세계가 이성의 세계를 지배한다?' 계몽주의자와 그 후손도 인정할 수 없고, 교회도 인정하지 않았다. 그러나, 세상은 이미 그들의 것이 아니었다. 놀자판인 새로운 시민들의 상상 안에서 이것은 상상력의 확대이고 상징의 연장이며, 예술에 있어서는 표현영역의 확대가 된다.

최면을 극단적인 잠, 임계점에 다다른 잠sommeil critique이라 일컬은 메스메에게 있어 최면상태의 인간, 즉 최면-몸은 이처럼 '모든 것을 보는, 어디에나 갈 수 있는 몸'이 된다. 즉, 그는 일반적인 인간의 시각과는 다른 새로운 시각을 지니는데 이에 붙여진 이름이 바로 '모든 것을 보는 눈panoptic vision'이다(보라, 계속해서 줄기차게 지극히 현대과학과 맞물려 들어간다). 이 용어는 철학에서 나중에 푸코가 이 시기, 19세기로

---

15) 사실 이 제목은 인기를 탄 후, 전체 제목으로 둔갑하기는 했지만 애초 제목은 다른 것이었다. 1770년 알렉상드르 뒤마는 『한 의사에 대한 기억』이란 소설을 발표한다. 무려 5000페이지가 넘는 4부작이었는데, 1부의 제목이 바로 『조셉 발사모』였다. 그 후, 1784년에 2부인 『여왕의 목걸이』가 나온다(여기 연루된 사건이 여러분이 아는 방식으로는 그 유명한 '삼총사' 이야기이고 달타냥이다). 그리고 다시 5년여 후인 1789년, 3부인 『수호천사 피투』가 나오고, 1년 뒤인 1790년에야 마지막으로 『사르니의 백작부인』이 나옴으로써 장장 20년에 걸친 엄청난 시리즈가 마감된다. 가장 인기를 끌었으며 가장 논쟁을 불러일으킨 것은 1부인 『조셉 발사모』이다. 이 이름이 문제였는데 실제로 당시 메스메처럼 신비주의적인 어떤 시술로 유럽 호사가들의 살롱 가에 물의를 빚던 까골리스트로의 백작 신분 의사가 같은 이름(지우세페 발사모)이었다(달리 말해 실제 인물), 더 큰 논쟁을 불러일으킨 것은 소설을 통한 은근히 드러내고자 했던 실재에 대한 뒤마의 의도 때문이었는데, 이 실제의 인물이 지닌 메스메와의 유사성으로 인해 사실상 메스메와 발사모가 동일인물이라는 풍문이 심각하게 회자되었다. 메스메와 이 지우세뻬 발사모 그리고 알렉상드르 뒤마는 전부 동시대인이며, 18세기 중후반이 얼마나 뒤숭숭한 시기였는가를 말해준다. 바로 프랑스 혁명기 말이다. 바로 발사모가 최면이 지닌 이 능력, '원격조정'이 일으킨 것이 프랑스혁명이라는, 터무니없는 전체 줄기에서 시대의 뒤숭숭함을 엿볼 수 있다.

이어지는 시대까지 조명하며 20세기의 문제로 끌어올린 사회적 개념에서 등장하는 용어기도 하다(『감시와 처벌』을 참조하라). 하지만, 이 측면에서 이 용어의 개념이 중요한 것은 우리와는 상관없다. 문제는 최면과 '영화'의 인접성에서 중요한 끈이라는 점이다. 극장에서의 차압당한 감각, 그리고 덧입혀진 감각, 관객으로서 우리의 몸에 주어지는 것이 이 '모든 것을 보는 눈'이 아닌가? 《블로우 업》을 말하며 전통적인 영화의 기능에 관해 언급할 때, 전지적 시점이라고 했던 것은 바로 이 시각이 아닌가? 더구나 어떤 심오한 영화들은 (우리가 몇 개를 들여다봤지만) 심지어 이 비전의 의미를 자신들이 펼쳐놓은 서사 안으로 정교하게 구현해 놓는다. 그 대표작이 바로, 노스페라투, 갈리가리, 프랑켄슈타인, 마부제 등이다.

*

사건의 지평선 위에 서 있다고 상상해 보자. 양 갈래의 길이 열려있는데, 하나는 무중력의 지대(혹은 막대한 중력장의 지대)이고, 하나는 일반적 중력의 지대, 빛이 제 속도를 지닌 지대이다. 빛이 드러나는 곳, 즉, 빛에 의해 무언가가 보이는 곳은 식별 가능한 힘의 회복이며, 정체 파악이 가능한 능력의 회복이다. 반면, 캄캄한, 빛마저도 자신을 감춘 곳은 사실 망막한, 심연의 장소이다. 공포 역시 마찬가지인데, 거시적으로 두 개의 공포가 존재한다. 하나는 아주 오래된 공포로, 어쩌면 우리 존재 이전의 공포이다. 다른 하나는 그와 마찬가지처럼 보이지만 자연적 상태에서의 공포이다. 둘 다 무섭긴 하나, 후자는 과학적 이해의 증가에 따라 점차 무서움이 덜해진다. 정작 진짜 끔찍한 것은 심연에 존재하는 공포로, 우리는 사건의 지평선에 서 있기에 그를 찾아볼 수가 없다. 물론 이따금 그의 존재를 의식할 수는 있다. 그가 우리에게로, 그러니까 지평선 안쪽으로 먹잇감을 몇 개 (몇몇 현상들) 던져줄 때이다. 하지만 그것은 오히려 나머지 볼 수 없는 부분에 대한 공포를 확대한다. 그처럼 그는 우리의 불안감과 공포감을 즐긴다. 어둠 속에서 자신을 감춘 채, 우리 모든 것을 죄다 내려다보면서…. 악이 원래 그렇지 않은가?

'존재 이전'이란 여기서 시간적인 문제만을 염두에 둔 표현은 아니다. '존재'가 있기 이전, 그러니까 '존재'와 상관없음도 끼어든다. 이 공포는 그래서 기이한 현상이다. 아니, 정확히 말하면 '눈'을 지니고 있는 우리에게만 '현상'이다. 물질도 아니고, 비물질이라고도 할 수 없으며, 보이지 않는다. 그런데 분명히 내 옆에 있다. 그러니까 있을 수 없는 것, 나아가 있어서는 안 되는 것의 현전이 바로 공포이다. 결국 우리는 그를 건드릴 수 없고, 그에 상대할 방법이 없다. 우리는 '현재'라는 시간의 의식이 작용하는 차원에 살고 있는데, 그는 다른 차원에서 건너온 자이며, 따라서 이 차원의 방법들로는 어쩌질 못하기 때문이다.

시각화되지 않은 공포의 시대에 말과 글이, 상상이 인간의 의식을 사로잡았던 이유는 바로 여기에 있다. 시각화되고 나면, 그것은 '대상'이 된다. 물론 이들 시기에도 이미지는 있었다. 삽화와 회화인데, 그것은 여기서 지적한 '시각화'에 들지는 않는다. 굳이 말하면 상상의 형상화인데 그것도 극히 부분적인 게쉬탈트이기 때문이다. 악마가 그려졌더라도, 언제나 악마의 일부이며, 이미 사람들의 심연 속에 있는 존재로서의 악마의 이미지를 투영시킬만한 거점일 뿐이었다. 하지만 이 이미지가 움직임을 획득하면 문제는 달라진다. 위에서 설명한 '공포'는 바로 그 순간의 상태에 대한 표기이다. 즉, 물질도 아니고 비물질이라고도 할 수 없으며, 이제까지 보이지도 않던 것이, 내 눈앞에서 움직인다!

실존하는 것들이 모두 움직이는 것은 아니지만, 움직이는 모든 것은 실존한다. 영화 속에 들어온 공포는 이전의 상상 속에 존재하던 것의 실존상태로의 전환이다. 영화는 곧바로 공포를 보이는 것, 현전하는 것으로 치환시켰으며, 그에 의해서 현실 속으로 끌어냈다. 그러나, 적어도 초기에는 영화는 그 이상으로 나아갈 수는 없었다(이미 언급한 몇 개를 제외하고 대부분의 영화들은!). 즉, 공포를 보이기만 했지, 다루지는 못했다. 초기라는 조건은 이제는 우리가 짐작할 수 있다시피 이야기로서나 그것을 표현하는 방식에서나 모든 것이 아직 미흡할 때를 말한다. 이같은 조건이 상당 기간 영화에서의 '공포'를 보이는 단계에 머물게 했으며, 그 단계에서 얻을 수 있는 것들에만 치중하게 했다. 공포는 느껴지기보다 놀라움의 대상이 되었으며, 상상의 괴물들은 실체화됨으로써 오히려 행위의 문제가 되게 만들었다. 보이지 않는 곳에서는 심리가 작용하고 보이는 곳에서는 행위가 나타나는 법이다. 그러나 느껴지고 섬뜩한 것으로서의 공포를 자아내는 방법이 없던 것은 아니다. 무성은 이 시기에 역시 소리가 없다는 자신의 조건의 활용 안에서 영화에서의 '공포'를 찾아냈다. 하지만 유럽에서였고, 이미지가 지닌 무게를 이용하고자 하는 작품들 안에서였다. 보이는 상품으로 만들어져야 했던 미국에서는 적어도 무성시기에 정당한 공포는 아직 발견되지 않았다.

공포는 확실히 영화 초창기, 표현의 문제에 매달리던 일부 감독들, 그리고 영화의 정체성과의 묘한 관계에 치중하던 감독들 외에는 즐겨 찾는 목록은 아니었다. 악의 대리자들을 보여주어야 한다는 강박은 대개 낯설고 조악한 괴물들을 만들어냈고, 사실상 호러가 아닌 서스펜스물이거나 액션물에 속했다. 왜냐하면 보이는 존재는 행위로써 드러나고, 행위의 문제라면 보다 강한 행위들이 제압할 수 있는 대상이기 때문이다. 그리고, '공포'라는 속성에 대한 충실함의 여부를 따지지 않는다면, 형상화된 악/괴물들을 등장시키는 이러한 영화들에게도 즐기는 대상으로서의 장르화된 공포를 만들어냈다는 의의가 있기는 하다. '공포'가 단지 스크린 위에서 보이는 대상으로 처리되어 버려 그 의미들을 곱씹어보게 하는 데까지 나아가지는 못해도 부분적으로 유사한 체험을 제공하기는 하기 때문이다. 이 부분적 체험, 사실 그것이 관객들이 공포영화를 찾는 이유이기 때문이다. 공포에 대해 거리감을 둔 채로 즐기는 것, 그것이 장르로서의 공포영화이다. 그러나 역사적 진전 속에서 눈요깃거리였던 공포영화가 점차 단순히 장르의 욕망에 머물지 않는 수준으로 서서히 나아가게 된다. 그 진전의 하나가 바로 소리이다.

소리는 형상화된 악/괴물에게도 사실성을 더해주었지만, 실제로는 영화에서의 공포를 공포답게 만들어 준 중요한 첨가물이다. 이미 『영화의 역사I』에서도 언급했었는데, 빈센트 미넬리의 《좋은 것과 나쁜 것》을 통해서 말했던 부분이다. 사실 이 영화는 소리에 대한 역사적 의미만을 다루지는 않는다. 흑백 상태의 이미지가 지닌 표현성의 문제도 곁들여 보여주며, 할리우드가 어떻게 배우고 어떻게 자신의 표현을 찾아내었는지를 다루고 있는 영화이기도 하다.

프로듀서인 커크 더글라스는 자신의 오랜 동료인 삼류 감독과 함께 공포영화 하나를 기획 중이다. 제한된 예산 안에서 공포물을 만들고자 했던 그들은 의상실에서 자신들의 영화에 등장할 괴물(캣피플)을 보고 있다. 의상은 형편없었고, 한눈에 보기에도 터무니없다. 그들은 그래서는 제대로 흥행할 수가 없기에 고심한다. 러쉬필름이 상영되는 소규모의 프로젝트룸 안에서 궁리하던 중, 커크 더글라스가 갑자기 묘안이 떠오른 듯 흥분하기 시작한다. 괴물을 굳이 보여줄 필요가 있는가를 되물은 그는 스크린 앞으로 가, 스탠드의 조명을 직접 건드려 흑과 백의 갈라선 이미지를 만들고 어둠 안으로 들어간다. 비로소 공포의 어둠을 발견한 것이다. 그리고 프레임 바깥으로 괴물을 밀어내고, 오직 피해자의 비명으로 끔찍한 존재의 실존을 잡아낸다. 이는《블레어 위치》가 이룩한 개념과 동일한 수준이다. 프레임 바깥, 보이지 않는 존재, 하지만 실존하는….

이 점에서 소리는 단지 보이는 것으로 승부해야 했던 영화에게 다시 보이지 않는 것으로의 이전을 가능케 해준 장치가 된다. 시각 대신 소리가 화면에 작용하게 함으로써 실존은 고스란히 인식의 범주에 남겨두고 말이다. 결국 소리는 공포의 위치를 변경했다. 정확하게 말하면, 악/괴물의 위치를 다시 '바깥'으로 옮긴 것이다. 외부, 〈숲 저편 땅〉 말이다. 그럼으로써, 보이지 않으나 실존하는 '공포'가 성립되었고, 여기에 이미지의 표현성이 덧붙어 황금기를 맞이한다. 소리와 흑백의 결합은 사실상 공포영화에 전성기를 구가하게 했다. 이때부터 공포영화는 제대로 작동하기 시작했으며, 영화의 표현성을 확대했다. 하지만 여기서, 당연하기도 하지만 아쉬운 갈래가 시작된다. 왕성한 작동법에 의해, 어느 순간 '공포'는 다시 뻔한 장르화가 되어갔다. 그러니까 영화에서 악은 양식화가 되어버린 것이다. 악이 만일 우리가 아는 양식의 범주에 드는 존재라면 무서울 일은 없다. 장르로서의 공포가 무섭다는 것은 사실은 보는 데서 오는 꺼림칙함/놀람이다. 이 점에서 볼 때, 컬러는 사실 공포영화에게는 소리의 영향력만 한 위치는 차지하지 못했다. 오히려, 다시 괴물을 보이는 지대로 옮겨왔으며, 그야말로 '선혈'이 낭자한 끔찍한 이미지의 구축으로 나아가게 했다(여기서 고어 영화가 시작된다). 물론, 이것은 적어도 인류에게는 새로운 '공포'라고 할 수는 있다. 왜냐하면 이 장의 맨 처음 부분에 말했듯이 진정한 시각화가 이루어진 것이기 때문이다. 적어도 컬러는 무성 흑백영화에서의 단점이었던 형상적 조악함은 덜어낼 수가 있었다. 물론, 이는 흑백 이상으로 색의 조합과 의미를 구현했을 때의 이야기이다. 대개 컬러는 흑백이 주는 선명한 갈라섬의 의미를 여간해서는 구현하지 못했다. 흑과 백, 보라, 그것들이 빚어내는 선은, 경계선과 차원의 히야투스이지 않은가? (우디 알렌, 《그림자와 안개》, 1992)

컬러가 나와서 새롭게 현시되는 자랑거리를 지니게 된 영화는 성급하게 다시 보여주는 시대로 들어선다. 색이 풍부한 이미지들을 찾아서 그 현란함에 잠시 머물게 된 것이다. 기술이 나타난 초기의 통과의례라고 본다면 이 점은 큰 문제는 아니다. 색도 기술의 요소로서 자신이 지닌 표현성을 발견하기만 하면, 역할을 찾아내게 되기 때문이다. 그러나, 공포영화의 경우에는 이 표현성을 얻어내기까지 다른 장르에 비해 좀 더 많은 시간이 들었다. 당장은 지나친 시각화가 관객들의 발길을 돌리게 만들었고, 다른 장르들이 색의 첨가에 따른 공을 가져갔기 때문이다. 보여주는 것으로서의 색은 그 자체로 스펙터클 요소의 강화였고, 자연히 '화려한 이미지'들을 보여줄 수 있는 액션, 멜로 등이 인기 있는 장르로 부상했던 것이다. 가뜩이나 제작사의 주 전략 장르가 될 수 없었던 공포는 상대적으로 더 저렴한 제작비 안에서 만들어지는 영화로 전락한다. 그로 인해, 이 시기 공포영화는 오히려 유래가 없을 만큼 조잡한 단계로 내려서게 된다. 괴물들은 다시 등장했고, 색으로 인해 오히려 무성 흑백 공포영화보다 더 우스꽝스러움이 명백하게 드러났다. 온갖 괴물들이 등장했지만 전부 탈을 뒤집어쓴 수준에 머물렀고, 관객들은 그 뻔하며 무섭지도 않은 공포 영화들을 낄낄거리며 즐기기 위해서(시간 때우기) 영화관을 찾았다. 공포영화가 완벽한 B급 영화가 된 시기는 바로 이때이다. 물론 이전에도 공포영화는 B급이었지만 이때에는 제작여건의 수준뿐만이 아니라 영화의 수준에서도 B급이 되었다.

영화의 해법은 이러나저러나 간에 어쨌든 이미지이다. 괴물의 형상화, 살아 움직이는 시각화가 아니라 이미지에 의해서 의미지워지는 시각화가 관건이라는 말이다. 색의 첨가로 인해 보여지는 것들이 강화된 상황에서 결국에는 소리의 첨가가 빚어냈던 것과 같은 수준의 '방법들'이 나타나야 영화에서의 '공포'는 다시 작동할 수 있었다. 어차피 보여주어야 한다면 마치 보여주지 않는 방식처럼 작동시킬 수 있는 것은 무엇이 있을까? 감독들은 흑백 필름에서 어둠에 해당하는 기능을 발견해야 했는데, 그것은 곧 쇼트와 프레임을 통한 구성에 있었다. 물론 소리 때문에 바깥으로 옮겨진 '공포'도 근본적으로는 프레임의 기능을 전제한다. 그러나, 그때 프레임은 보여주지 않는 기능으로 작동하는 것이다. 컬러 시대의 공포영화 감독들은 반면, 거꾸로 보여지는 것의 한정으로 이 기능을 살짝 변경한다. '바깥'이라는 위치는 여전히 중요했지만, 그것보다 때때로 관객들이 보고 있는 것의 협소함, 무지, 정보의 한정 등으로 더 집중력 있게 활용했던 것이다. 다리오 아르젠토Dario Argento같은 이는 관객들에게 텅 비어있는, 볼만한 것이 아무것도 없는 보여짐을 통해서 음산함을 구성해 나갔으며, 존 카펜터John Carpenter는 관객에게 갑갑함을 주는 공간구성으로서 프레임의 기능을 확보해나갔다. 이러니 결국에는 다시 소리 없는 무성영화 초기, 이미지의 구성이 핵심이었던 표현주의적인 양식들이 컬러 시대의 공포영화에서 재탄생한다. 이미지는 읽혀지는 것으로서 놓여지는데, 읽을 거리는 가능한 한 배제함으로써 관객을 불안감에 사로잡히게 만들어간 것이다. 그리고《샤이닝》은 이 프레임의 차원에 대해 완전한 재해석을, 우리가 활용하면서도 의식하지 못했던 것을 이룩했다.

*

프레임의 두 가지 작동법이 여기에 있다. 하나는 내부로의 침투이다. 큐브릭은 공포를 바깥으로 가져가 보이지 않는 곳에서 작동하게 하는 대신, 완벽하게 프레임 안으로 밀어붙인다. 물론, 죄다 보여준다는 말이 아니다. 프레임을 과정적으로 옥죄는 감옥처럼 구성하는 것을 말하는데, 스테디 캠이라는 새로운 기술이 가장 효과적으로 사용되는 범례를 만들었다. 애초 이 기술은 흔들리지 않는 이미지를 얻기 위해 개발

되었는데, 큐브릭은 그 묘한 평형적 운동을 통해 쇼트의 단절 없이 줄기차게 심리를 몰아가는 방식으로 사용했던 것이다. 결국 이 영화에서 스테디 캠은 줄기차게 집중도를 고조하면서, 급기야, 인물들이 있는 호텔이라는 공간 자체를 질식할 것 같은 감옥으로 만들어버린다. 애초부터 사실 이들이 호텔로 들어오는 순간에 쇼트는 한정된 공간 안으로 그들을 밀고 들어가는 것처럼 정교하게 구성된다. 온갖 기둥들과 격자무늬, 창으로 갈라지거나 막힌 호텔 안에 지속적으로 그들을 자리 잡게 했는데, 그럼으로써 복도는 오히려 출구 없는 닫힌 공간성을 강조하며, 문은 닫혀있고, 거울은 분산시키며, 의식은 비현실로 나아간다. 밀폐의 시각화, 의식화, 프레임의 폐쇄성…. '영화'는 결국 이렇게 보여주지 않는 공포와 보여주는 공포의 방식을 자연스럽게 융합하는 단계까지 나아간 것이다. 이 특별한 '공포'는 가장 영화다운 방식의 공포인데, 영화가 바로 그러한 공포의 근원적인 의미를 구성하고자 할 때만 가능해진다. 사실 오늘날 대부분의 공포영화는 이러한 의미를 추적하기보다는 관객에게 보여짐을 극대화하는 방향을 택한다. 대개의 새로운 기술들이 항상 이 보여지는 영역 쪽에서 이루어지는데, 자연히 시각적 즐거움이 풍성해지기 때문이다. 디지털은 그 현재한 예라고 할 수 있다. 그는 모든 것을 보여줄 수 있기에, 한편으로는, 보여주고자 하는 데 강박관념을 지닌 것처럼 현란하게 시각을 장식한다. 공포영화가 오늘날 '초-'현실적인 내용들에 집중되는 이유는 바로 여기에 있을 것이다. 현실이 아닌 '초-'의 의미를 추적하는 대신, 현실을 '초-'하는 상황을 강조해서 말이다. 이점은 사실 드라큘라 백작을 공포영화에서 떨어져 나가게 만든 이유이기도 하다. 완벽한 시각화의 가능성은 어차피 악마와는 어울리지 않는 항목으로, 괴물에게 해당하기 때문이다. 나아가, 괴물을 더더욱 행동으로 진행하게 만들고, 그럼으로써 공포가 아닌 액션의 경계 안으로 들어가게 한다. 선탠 크림을 바르고 선글라스를 착용한 드라큘라는 신체가 드러나는 시간을 확장시킴으로써 낮이나 밤이나 그를 행동하는 자로 만들기 마련이고, 그럼으로써 행동과 행동이 충돌하는 유사 액션이 벌어질 수밖에 없다. 여전히 그의 얼굴과 사건은 징그럽고 끔찍하지만, 이제 관객들은 그 끔찍함을 외면하지 않는다. 그것은 보이도록 만들어진 끔찍함이기 때문이다.

결국 관객의 시선이 지닌 기능 하나를 영화가 지워버린 셈인데, 보이는 것 자체가 각별했던 가치가 이제는 사라졌다. 잘 보여야 하며, 더 보여야만 하기 때문이다. 애초에 영화의 보여짐은 언제나 그 자체로 가치를 지녔는데, 이제는 꾸며지지 않으면 가치를 지니지 못한다. 그런 점에서 공포영화의 역사, 형성과 변화 과정은 곧 '영화' 정체성의 변화들을 보여주는 아주 훌륭한 교범이다.

물론 오늘날, 이러한 방향으로의 공포영화 장르의 변화에 대해 과거만 못하다는 식의 가치평가를 할 수는 없다. 다시 말하지만 '공포영화'라는 장르의 성격 자체가 바뀐 것뿐일 수도 있다. 생산되는 영화 시대는 지났으며 배포되는 영화 시대에서는 영화는 완벽한 볼거리로서 생존가치를 얻어내어야 하고, 이야기조차 그 방향에서 소재와 주제를 찾아내게 된다. 한 가지 이채로운 점은 이전에 '영화'의 정체성의 변화를 가져온 것들은 모두 결국에는 영화 내부에 적용되는 기술의 발견과 발전에 의해서였는데, 이제는 배포 방식의 변화가 바깥에서 정체성을 변화시키고 있다는 점이다. 영화는 자꾸 궁색해진다. 온통 보여줘야 한다는 강박에 겨워, 새로운 것만 찾아다니는 처지가 되어버린 것이다.

*

프레임의 나머지 작동법이 바로 우리가 줄기차게 얘기했던 지점, 최면의 영역이고, 원격조정의 영역이다. 사실 큐브릭은 프레임 안으로의 집약, 응축 자체에만 매달리지 않는다. 정작 이 응집을 효과적으로 하기 위해서 프레임의 더 깊은 역할을 조심스럽게 가다듬는다. 영화의 첫 장면이 시작이다. 소리? 당연히 이 영화 전체 내내, 말할 필요도 없이 아주 정교하게 작동한다. 하지만 앞서 말했듯이 시각의 대체 쪽은 아니다. 독특하게도 큐브릭은 보이는 것들이 지닌 소리에 집중한다. 예컨대, 자전거를 타는 복도에서의 소리 같은 것 말이다. 깔개 위를 지날 때의 잡음에 먹힌 소리, 바로 이어지는 탄탄하고 반반한 마루의 소리, 이 반복이 주는 괴리감, 나타나는 쌍둥이….

그러니 영화 전체에서 소리는 항상 존재하고, 계속해서 자극하며, 무언가 균형감을 무너뜨리도록 균열을 강조한다. 하지만, 이것은 어디까지나 주변적인 것들이다. 소리만으로 영화 내내 악을 끌고갈 수 없으며, 무언가 그 소리를 이끌어낼 주체가 있어야 한다. 그래서 큐브릭이 매달리는 것, 나는 첫 장면부터 시작이라고 말했다. 악의 근본적인 정체성을 생각해 보라. 여기에 있어서는 안 된다는 사실, 알 수 없는 존재라는 사실, 그런데도 늘 여기에 있으며 늘 따라다니는 편재성, 어디서나 가능한 존재, 어디서나 쳐다보는 존재, 그것들이 아닌가?

결국 '모든 것을 보는 눈panoptic vision'이 큐브릭의 무기이다. 보라, 이것이 얼마나 끔찍한지…. 니콜슨이 오버룩 호텔의 모형을 들여다본다. 그런데 거기 실제로 호텔의 미로공원에 놀러 간 부인과 아들이 있다. 까만 점으로 움직이는데, 있어서는 안 되는 존재가 내려다보고 있다. 니콜슨의 몸에 들어와, 니콜슨에게 미소를 자아내며…. 만일 이 장면에서만 작동했다면 이리 중요하게 다루지 않았을 것이다. 영화의 첫 장면부터 이 순간까지, 결과적으로 카메라는 줄기차게 이 시선의 존재를 인식시켜 오다가 이 지점에서 니콜슨에게로 체화시킨다. 말하자면 관객은 여기서 더 끔찍해지는데, 이 시선을 엿보다가 이 시선이 어떤 과정을 거쳐서, 어떻게 니콜슨의 몸으로 들어가는지 체험해 버리는 것이다. 왜냐하면 영화 프레임에 있어서 가장 기본적인 위치에서 이 '눈/시선'을 의식시키는 데서 시작하고 있다. 바로《블로우 업》에서 언급한 전지적 시점이다.

애초에 여느 영화와 다를 바가 없다. 모두 이러한 전지적 시점을 지니고 있다. 그런데, 어쩐지 묘하다. 왜냐하면 단순히 서술을 위한 것이기에는 왠지 기이하다. 누군가, 즉, 캐릭터의 시선처럼 보여지기 때문이다. 애초 모든 장면이 결국 관객의 '눈'인 것은 맞다. 여기서 기이하다는 것은 이 '눈'이 거기에 그치지는 않는다는 점이다. 첫 장면인 헬기 샷도 관객인 내 '눈' 이 아니라 누군가의 '눈'처럼 느껴진다. 당연히 '끼륵끼륵'대는 소리가 구실을 하지만 그보다는 방향이다. 바로 관객석 쪽(안쪽)에서 지속적으로 깊이 따라간다. 마치 전체 세계를 내려다보고 있는 존재의 '눈'처럼. 그래, 프레임 바깥, 보이지 않지만, 있는 존재…. 관객은 당연히 '영화'에게 보이지 않지만 '서사'에 있는 존재는 아니다. 그러나 이 '눈'은 서사에 끼어든다. 줄기차게, 단계를 밟는데 이미 말했듯이 급기야 니콜슨에게로 들어간다. 유명한 타이핑 장면을 보라. 카메라가 어느 방향에서 니콜슨에게로 접근하고 그의 내면으로 들어가는지…. 그 이후에, 내려다보는 니콜슨이 되지 않는가? 즉, 이 시선은 이중적인데, 그것은 한편으로는 전체 정황을 따라잡는 일반적인 전지적 시점이면서, 몸이 붙은 샴쌍둥이 같은 쪽에서는 세계를 장악한 파놉틱 비전이다. 그러니까 그놈의 시선이다. 오버룩 호텔의 모든 것을 장악한 그, '악'.

사실 생각해 보면, 애초 서사적 시선은 파놉틱이다. 전체가 어떻게 흘러가는가에 대한 정보를 담고 있으며, 서사를 따라가도록 되어 있기 때문이다. 프레임 수준에서 말하면 이것은 언제나 바깥에 있는 시선으로, 물리적으로는 안쪽, 그러니까 삼차원인 관객석 쪽에서 주어진다. 그래서 우리는 이 장면이 이러한 서술 장면이라는 사실을 알고 있으며, 그 경우, 서술적 카메라의 시선이어서 전지적 작가이고, 동시에 우리의 눈이다. 그런데, 알고 보니, 여기 또 하나의 존재가 있다. 바로 악마인데, 이쯤 되면, 우리가 악마인지, 악마가 우리 눈을 빌은 것인지 모르게 된다. 시선이 계속해서 일치하는데, 아마 관객의 의지 측면에서는 결과는 같아도 심적으로는 일치가 아니지만, 어쩔 수 없이 일치하는 그런 입장이 되고 말 것이다. 즉, 결코 보고 싶지 않으며, 봐서도 안되는 시선을 관객이 체험한다. 《블레어 윗치》가 이 점에서 전통적인 프레임의 개념을 활용한다면 큐브릭은 거기에 새로운 영역을 제공한 셈이다.[16] 물론 이미 존재하고 있던 제3의 시점, 객관적 카메라라 불린 서사적 카메라 관점을 이처럼 보이지 않는 존재의 영역으로 탈바꿈시키면서이다. 기술은 사실 언제나 개념 하에 적용되어야 한다. 큐브릭은 정교하게 이 대원칙을 보여주는데, 헬기 샷, 스태디 캠, 들고찍기, 소리 등을 안쪽(차원의 프레임 바깥)에서 내부로 진행해, 어떻게 니콜슨의 몸에 들어가며, 어떻게 그 시각으로 대상들(희생자들)을 보며, 장악하려 하고, 절망하게 하는가를 체험시킨다. 즉, 관객은 이 시선과 함께 완벽하게 '공포'를 체험적으로 관통하는 것이다. 인기가 있거나, 잘 만들어졌다거나 대체로 인정하지만, 대개의 영화들은 이 수준을 목적하지 않으며, 언제나 기술을 과시하는 데서 자신의 욕망을 마감한다.

16) 《블레어 윗치》에서 마녀는 언제나 실존하지만 보이는 영역이는 등장하지 않는다. 즉 프레임 바깥 어딘가에 놓여 있으며, 그래서 서사적인 현실, 블데어 마을(산)을 전체적으로 감싼, 어디에나 있는 존재가 된다. 다만 우리의 눈에도, 등장인물의 눈에도 보이지 않을 뿐이다. 하지만 이 영화는 전통적인 범주에 멈추는데, 그들의 프레임의 역할에 대한 이 의식은 언제나 평면적이다. 즉, 프레임 좌, 우이지, 안쪽(관객석)이 아니다. 반면 《샤이닝》은 여기, 우리의 자리에서 시작한다.

6. "Involved in a mystery, in the middle of a mystery" —나포당함, 끌려감

예컨대, 바람이 분다. 그래, 세상에 나오면 언제나 그렇다. 거리로, 새삼, 젊은 거리로, 내 유수지에서 조금 벗어나 세상 안으로 진입하는 순간, 여지없이 세상에는 바람이 분다는 사실을 깨닫는다. 이 바람은 나쁘지도 좋지도 않다. 더운 시기에는 그저 훈증기를 온 거리마다 틀어놓은 듯 후끈하게 살을 달구는 바람이며, 추운 시기에는 잔뜩 천과 가죽을 방패로 둘러놓았음에도 감춰둔 살가죽까지 시리게 만드는 바람이다. 그러나 덥지도 춥지도 않은 미적지근한 시간에는 그 애매함에 맞서 적절하게 신선도를 유지하게 해주는 그런 바람이기도 하다. 아무튼—

죽 끓듯 이랬다 저랬다 하는 이 바람 속에서는 도저히 차분할 수가 없다. 어쩌면 그런 이유로 내 정열은 많이 식어버렸는지도 모른다. 차분함에 머물러 있다가는, 오래도록 생각의 골이 쌓이고 쌓여서 고름처럼 상처를 툭 터트리고 튀어나오는 것, 그것이 곧 정열이다. 아무 때나 호들갑을 떨며 신경선을 날카롭게 긁어대는 소리를 지르는 것이 정열의 반대편, 곧 집착이고 발끈함이다. 그래, 나는 이 바람이 싫어 늘 몸을 감추었다. 여기서는 정열은 많이 식었다. 영화를 본다는 것은 아주 즐겁지만은 않으며, 물론 바람보다, 정체의 변화로 인한 것인지도 모른다. 나는 정착민이 되기 위해 여기에 왔으되 여전히 이방인이다. 물리적인 조건이나 스테이터스가 그런 것이 아니라, '존재'가 그렇다. 거기서는 어색함은 덜했다. 거기서 나는 내가 어떻든 이방인이라는 사실을 정확하게 인지하고 있었으며 그 이상의 기대는 하지 않았기 때문이다. 하지만 나는 여기에 오고 나서야 거기서 내가 이방인만은 아니었다는 사실을 깨닫는다. '더' 이방인은 여기서였기 때문이다.[17] 나는 어쩌면 너무 다른 곳까지 나갔으며 너무 먼 곳까지 나아갔음이 틀림없다. 그 모든 것은 흡족하게 나를 바꾸었지만 이 땅은 '네가 바뀌지 않았어야 했다'를 자주 인지하게 한다. 그런 점에서는 한편으로는 내 시선이 옳았던 셈이다. 다들, 거기 머무를 때 한국을 오갔던 사람들이나 여기 와서 만난 사람들이나 모두 한국이 엄청나게 바뀐 것처럼 말을 했지만 들려오는 풍문으로 볼 때 하나도 바뀐 것이 없다고 생각했고, 바로 그 점이 내게 근심을 안겨주었다. 그리고 돌아와서 그럼 그렇

---

17) 이것을 두고 지인이 내게 '드 푸와 에트랑제'라는 말을 해준 일이 있다. 'deux fois étranger', 그러니까 '2 X stranger'라는 뜻이다. 여기서나 저기서나 이방인…. 경계선 위에 서 있는…. 양쪽 모두 친숙하면서도 양쪽 모두와 통하지 못하는…. 어감이 나쁘지 않았지만, 뜻은 마음을 긁는다. 그로 인해 내가 정서적이 될 수는 있지만, 그로 인해 회한도 쌓이게 마련이니까.

지 고개를 끄덕였다. 여기는 바뀐 것이 없었다. 그놈들은 여전히 있고, 암약한다. 세대에 세대를 물려 못된 의지와 욕망, 의식을 전이시키고 여전히 많은 이들이 생각하기를 즐겨하지 않는다. 한국인은 노는 일과 (나쁜 의미가 아니라) 만지고 다듬고, 움직이는 인간이 되었다. 기능이 중요한데, 명철한 생각보다 유용한 일꾼을 찾는 세상이다. (하지만 문제를 극복하는 것은 언제나 젊은이들이다. 늘 그들에게 감사한데, 고통을 그토록 주었음에도 아버지 따위는 훌쩍 넘어선다. 그래, 부모는 빨리 털어내야 하는 개념이다). 아무튼 그런 상태로 삶을 근심 아래 이어간 것도 벌써 시간이 엄청 지났다. 이제는 이것이 시작이든 끝이든 어떻든 나는 세상에 나오지 않을 수 없다고 생각했다. 그래서 어느 날 문득, 바람이 잔잔하다고 생각해 세상으로 한 발을 내디뎠는데, 여지없이 바람은 불고 있었고, 먼지가 휘날린다.

아무튼 나는 세상에 나왔다. 그러고는 문득, 영화를 볼 생각을 했다. 이제나 저제나 아직까지는 내 외부 활동에서 영화를 떼놓지는 못하니까. 아마, 이 외출이 영화와 연을 맺는 마지막 외출이 되리라. 늘 그런 긴장감으로 극장에 간다. 어찌 됐든, 나는 나왔고, 극장 앞으로 갔다. 자, 이번에는 이 문제를 써보자. 우리는 알고 보면 여전히 차원의 문제에 휘말려 있다. 아니, 우리 삶이 언제나 차원 사이에 끼어있다. 차원이 갈라지는 동굴, 거기서 시작하자는 말이다.

*

여기는 극장 앞이다. 예전에 극장은 단순했다. 몇 개의 관이 있으되,

큰 것 하나 작은 것 하나 정도?

대개는 단관이었다. 하지만, 지금 내가 서있는 곳은 추억과는 전혀 다른 모습으로 서 있는 멀티 플렉스이다. 서로 다른 영화들을 상영하는 여러 개의 관, 그러나 진짜 그럴까? 천만에, '멀티플렉스'는 애초 사기이다. 말만 멀티이지, 통상 인기있는 한 영화가 반 이상을 차지해 버린다. 아니, 인기 있어야 하는 영화가…. 그런 점에서 멀티플렉스라는 이름은 사악하다. 내 생각에 세상에 접근하는 우리의 다양한 경험을 위해서 이런 상영은 이제 금지되어야 할 필요가 있다. 세 개 관 이상은 동일한 영화를 못 튼다든지 하는 식으로. 잘 되는 영화는 더 오래 하면 되고, 기간의 벌어짐 때문에 수지타산에 오는 약간의 손해가 있다면, 그것은 다양한 영화들을 통해서 상쇄하면 된다. 시장은 그렇게 개척된다. 이 점에서 한국의 영화산업계는 지극히 게으르며 대체로 문제를 모르는 사기꾼들도 가득하다. 애초 진짜 자본가라면 언제나 시장을 개척하는 데서 맛을 찾기 마련이다. 하지만 이들은 금융가인데, 언제나 있는 시장을 파먹을 생각만 한다. 인간 자체로 보면, 정말이지 좀스럽기 그지없다. 대그룹이 많은데 덩치이지, 좀스럽다. 지난 수십 년간 그랬다. 덩치만 크고 하는 일은 통상 보통 이하의 좀스러움을 가진 자를 떠올려보라, 정말이지…. 가끔 생각하는데, 오직 한 작품에 사활을 걸고 매달려 제작하는 환경은 영화에게 좋지 않다. 많은 영화들을 만들어 영화 제국을 이루는 게 영화사의 꿈이 아닌가? 비슷하게는 떠들어대지만 요즈음 영화사는 그런 영화 제국과는 사실 거리가 멀다. 히트작, 한국의 정황상, 최대 히트작으로 가는 경향이 보이는데 그것을 내기 위해 총력을 기울이는 형상이다. 물론 할 말은 없다. 나도 영화사의 의뢰로 시나리오 작업을 할 때, 늘 흥행을 노리는 일에 종사했었다. 염려는 했었다. 이런 영화, 두어 개만 말아먹어도 영화사는 휘청거리고, 임금체불에, 미납에 온갖 악덕 기업들이 하는 짓은 다 하게 될 텐데—

멀티플렉스, 여기저기 사람들이 산만하게 산재해 있다. 나 역시 그들 사이에 끼었다. 웅성거림과 호들갑, 진지함, 정지와 이동들 사이에…. 이것은 이미 독특한 경험이다. '영화'가 자신을 열어 보였을 때와는 완전히 다르기 때문이다. 애초에 영화는 기다림이었다. 마치 기다림 외에는 영화에 접근하는 방법이 없을 듯이 수 없는 사람들이 오만가지 모습으로 자신들의 기다림을 보여준다. 흔히는 함께 영화를 볼, 그 사람을 기다리지만 그저 혼자서 이리저리 서성이는 사람들도 있다. 그런가 하면 조금이라도 사람들이 붐비는 곳에서는 또한 '줄'이라는 것이 있다. 오늘은 나도 그 줄에 서 있다. 그것이 있기에 어쩔 수 없이 거기에 서 있는 것이다. 물론, 모든 사람들이 줄을 서는 것은 아니다. 아직 오지 않은 누군가를 기다리며 시간을 재는 사람도 있고, 이미 표를 들고 사람을 기다리거나, 남은 시간의 소비처를 찾거나…. 무엇보다 요즘 시대에는 줄서기는 흔한 풍경이 아니다. 그런데 오늘은 조금 달랐다. 하긴, 붐빌 수밖에 없다. 세상의 시간은 모두 붐비게 마련이지만, 이 시간은 극장이 붐빌 차례가 맞다. 오히려 과거에 비하면 현저하게 줄어든 현상이다. 때는 주말이고, 하루를 아침에 열고 저녁에 닫는 사람들에게 시간이란 주말을 타고 주어진다. 아니면 이조차 이제는 그 철석 같았던 생활 패턴이 만든 습관적 인식일 수도 있다. 아무튼—

어떤 이는 말한다. 나도 가끔 같은 말을 했지만, 사실 옳은 견해는 아니다. 이른바 영화 보기와 연인과의 데이트가 연관되는 것에 관한 불만 말이다. 극장을 메우는 대부분의 사람은 연인이다. 그래서 영화에 대해서 조금의 숭고함을 가슴에 품고 있는 사람이라면 여지없이 자신은 영화를 혼자 보며, 데이트를 위해서 보는 행위를 마치 잘못이라도 되는 양 나대지만, 사실 완전히 잘못된 생각이다. 영화란 그런 것이다. 소일거리이며 시간의 소비처고, 꿈이며 오락이다. 영화는 신문의 호외판과 함께 시작해서 다만, 좀 더 깊은 곳까지 왔을 뿐이다. 게다가 어떤 점에서는, 생각을 조금 바꾸면 이 사실은 상당히 다른 견해로 이동하기도 한다. 사람의 대부분은 사랑으로 채워지는 것이고, 그 사랑의 시간을 영화가 채워줄 수 있다면 영화는 상당한 역할을 하는 게 아닌가?

영화의 오락성에 관한 견해도 마찬가지이다. 오락성을 지니고 있다고 해서 예술성을 잃어버리는 것도 아니고, 수많은 사람들이 환호하며 난리를 피운다고 해서 예술적이지 못한 것은 아님에도, 마치 대중들의 발걸음은 지적이고 숭고한 예술의 반대 방향인 듯이 '오락성'에 대해서 쌍심지를 켜는 경우가 종종 있다. 아, 물론 이해는 간다. 그들이 어느 정도는 틀리지 않은 말로 분노를 표명하고 있음도 안다. 하지만, 모든 것이 정적이고 그렇기 때문에 행동보다는 어쩔 수 없이 생각의 틈새로 주저앉고, 표정의 풍부함을 지워내며 '심각함'을 드러내야만 하는 것은 아니다. 우리가 지금껏 살아온 것만 봐도 이 삶이 얼마나 지치고 힘이 드는지. 흔히 학생들의 자유로운 리포트에서 드러나듯 '내가 거기까지 가서 머리를 움직여야 하는가' 하는 말도 옳기는 옳다. 게다가 이미 말했듯 오락이 예술의 반대편에 있지도 않다. 즐겁고, 환호하며, 기쁨으로 범벅이 된 얼굴도 예술을 즐기는 얼굴이다. 말초신경이라고들 말하지만, 몸도 예술을 느낀다. 만일 우리가 조심스럽게 구분해야 한다면 아마도 그것은 오히려 고상함을 예술의 특징으로 포장하고 그것을 은근히 베끼고 흉내 내는 것이다.

물론, 예술은 때로, 사실은 많은 경우에, 고상하기도 하다. 하지만 그 고상함은 그 작품이 다루는 삶에 대한 시선이 가져다주는 것이다. 처음에야 깔깔거리는 웃음을 푸짐하게 던져주지만 시간의 체적물들이 쌓인 후에, 채플린과 버스터 키튼은 더 이상 길가에서 내뱉는 웃음거리에 멈추지 않는다. 거기에는 문득문득 삶에 슬쩍 던지는 진지한 시선들이 묻어있기 때문이다. 만일 오로지 고상함을 강조한다면, 그래서 웃음도 지우고, 삶을 성찰한다는 미명 아래 심각한 표정 뒤로 감정을 덜어내야 한다면, 영화에게는 아마도 두 가지의 길만이 주어졌을 것이다. 흥미없이 사라졌거나, 잰 체하는 거만함의 강박관념에 빠지는 것.

성희를 느끼는 남녀가 일상에서 느낄 수 없는 기쁨 안에 잠기는 것처럼—물론 몸의 성희 이상을 말함이다—, 예술은 굳이 말하자면 고상한 흥분이고, 기쁨이다. 그런 점에서 오락성이란 예술성을 따질 수 있는 기준은 아니며, 예술성을 상쇄시켜 버리는 것도 아니다.

게다가 영화의 삶을 생각해 볼 때, 그것이 반드시 예술성을 지녀야만 하는 것도 아니다. 영화가 전적으로 예술이라고 강변하는 것은 영화가 전적으로 오락일 뿐이라는 것을 주저 없이 되뇌이는 짧은 생각과 마찬가지의 오류이다. '영화'는 다행히도 사람들의 의사를 표현하는 또 하나의 중요한 도구가 되어서, 역사가 쌓인 후에 예술적인 가치를 지닐 수 있는 지경까지 이르렀을 뿐이다. 모든 영화가 심각하고 의미심장하며 표정을 굳게 만드는 것이라면, 그리고 그러한 생각들이 일반적이고, 따라서 그런 영화들만이 쏟아져 나오고 흥행이 된다면, 끔찍하다. 그런 세상은 아마도 살아내기가 무척 힘들 것이다.

영화에게는 이것도 있고, 저것도 있다. 마치, 문학 자체야 하도 장황한 역사 속에서 그 자체로 예술의 형식이 되었지만, 그 형식으로 쓰인 모든 것들이 예술 작품으로만 존재하지는 않는 것처럼 말이다. 물론 어떤 작품들은 지극히 소수에게만 다가가게 될 것이다. 그러나 나는 어떤 점에서 무척 경계하는데, 이 소수가 가끔 지적으로 무장된다는 점이 그렇다. 지적인 소수일 수도 있지만, 지적이어야만 하는 것은 아니다. 내가 깨닫기에 지혜로운 자는 지적인 냄새를 풍기는 데 그치지 않는다. 그는 사람들을 편안하게 하며 자신과 소통하게 한다. 즉, 냄새를 풍기는 게 아니라 함께 나누게 한다.

영화는 신문의 호외판으로 먼저 등장했다. 즉, 신기한 소식이었으며, 무슨 일인가 반드시 터질 것만 같았던 19세기 말의 세상의 황금기에 나타난 신나는 발명품이었다. 맨 초기에 그래서 그것이 예술인가 아닌가는 아직 논의할 대상도 아니었다. 그저 즐기는, 시간을 흥미롭게 보내는 관람물이었을 뿐이다. 그러니까 결국에는 영화는 철저한 오락으로 시작한다. 그러고 나서 몇 가지의 추가 사항들이 생긴 것에 불과하다.

그렇기 때문에 나는 종종 생각한다. 영화가 연인들의 시간을 채울 수가 없었다면, 망각의 시간을 채울 수가 없었다면 아마도 사라지고 말았을 것이라고. '무엇보다'는 아니지만 영화는 '먼저' 그들을 위해 존재한다. '영화'가 먼저고 그들이 나중은 아닐 것이다.[18] 물론, 내가 영화를 하게 된 뒤에야 혼자 있는 시간을 많이 보냈지만, 그래도 아직도 많은 시간을 나는 사람들과, 친구들과 함께 본다. 내게 우선 영화는 사람들 사이를 지나가는 무엇이기 때문이다. 아, 영원히 이 생각이 변치 않기를….

여하간, 그래서 나는 이 시간을 일부러 택했다. 여기, 이 사람들 안에, 세상에 잠시 있고 싶었기 때문이다. 물론 이전과는 모든 것이 달라졌다. 기억으로 들어가면 극장은 언제나 줄서기로 시작됐다. 하지만 이즈음은 드문 풍경이다. 사람들이 제법 있다고 했지만 과거와 같은 기나긴 줄서기는 없다. 기억 속의 풍경은, 이 줄서기가 짜증이나 보고 싶은 게 있어도 원하는 시간에 선뜻 극장에 갈 생각이 안 들 만큼, 기이이이인 줄서기였다. 그러나 지금은 그런 줄서기는 사라졌다. 극장은 더 많아졌고, 표를 사는 방법, 예컨대 영화에 접근하는 방법도 다양해졌다. 하지만 당시에는, 내 젊은 날에는, 극장 앞에 가는 것 이외에는 표를 구할 방법이 없었고, 갈만한 극장이라고는 서울 시내에 뻔한 십여 개뿐이었다. 지금은 세상의 관심에서 잊혀진 이름이 된 피카디리, 단성사, 명보…. (죄다 없어졌다!) 그때는 사실 영화의 풍경이나 삶의 풍경, 모두가 초라했다. 살아가는 것은 생존이었으며 그래서 다들 바빴다.[19] 그리고…. 그렇기 때문에 삶은 어쩌면 지나치다 싶을 만큼 지루

---

18) 때로 예술은 사람들을 앞서간다. 그런 점에서 이 진술은 오류처럼 보이기도 하겠지만, 생각을 좀 더 하자. 앞서갈 수는 있어도 '먼저 존재'하지는 않는다. 예술은 그들을 보고 생각하고 해부해서 발생하는 것이지 그들과 완전히 결별한 곳에서 발생하는 게 아니다. 그렇기 때문에 '예술 존재'에게 존재로서의 우월적 지위가 부여된다면 그들이라는 존재들에게서 이루어진다. 스스로 우월적 지위를 부여할 때, 그것은 더 이상 예술이 아니다.

19) 그러고 보니 매순간이 생존이 아닌가? 전장에서 1920년대가 생존의 시기라고 했듯이, 지금부터 말할 1910년대도 그러하고 내 어린 날, 1970년대도 그러했다.

했다. 몸의 움직임만이 시간에 앞서갈 듯 빨라질 뿐, 삶의 모습은 달라지는 게 없고 나날이 지쳐갔기 때문이다. 지금도 '그때'라고 하는 이 단어를 들으면 때때로 회한, 쓸쓸함, 기억들이 떠오른다. 물론 이제 지나간 것들이 다가올 것보다 많아서 그런지도 모르지만…. 여하간에 무지하고 긴 기다림들…. 그러고 보면 영화는 우리가 흔히 생각하는 것보다 훨씬 세상과 가까이에 있다. 예컨대 삶에서의 이 기다림, 곤함은 고스란히 당시 영화의 풍경에도 배어 있으니 말이다.

기다림은 그런 점에서 전통적인 영화의 풍경일 것이다. 내 인생만 해도 그런 무지한 기다림이 몇 번이나 있다. 그중 가장 기억에 남는 것이 《슈퍼맨》이었다. 때는 1978년이었고, 까마득한 시절이다.

이미 말했듯이 아마도 오늘날에는 그러한 무지한 기다림은 보기 힘들 것이다. 하지만 당시에는 그저 창구에 먼저 당도해서 누구보다도 앞서서 표를 사는 것 이외에는 전혀 방법이 없었으니까 그보다 늦은 사람들은 길게, 아주 길게 줄을 서야만 했었다. 겨우 영화 하나 보는데 아침부터 길거리에 엉거주춤 서서 하루를 오롯이 바치는 셈이다. 그 시절의 삶이라는 게, 삶에 주어진 허용치가 그 정도였다. 그때는 모든 것이 바쁘고 지치게 돌아가서 지금처럼 여유를 부려 일상 안에서 쉴 시간을 만들고, 주말이면 전부를 유희에 투자할 수 있지 않았다. 사람들은 일주일 내내 생존의 긴 시간에 묶여 있었다. 토요일 오후와 일요일 한 낮. 그 시간 만이 간신히 여가를 낼 수 있는 때였지만 그것도 사실 소수에게 해당하는 특혜였다. 주말이라고 일에서 헤어날 여유가 당시 삶에는 별로 없었다. 1970년대 말 한국의 살림살이의 목적은 생존이었다. 생존, 오늘날 이 단어는 일반적인 삶에서 은폐되어 있다. 사실은 여전히 생존의 카테고리에 머물고 있음에도 그 목숨의 맨 밑바닥 단어 대신 다른 것들로 포장되어 전해지기 때문이다. 하긴, 그때에는 더한 면도 있다. 생존을, 생존에의 거친 삶을 당연한 것으로 포장하는 폭력성 말이다. 그때의 권력자들은 마치 중세의 교회 같았다. 앞서 말했듯이 사람들을 사람들로 보지 않고 자신들을 위해 존재하는 요소로 봤던…. 이 폭력적 사고는 아주 거대한 이데올로기를 만들어내서 지금도 유통되고 있다. 라떼, 그러니까 카페라떼가 아니라 '과거엔 못살았고 그래서 얼마나 열심히 산 줄 알아'라고 하는 노인네들을 그런 의식을 가진 자로 키워낸 폭력성이다. 불가사의이다. 지금 노인들도 박씨와 전씨의 시대를 살았고, 정말로 인간 같지 않은 자들이 누구인지 봤음에도 여전하다는 사실이.

지금도 누구나 열심히 산다. 시대에 따른 방법이 다르고, 외양이 다를 뿐이다. 더군다나 이 열심은 누가 강요하면 폭력이다. 그때는 통치자란 놈들은 늘 당연한 듯 강요했다. 지금도 마찬가지의 종자들이 앉아 있는 듯하지만…. 어쩌면 더할 수도 있다. 지금의 종자들은 알고도 사기치는 것이니까. 어쨌든, 당시는 그 '다른 것들'을 꿈꿀 수 있는 형편에 처한 이들이 별로 없었다. 영화는 사실 그런 점에서 그들의 시간을 비집고 들어가기에는 너무나 힘이 없었다. 생존의 행위 중 일부를 차지하기에는 말이다. 그것은 시간을 사치스럽게 부릴 수 있는 자들의 선택과목이었다. 하지만, 그렇다고 오해하지 말기를. 그때 이처럼 영화보기가 힘들었다고 해서 사람들에게 영화가 생존에서 멀리 떨어진 무관심의 대상은 아니었다. 늘 영화를 보려는, 보고 싶어하는 이는 많았다. 당시 벌이의 조건을 생각하면 놀라운 일이다. 사람들은 자주 영화관에 출몰하지 않았을 뿐이지, 영화를 생소하게 느끼고 있던 것은 아니다. 그들은 볼만한 영화를 기다렸으며, 볼만한 것들은 항상 있지는 않았는데, 검열이나 수입의 한계 때문에 드물 뿐이지 영화를 볼 준비는 대체로 '언제나' 되어 있었다.

이런 이중성, 한쪽으로 볼 때, 즉, 몇 개 안 되는 영화관에 영화에 접근 가능한 통로의 빈약함, 간헐적으로 펼쳐지는 장사진 등의 풍경들로 볼 때나, 또는 그 삶의 지친 순간에도 화제를 몰고 온 영화가 있으면 그 앞으로 모여드는, 나름대로 영화가 주는 묘미를 이해하고 있었다고 생각할 수 있는 영화의 풍경으로 볼 때나 다 마찬가지이다. 이 이중적인 모습은 다같이 영화가 이미 삶과 함께하고 있다는, 오래전부터 세상의 삶과 일치하는 자신의 삶을 살아왔다는 증거이다. 다시 말해, 빈약함과 초라함의 측면에서 영화가 지닌 풍경은 당시 삶의 빈약함과 초라함을 고스란히 보여주며, 줄서기와 몰려가기의 측면에서는 그 당시 사람들이 서서히 어떻게 문화적인 유희의 욕구를 지니게 되었는가를 짐작게 해준다. 그 시기를 전후로 영화는 이미 젊은이들과 웬만한 사람들에게 서서히 삶의 일부가 되어갈 채비를 갖추고 있었던 것이다.[20] 지금처럼 떳떳이 영화를 봤노라고 말할 수는 없는 시기였지만 말이다.[21]

이런 생각을 하는 사이, 줄이 조금 줄어들었다. 두 사람, 세 사람씩 짝지어서 웅성거리다가 표를 사고는 곧바로 들어가는 사람들도 있고, 어떤 이들은 시계를 보며 아직은 들어가지 않는다. 아마도 기다리는 사람이 도착하지 않은 탓일 것이다. 여하간 줄이 줄면서 다행히 내게도 표를 살 기회가 주어졌다. 나를 쳐다보는 직원에게 제목을 말하고는 표를 받는다. 이것도 대개는 사라졌다. 터치식 기계가 대신하고 있

으니까. 그런데 문득 나는 과거를 떠올리며 의문을 하나 품게 된다. 예

---

20) 그런 점에서 꼭 그런 것은 아니지만 이 《슈퍼맨》이라는 영화는 내게는 기이한 상징처럼 보인다. 그것은 실제로 영화사를 통해 볼 때, 영화에게 다시 픽션의 시대가 열렸음을 보여주는 중요한 전거 중 하나이기 때문이다. 그 이전의 시대에서 영화에게, 또 영화에게 벌어진 것이기 때문에 사람들의 삶에 벌어진 중요한 변화는 리얼에 대한 발견이었다. 하릴없는 사랑놀음이나 현실적이지 않은 픽션들을 조금 미루고 영화는 마치 리얼이 없고서는 안될 듯이 달려갔었다. 그러나 다시 그 리얼에 대한 추구가 픽션과 서서히 결합하고 그래서 보다 잘 무장된 모습으로 새로운 픽션의 시대를 열게 된다. 그 대표주자가 《슈퍼맨》이었으며 《스타워즈》 시리즈였다. 그때부터 사실상 '오늘(21세기)'이 시작되었다. 여전히 '특수효과'로 불리지만 사실상 CG는 이때부터 성질이 바뀌었고, 모든 것을 장악했다.

21) 언뜻 이 표현에 의문을 지닐 것이다. 왜 떳떳지 못한 행위였는지. 1970년대와 1980년대는 지금의 입장에서는 도저히 상상할 수 없는 일들이 물처럼 흘러가던 시대였다. 당시, 모든 청춘에게 영화를 본다는 것은 일종의 금지 품목이었다. 미성년자들은 자유롭게 극장에 갈 수가 없었다. 박정희 정권은 아주 이상한 것까지 자신의 뜻대로 하고 싶어 했는데 청춘들이 극장에 가는 것을 아주 못마땅해했다. 관람가와 불가를 말하는 게 아니다. 어떤 영화이든 극장에 있으면 적발의 대상이 되었다. 극장에서 잡히면 대개는 유기정학이었다. 정학, 세상에, 극장에 갔다고 일정 기간 학교를 멈추어야 한다. 그뿐인가? 사실 청춘은 금지를 빼면 할 수 있는 게 거의 없던 시절이다. 장년도 금지를 빼면 할 게 별로 없다. 다행히도 당시는 가난했고, 그 말은 유희거리, 금지라고 할 것도 없이 대부분의 사람에게 할 수 있는 일이 별로 없을 때였다. 아마도 그렇기 때문에 지금 그 때를 살아온 사람들은 그때가 좋았지, 하는 무지한 생각에 잠기는 듯싶다. 지금으로 비유할까 ? 사람들은 새벽에 일어나 거리를 청소해야 하며(늘 그렇듯 강제로), 길가를 가다 애국가가 들리면 정지하고는 가슴에 한 손을 올려야 한다. 공식적으로 좋은 이야기 빼고는 전부가 유언비어여서 어디서든 그것을 말하다 걸리면 파출소로 가야 하고, 부르고 싶은 노래나 읽고 싶은 책도 부르지 말고 읽지 말라 하면 읽어서는 안 된다. 그리고 그가 지나가는 길목에서는 언제나 박수를 쳐주고 그가 주는 떡들을 감사하게 받아먹어야 한다. 나는 지금 어느 당 사람들이 제정신인가 싶다. 그 시대를 회고하고 나아가 이전의 더 무지한 과거들을 새삼 끌고와 기념관을 만들기까지 하니. 하긴 그런 자들이 모인 당이니까. 그런 시대정신에 기꺼이 따라갔고 그것을 전파하며 명성을 얻었으며, 그따위를 시대정신이라 부르며 연모하니까. 아무튼 그때는 보지 말아야 하는 것들이 많았고, 보면 문제가 되는 시대였다.

전에는 직원의 모습을 보기 힘들었다. 돈과 표가 건네지는 조그만 구멍을 빼고는 온통 가려져 있었고, 지금처럼 마이크 시설이 되어 있는 것도 아니어서 뚫려 있다고도 말하기 힘들 만큼 가슴팍 낮은 곳에 어색하게 위치한 구멍에 대고 말해야 했기 때문이다. 창구가 왜 이토록 낮은 것인지 하는 생각도 해봤지만 그다지 특별한 이유가 있을 것 같지는 않다. 어쨌든 나는 애매한 모습으로 구멍에 대고 제목을 말하며 시간을 선택한다. 그러면 그녀는—대개는 '그녀'이다. 이점만큼은 이해가 간다. 허드렛일이고 돈도 별로 안 주는 모든 일에는 여자들이 있었다. 이 오래된 의식 속의 차별이 무시무시한 습관을 만들어낸다. 아직도, 이리 생각하는 나조차 당당하게 습관적으로 이 사고를 벗어나지는 못했다. 마땅한 노력이 없으면 습관은 고쳐지지 않는다. 그래서 이 문제에 관한 한 우리는 '왜 노력하지 않는가'를 문제 삼아야 한다. 늘 거기서 반성이 반복되어야 아주 작은 부분에서 실현이 된다—내 말을 따라 하듯 되뇌이며 표와 함께 잔돈을 내민다.[22)]

시간에 지나치게 밭으면, 나 역시도 곧바로 극장으로 들어가기도 하지만, 대체로 근처에서 상영시간을 기다리며 차를 한잔 마신다. 오늘은 '여지없이' 차를 한잔 마시기로 했다.

정해진 시간은 강박이다. 사람들도 대체로 언제나 시간에 앞서서 나타나고 잠깐이라도 호흡을 골라낸다. 하지만 내 경우에는 조금 심한

---

22) 지금도 대체로 그렇긴 하지만 이것도 나는 일종의 시대 풍경이라고 생각한다. 여자의 직업이 그만한 수준으로 정해졌던 가난함의 시대. 완전히 벗어나 말할 수는 없지만, 단지 물리적 수준의 가난함은 아닌 듯싶다.

편이다. 나는 임박한 시간을 즐기지 않는다. 무언가 아무리 하찮은 일이라도 그것을 하기 전에 항상 적절한 시간적 여유를 둔다. 영화를 볼 경우엔 강박은 더 심해서 도무지 어쩔 수 없을 때를 제외하고는 시간이 숨에 받히면 차라리 다음 회를 선택한다. 급하게 숨돌릴 시간도 없이 허겁지겁 '세상'과 만나는 것, 그것 자체가 아주 징그럽다.

줄지어 늘어선 사람들이 적당히 보이는 창가 쪽에 앉아서 차 한 잔을 시켰다. 따뜻하고 씁쓰름한 커피, 에스프레소. 아주 달지도 않게 그렇다고 온전히 쓴 맛을 고스란히 느끼는 것도 아닌, 그저 그런 만큼의 설탕을 넣고 천천히 저어 마신다. 여기에도 나 같은 사람들은 있다. 영화 볼 시간을 기다리며 혹은 먼저 표를 사고 함께 볼 사람이 올 때까지 기다리는…. 물론 나는 사람을 기다리는 것은 아니다.

다시 생각을 이어가자. 이 많은 사람들, 카페에도 많은 사람들이 모여있었는데, 이들은 왜 여기에 와있는 것일까 하는 점이다. 이들은 왜, 이런 종류의 문화에 동참하고 있을까? 이 궁금증은 특별한 것은 아니다. 내가 청춘이었던 시절에는 영화보다 연극을 더 선호했다. 사실, 이 점에 대해서도 말해야 한다. 1980년대까지의 영화, 특별히 한국에서의 '그'를 이해할 필요가 있을 테니까. 하지만 그것은 다른 기회에 할 일이다. 여하간, 사람들은 영화를 은근히 즐기기는 했지만 떳떳해하지는 않았다. 그들은 대신 연극의 묘미에 빠져있었다. 아마도 몸으로 움직이는 것이 상당히 금지된 시대여서 그랬는지도 모른다. 1980년대의 초입이 '시의 시대'였었다는 사실을 떠올려보라. 아마도 언뜻 짐작이 가지 않겠지만, 그 시대는 엄연한 시의 시대였다. 우리가 시를 읽던 시대, 우리가 시를 사랑하던 시대, 시가 우리를 읽고, 사랑하던 시대. 시는 언어가 아니고, 언어이기 전에 노래이며, 꿈이다. 그가 사용하는 언어는 우리 일상에서 자주 쓰는 것과는 다르며, 종종 그 이상으로 우리를 끌고 간다. 생각과 그 생각의 감동으로…, 이미지로…, '타는 목마름으로'…, 슬그머니 자리를 뜨는 새들에게로…, 보라, 온통 이미지이지 않은가? 보이지 않지만, 가슴 속에서 타는 이미지.

그것이 사랑받던 시대는 몸이 정박해 있던 때였다. 그래서 한편으로 몸의 움직임을 보기 위해 사람들은 연극 극장으로 몰려갔고, 거기서 넘치는 동작들에 취했다. 아, 그러고 보면 그때가 그립다. 우리를 그렇게 만든 시대가 그리운 게 아니라, 시와 연극이 있던 시대가 그립다. 그것은 너무 빨리 지나갔고, 너무 빨리 잊혔다. 몸은 그렇게 자본에 묶이면서 이미지와 진짜 행위들을 잊어버리게 되어있다. 그래서 안타깝고, 아쉽다. 우리는 모든 몸과 모든 이미지를 통과해야 하는데….

여하간, 지금 사람들은 극장으로 몰린다(냉정하게 말하면 이제는 물질적 형태의 극장이 아니지만). 이 극장은 이제 연극이 아니라 영화를 보여주는 곳이다. 여기서 위에 말했던 이곳에서의 '대체문화'로서의 속성은 잠시 내버려두자. 시와 연극 대신에 영화를 보게 되는 이유들 말이다. 나는 '영화'가 어떤 것이었으며 어떻게 이 시간까지 오게 되었는지를 말하고 싶을 뿐이다.[23] 궁금한 것은 바로 그것으로 영화가 어떻게 해서 이런 현상을 만들어내게 되었을까? 이 지점까지, 여기까지 그들은

---

23) 어떤 이들은 '영화'가 지닌 이 대체문화의 측면을 상당히 곤혹스러워 한다. 하지만 그것은 '영화'의 목적이 아니었다. '영화'는 무언가를 대체할 만하지는 않다. 정확히 말하면, 이 대체를 만들어낸 주범은 자본이다.

왜 오게 된 것일까? 그들은 왜 이런 종류의 문화에 동참하고 있는가?

줄을 섰다. 1980년대, 영화관에는 언제나 줄이 있었다. 예매시스템이라는 개념이 없었기 때문에 미리 표를 구매하는 경우라도 어쩔 수 없이 현장에 나가 그 시간에 해당하는 표를 사려는 이들과 함께 줄을 서야 했다. 그것도 대부분의 극장은 미리 예매표들을 판매하지도 않았다. 1980년대 중반쯤인가 전화 예매를 도입한 극장도 있었지만, 예매 취소에 대응하기가 어려워 이내 사라졌다. 나는 1988년까지 한국에 있었다. 조금씩 예매시스템이 들어와 적절하게 이용하는 이들도 있었겠지만 적어도 그때까지는 그래도 영화관 앞까지 나아와야 영화를 볼 수 있었다. 줄서기는 영화관의 풍경이었고, 그것부터가 사실상 영화 보기의 시작이었다. 물론, 그 기다림에, 하릴없이 낭비하는 시간에 짜증이 들지 않았다는 말이 아니다. 하지만, 대체로 사람들은 그 기다림을 당연히 받아들였고, 때문에 요즈음 상상하듯 상당한 짜증을 내는 이들은 별로 많지 않았다. 어마어마한 줄에도 불구하고 말이다.

1978년에도 그랬다. 앞서 언급했지만 조금 더 구체적으로 묘사해 보자. 지금은 상상이 안 가는 시절의 이야기지만, 아무튼, 그해 상당한 소리 소문을 퍼뜨렸던 영화《슈퍼맨》이 개봉한다. 대한극장이었다. 학교를 빠지고(기억에 적법하게는 아니었던 듯하다) 친구 둘과 함께 그것을 보러 갔다. 줄을 섰는데, 세상에, 아침부터 서서 오후에야 표를 샀고, 5시인가 영화를 보게 되었다. 줄은 여러분 상상이 불허하게 어마어마해서 지금 대한극장 앞에서 한국의 집 쪽으로 향하는 바로 옆 골목으로 꺾어 올라가(지금은 이 골목 입구에 스킨푸드가 있다) 한국의 집을 거쳐 필동 주유소 쪽까지 내려가 대한극장으로 또 돌았다. 그러니까 두

바퀴, 두 줄. 어마어마한 기다림을 견딘 것은 우리가 신기한 판타지를 보러 온 어린이들이어서 그랬을까? 아니다. 내 뒤에 우연히도 같은 동네에 사는 진미식당 아주머니가 서 있었는데, 그들도 그만큼을 기다렸다(암튼, 아주머니 덕분에 내가 학교를 빼먹고 극장에 갔다는 사실은 고스란히 어머님께 전해졌다). 그러니까 어른들도, 특별히 영화 보기에 환장한 사람들이 아닌, 일반인들도 무지막지한 기다림을 이어갔다는 말이다.

몇 가지 이유를 덧댈 수도 있을 게다. 1978년이면, 궁색하기 그지없는 시간이기 때문이다. 1979년에 18년이나 제왕처럼 군림하던 자가 당연한 결과였지만, '횡사'했다. 당시 한국의 일반적인 살림살이는 가난했으며, 삶에는 놀 것이 별로 없었다. 아마, 남자들의 구차한 놀이 습관, 술 마시기, 그 자리에서 허무맹랑한 이야기로 떠들기는 그런 삶에서 연했을 것이다. 즐길 게 없었으므로, 차곡차곡 깊이로 잦아들 취미라는 것을 지니기가 힘든 시기였으므로….

들어갈 시간이 되었다. 이제는 바빠진다. 내가 살고 있는 세계에 머무는 것이 아니라 전혀 짐작도 못 하는 세계 속으로 여행을 가는 것이기에 준비를 해야 한다. 거기를 돌아다니다 오줌이 마려우면 큰 일이다. 길이나 도로의 한복판에서 일을 볼 수는 없지 않은가? 따라서 본능적인 채비를 하고 객석에 앉는다. 그러고는 이제는 진짜 '기다린다'. 빛이 뒤에서 시작해서 내 머리 위를 지나, 지금은 회색빛의 저 스크린을 때리기를…. 나는 그것을 보려고, 그 빛의 세계 안으로 들어가려고 지금 여기 와 있는 것이니까. 이윽고….

빛이 당도하고, 영화가 시작되었다.

빛이 당도하고, '영화'가 나를 바라보기 시작했다.

빛이 당도하고, 한 번도 보지 못한 세계가 열렸고, 내게 더 이상 사건의 지평선은 없었다.

이제 막 나는 발을 들였는데, 그 순간—

나는 세상의 미스터리에 끌려들었다. 지금 나는 그 미스터리의 복판에 서 있다(I'm involved in a mystery, I am in the middle of a mystery).

이것이 '영화'였고, 영화이다. 매번 영화를 볼 때마다 그런 생각이 들곤 했다. '영화'에 대해 더 알고 싶다고!

*

싸구려로 취급되어, 저예산으로 만들어지며, 아이디어 때문이 아니라, 영화의 사회적 기능 때문인데, 시간의 소비를 위해서 빠른 속도로 재생산되는데 불과한, B급으로 전락했다. 장르로서의 '공포영화'는 할리우드 클래식의 전성기에 결코 전성기가 못 되었는데, 그냥 시간 속에 만들어지는 초라한 상태였다. 나는 그 사실이 아니라, 이유가 궁금했다. 하지만 여기까지 왔을 때는, 우리는 이미 그 이유를 대충 짐작한다. 그것은 '공포'에의 탐구를 멈춘 영화들이고 이미 있는 것들을 전사해서 그때마다 눈속임으로 가공하고, 조작해서 '공포'를 맛보기보다 눈요기로 전락시키며, 더위에 허덕이는 신경계를 한 번쯤 곤두서게 하는, 납량특집의 수준에서나 생산되는 것이었기 때문이다. 그것이 사실이 '장르'이기 때문에 발생한 문제는 아니다. 오히려 죠르주 프랑쥬, 마이클 커티스 등이 활동하던 시대에는 생산적으로 B급이기는 했으나 장르를 넘어 '공포'의 의미는 흑과 백의 정교한 차원의 히야투스를 보여주는 모든 장면에 깊이 스며들어있었다(《사냥꾼의 밤》, 《싸이코》, 《맨츄리안 캔디데이트》…. 이 목록, 차고 넘친다!) 차라리 이는 우리들 삶의 조건에 딸린 문제라고 봐야 한다. 1960년대 즈음이면 무엇보다 인간이 달에 발자국을 남길 때이다. 신이 자신의 존재를 슬금슬금 지워야 했다면, 이제 악마의 차례였다. 보라, 이 이후 공포영화에는 이제 수도 없는 괴물이 등장한다. 우주 괴물, 미지의 괴물, 해저 괴물 등등…. 영적으로 우리를 괴롭히던 악의 문제는 한참 관심에서 멀어졌다. 그러니, '공포'는 싸움에서의 패배에 대한 근심이 되고, 액션이 개입하며 해결 대상이 되지 않는가? 말하자면 더 이상 음미의 대상이 아닌 것이다. 공포영화의 B급화는 뱀파이어의 추락과 악마의 존재에 대한 의심(그에게는 다만 신처럼 죽음을 선언하는 니체가 없었을 뿐이다), 악한 것에 대한 물질적 교정이 관계한다. 그래서, 가장 쓸만한 소비 영화들이 되었고, 지저분해졌다. '공포'의 엄숙한 숭고함은 설 자리를 잃었고.

하지만, 종종 대상을 역사적으로 보는 내게는 여전히 흥미로운 지점이 발생한다. 예컨대, 이 B급 영화들이 틀어지던 영화관에 출입하는 이들이 어떤 이들일까? 그 시대까지 쌓인 영화들에서 문화적 묘미를 느끼는 이들은 아닐 가능성이 크지 않은가? 여전히 삶에 허덕이며 푼돈으로 살아가는, 지친 몸을 소비하고, 객석에 앉아 다른 세계에 빠짐으로써 미래에 대한 정밀한 계산을 유보해야 하는 삶을 사는 이들…. 아니면, 기성세대에 가려 갈 곳을 잃은 아이들…. 내가 보기에 타란티노가 가능해진 근거는 여기에 있다. 무슨 말인고 하면, 영화로부터 거리가 떨어진 이들까지 영화에 참여하게 되고, 빠져들며, 형성되어있던 문화에 한 켠에서 또 다른 문화를 만들어낸 것 말이다. 이들의 취미와 선택이 지니는 가벼움과 미적인 것을 무시하는 태도는 이점에서는 중요하지 않다. 천만에, 그들도 미적인 세계에 이제 발을 들인 것이다. 그렇기에 이들로부터 영화를 만끽하는 타란티노 같은 세대가 나오지 않는가?

정말로 허다한 사람들이 보고 소비하고 내던지는 것이 영화들이었다. 그 하나하나 영화의 역할은 형편없으나, 이 덩어리의 역할을 중요한데, 바로 앞서 말한 인간의 영화관에의 출입, 거기서 벌어지는 최면과 몰입, 무아, 몽환상태를 고스란히 증명해 주는 증거품들이라는 점이다. 주류 영화에서 우리는 이에 더해 늘 판단의 계기를 작용시킨다. 하지만, 이 B급을 보는 이들은 자신들이 싸구려를 보고 있으며 나아가 그 영화들이 싸구려인 이유도 잘 알고, 엉성함, 어이없음을 이미 경험한 자들이다. 그런데, 그러면서도 싸구려 안으로 빨려 들어가 환호하고 야유하고 집어던지고 난리법석을 떤다. 바로 이것이 '영화'의 존재이유가 아닌가? 영화관이 작동하는 방식, 나아가, '영화'가 우리를 조명하는 방식…. 그래, 아직도 할 말은 많다. 뱀파이어는 이 외에도 줄줄이 나열해야 하며, 더구나 우리는 정작 뱀파이어영화들에 관해서는 해부하지 못했다. 하지만 그런 것은 급하지 않다. 재기발랄하게 뱀파이어의 초상을 그려내는 것이 이 책이 하고자 한 일은 아니다. 그리고 여전히 우리는 뱀파이어를 다루고 있다. 근본적으로 뱀파이어라는 이미지의 문제와 한발 더 나아가, 영화와의 관계를 생각해 보는 것이 우리 일이었으니까. 뱀파이어 영화들에 관한 초상은 지금 내가 쓰고 있는 책, '기괴한 것들' 에서 다시 다룰 수가 있다.

그러니, 이미 다른 방식으로 말하긴 했지만, 문제에 초점을 맞추어가기로 하자. 여기서 '문제'란 여전히 뱀파이어, 악, 영화이다.

- You like mysteries that much? (영화 정황상 '너 정말이지, 그럴 정도로 이 미스터리가 좋아?')

《블루 벨벳》의 대사이다. 제프리가 도로시의 방에 침투하고 거기서 파악한 내용으로 끔찍한 외부, 프랭크의 내막을 알게 된 뒤, 샌디와 만나서 사건을 요약해서 말해준다. 그러자, 염려스러운 눈으로 샌디가 물어본다.

- 그렇다고 그 여자의 집에 다시 갈 건 아니지?

제프리는 답 대신 어쩔 수 없다는 식의 표정으로 답한다. 당연히 이해가 안 가는 샌디는 이유를 묻는데, '이 미스터리에 빠져들었어. 난 지금 미스터리의 한복판에 있다고. 여기는 모든 것이 비밀스러워.'라고 답한다. 그에 대해 샌디가 한 말이 위의 대사이다.

하지만 이 대사는 사실 이 영화가 추구하는 것으로 볼 때, 우리에게 던지는 질문이다. 왜냐하면 《블로우 업》처럼, 이 영화는 사실 어떤 서사를 풀어가기 위한 것이 아니라 본질적으로 '영화'에 관한 영화이기 때문이다. 아직 모르는 세계, 기대만 있을 뿐, 한 번도 겪지 못한 세계, 그리고 이야기는 온통 미스터리인(영화를 다 보고 나야 파악되니까) 그 세계, 이것 때문에 우리는 영화를 보러 가지 않는가? 그 세계에 빠져들기 위해서…. 그러니 질문을 조금 바꾸면 다음과 같이 된다: 우리는 왜 그럴 만큼(닥치고 빠져들 만큼) 미스터리(영화)에 환장하는가?

대체 여기서 어떤 일이 이루어지기에. 이론적으로는 이미 안다. 뱀파이어를 따라가면서 몇 번이고 다양한 방식으로 점검했다. 우리가 파악한 내용을 메츠는 다음과 같이 말한 바 있다.

> 영화적 지각은 실제의 지각, 실제로 지각하는 것이다. 그것은 결코 내부의 심적 과정으로 환원되는 것이 아니다. 관객은 그들 자신과는 다른 대상, 즉 디제시스적인 세계의 표상이자 재현으로 주어지는 이미지와 소리를 접한다. 그러나 이 소리와 이미지는 다른 관객에게도 허용되는 진짜 이미지이고 진짜 소리이다. [……] 영화 이미지는 또한 수많은 현실적 이미지이다(회화, 그림, 판화 등등). 그러나 심리학자들은 언제나 정신적 이미지와 만나게 된다.[24]

즉, 스크린은 현재와 서사가 제시하는 현재가 충돌하는 지점이다. 어떤 차원과 어떤 차원, 이후에는 삼투현상처럼 간섭이 이루어진다. 대개는 메츠가 말한 대로 영화적 지각 상태가 되며 영화 안으로 진입한다. 하지만 《샤이닝》에서 봤듯이 동시에 그 세계가 관객의 의식 안으로 침투해 들어오기도 한다. 따라서 관객의 진입이라는 개념보다는 더 넓게 경계선이 무의미해진다고 보아야 할 것이다. 사실 굳이 《샤이닝》

---

24) 크리스티앙 메츠, 「픽션과 그의 관객들Le film de fiction et son spectateur」, 『커뮤니케이션』, No. 23, 113면.

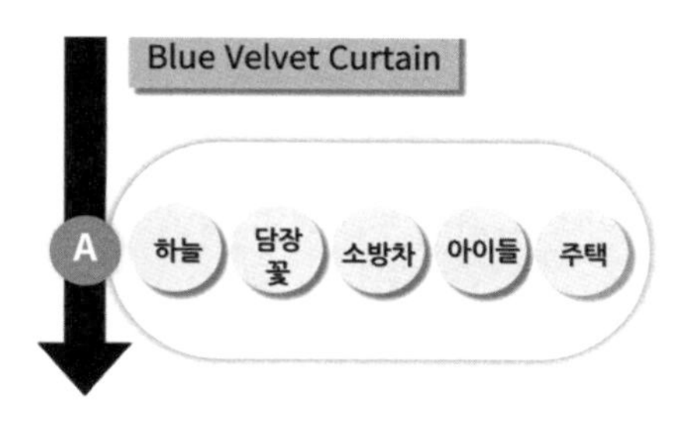

블루벨벳 도식A

이 아니라 하더라도 감정, 감각을 극단적으로 몰고 가는 영화들, 우리 대상처럼 '공포'의 경우에는 차라리 내부와 외부의 경계선의 무너짐이라고 봐야 한다. 문제는 물론 같은데, 대체 우리(관객)'은 지금 어디에 있는 것일까이다. 이에 대해 린치가 아주 깔끔하게 답했다. 미스터리, 왜냐하면 이것은 이미지에 불과한데, 여태껏 인간이 경험해 보지 않은 영역이고, '영화'는 그러한 기이한 체험을 제공했다는 점에서이다.

여기 이 영화의 도식을 그려보자. 영화 전개에 따른 도식들을 살펴보면 린치 전략의 의미를 깨달을 수 있다.

맨 처음, 일정한 이미지가 나온다. 도식에 이미 있는 바다. 블루벨벳 커튼과 함께 자막이 올라간다. 이후, 하늘이 보이고 틸트 다운하면서 담장과 꽃이 나온다. 그다음은 소방차에 오른 소방수가 손을 흔드는 장면이고, 아이들이 길을 건너는 모습이다. 그러고는 일반적인 중산층의 주택이 나온다. 어떤 의미에서 이 A부분은 그저 영화의 시작이다. 장소와 컨셉에 대한 최초의 기표로, 일상적이며 평범한 드라마가 펼쳐질 공간에 관한 묘사이다. 하지만 영화를 모두 보고 나면, 이 구성은 두 가지의 묘한 의미를 지니고 있다. 하나는 영화 전체로 통하는데, 아주 고집스러운 전통적 클래식 작동 방식이다. 고정된(블루 벨벳의 커튼이 살짝 바람에 흔들리기는 하지만) 이미지 위의 크레딧, 지극히 평범한 서사 무대의 소개. 이윽고 최초의 사건이 될 주택으로의 접근이 첫 번째라면, 그 의미에서 시작해, 영화관에 대한 첫 번째 지표이기도 하다. 우리가 아는 영화란 이렇게 시작하고 이렇게 끝을 맺는다는 표지 말이다. 아니, 이와 같았다는 과거형이다. 영화 전체를 여기서 떠올려보라. 어느 장면도 1980년대 진화된 기술을 사용하지 않았다. 1940~1950년대 방식의 cut by cut이 유력하고, 그 시대 영화처럼 두어 개 전환만이 디졸브를 지니고 있다. 게다가—

여주인공이 등장하는 장면을 보라. 아예, 그보다 이전으로 가는데, 그레타 가르보, 베티 데이비스, 잉그리드 버그만의 초기 시대 때 여주인공 등장 방식이다. 어울리지 않은 화사한 짧은 음악, 슬쩍 포커스 작용으로 확산시킨 이미지(필터), 어처구니없기까지 한 고전적 방식이 사용된다(실제로 프랑스의 영화관 안에서 보았을 때 관객들이 이 장면에서 웃기까지 했다). 이 영화 전체가 편집이나 카메라 워킹, 심지어 서사 내용의 소개, 과거에 대한 추상 방식, 죄다 철저하게 고리타분하게 느껴졌던 방식으로 제작되었다. 하지만 여러분은 한 번도 그 고리타분함을 느끼지 못하지 않았는가?

여러분도 그리 느낄지는 모르지만 1980년대 당시 이 영화는 고리타분하기는커녕 가장 현대적으로 느껴진 영화였다. 그래서인지, 사적인 말이지만 프랑스에서나 한국에서나 그때 영화를 꿈꾸는 이들은 모두 '《블루 벨벳》 같은 영화 만들고 싶다'는 말을 입에 달고 다녔다. 그래, 영화는 테크닉이 아니다. 기본적인 의미들을, 동시에 깊은 의미들을 잘 파악하고 있으면 이처럼 허약한 편집 방식(오직 방법의 측면에서), 저예산으로 얼마든지 놀라운 작품을 만들어낼 수 있다. 못하는 것은 자본과 기술의 문제가 아니라, 만드는 자의 역량에 지나지 않는다.

그러나, 그 말을 하기 위해서 지금 이 영화를 들여다보는 것은 아니다. 이제 다음으로 가자. 주택이 나온 이후에, 몇 개의 장면이 이어진다. 아버지는 정원에서 물을 뿌리고 있으며, 집 안에서 어머니는 TV를 보고 있는데, 아마도 '필름 누아르'이다. 나중에 나오는 차량이나 복장을 볼 때, 그러니까 이 서사의 배경은 명확지 않지만 1950년대, 1960년대를 모호하게 뒤섞고 있다. 배경이 이처럼 나온 후 첫 번째 사건이 벌어진다. 정원에 물을 주던 아버지가 갑자기 호스가 막히자, 잡아당기다 뇌경색이 와, 쓰러진다.

단순하지만 우리는 이 짧은 시간 안, 이미지의 독특한 잔치를 기억해야 한다. 우선, 갑자기 호스의 소리가 웅웅대는데, 당연히 바깥에서 들리는 소리가 아니라, 호스 또는 수도관의 내부에서 울리는 소리이다. 호스가 가지에 말려 뒤엉켰기 때문에 나는 소리 말이다. 이후 장면은 더 특이하다. 쓰러진 아버지 쪽으로 영문을 모르는 아이가 걸어오고, 아버지가 쥐고 있는 손의 분수와 강아지가 다툰다. 그러더니 그 유명한, 모호하면서도 불명확하지만 매혹적인 장면, 슬로우 모션에서의 강아지가 보이고, 천천히 인간의 눈에 보이지 않는 처절한 약육강식의 세계가 보여진다. 정원의 잔디 아래, 개미 떼에게 잡아먹히고 있는 딱정벌레(정확지는 않다)가 나온다. 아, 마저 이야기해야 할 듯하다. 라디오 방송국의 신호음이 들리는데 'welcome to lumberton'이며, 같은 표지판이 불쑥 나타난다. 그러니까 도식의 연장은 다음과 같다.

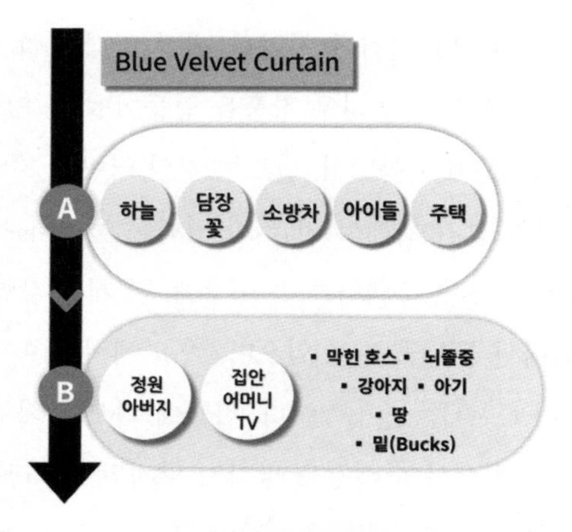

블루벨벳 도식 AB

영화를 한번 생각해 보라. 이 앞부분이 과연 전체 서사에 무슨 기여를 하고 있는지…, 어떤 관계가 있는지…, 개미 떼가 잡아먹는 게 아버지라는 둥, 과도한 정신분석은 제쳐두고…, 왜냐하면, 자주 이 영화가 근본적으로 아버지와 아들의 정신분석학적 관계를 드러내고 있으며, 진짜 아버지가 쓰러지고, 다음 아버지인 프랭크와 투쟁이 있으며, 여기에 섹스가 끼어들고 하는…, 자기 지식 과잉의, 더구나 린치의 의도와 아무 상관도 없는, 오이디푸스 콤플렉스를 떠드는 식의 분석이 있었기 때문이다. 아마도 제프리가 프랭크의 세계에 빠져 폭력을 휘두르는 장면에서 프랭크의 희열에 찬 절규 장면과 쓰러진 아버지의 기괴한 모습이 겹치는 장면 때문일 텐데, 린치가 그 장면을 넣은 이유는 다른 데에 있다. '아버지', 여기서 별로 중요한 개념도, 대상도 아니다.

그저 단순하게 보자는 말이다. 온갖 상징을 가져오면 안 맞는 것이 없다. 그것이 정신분석의 병이다. 들뢰즈는 자신의 '아베세데르' 강연의 말미에서 그리 말한 바 있다. 서부극에 대한 정신분석학적 해석이란 아무리 장황해야 딱 세 단어라고…. '남성, 여성, 총(성기)'. 들뢰즈가 정신분석학을 거부했다는 말은 사실이 아니다. 그의 카프카에 대한 분석은 다분히 정신분석적이며 『안티-오이디푸스 』도 거부의 관점에서 나타난 제목과 주제가 아니다. 과잉과 그에 따른 습관적, 기계적 이데올로기에 대해 떠들 뿐, 반하자는 것은 아니다. 그러니까 수정, 교정, 방향의 제시, 생각해 보라, 만난 뒤로 인생을 함께한 펠릭스 가타리가 정신분석학자이다.

애써 갖다 붙이지 않는다면, 사실 이 장면은 앞으로 이어질 서사와는 배경만 제시할 뿐 아무 관련도 없다. 그러니 이 앞부분에 대해서 생각하기를…, 《블로우 업》의 광대를 가져와 보자. 왜냐하면 마찬가지 기능이기 때문이다. 우리가 《블루 벨벳》이란 영화를 보러 오기는 했는데, 말하자면, 진짜 블루 벨벳 이전이라는 말이다. 서사로 펼쳐질 '블루 벨벳'에 대한 표지, 서사로 이어질 '블로우 업'이라는 영화에 대한 '영화'의 표지였듯이….(이렇게 말하면 또 난데없이 '액자소설'적 구조라 말할라!)

A와 B, 내가 애써 두 개로 구분한 이유가 있다. 이미 말했듯이 A가 지극히 고전적인 것, 클래식 자체에 대한 표지라면, 비로소 B에 와서야 내용의 표지(논평)가 된다. 이야기의 성질, 주제의 방향: 일상에서 벌어지는 기괴함…. 일상에 침투한 비일상성, 하지만 그 자체도 사실 일상의 하나인…. 내부에서 갈라져 있는 두 요소. 그렇다고 처음에 언급한 내부와 내부의 충돌은 아니다. 왜냐하면 아버지나 어머니, 제프리, 샌디 등 대개는 모두 내부이지만, 또 다른 내부인 프랭크는 애초 내부가

아니기 때문이다. 영화의 다음 경계가 이를 분명하게 보여준다.

놀랄만한 매력은 이제부터이다. 우선 앞에서처럼 A, B 모두를 정작 전통적인 개념에서 볼 때 영화 블루 벨벳의 앞으로 놓은 이유가 있다. 바로 'welcome to lumberton'이라는 표지 때문이다. 이 이미지, 조심스럽게 보기를 바라는데, 우선 이 각도가 누구의 것인가를 생각해 보라. 그러니까 이 '환영합니다'를 누구에게 보여주자는 것인지, 누구에게 하는 말인지!

영화관 안에 있는 관객이다. 이 영화, 사실 린치에게는 자신의 거만함(실은 능력이지만)을 보여주기로 작정한 영화이다. 겨우 6백만 불의 예산이었는데, 그것도 감독의 보수를 삭감하는 조건에서 허용된 금액이다. 흥행실패로 《듄Dune》을 망친 후, 린치는 자신의 말대로 난관에 빠져 있었다. 린치는 그 이유를 분명하게 알고 있었는데, 자신에게 작품의 구성에 관한 선택권이 없어서였다. 즉, 린치는 '영화'에 관한 한, 관객을 매혹시키는 방법을 분명히 가지고 있었지만, 《듄》에서는 그것을 제대로 발휘할 수가 없었고, 그래서 관객의 선택을 못 받았다고 여겼다. 물론, 린치는 애초 예술가(화가)여서 관객들의 선택을 받자는 식의 혹스과는 되지 못한다. 이 말은 린치가 그러한 영화를 만들고자 했다는 말이 아니라, 자신의 사인대로 만들어도 흥행할 것이라는 믿음이 있었다는 말이다. 때문에, 당시 독립 스튜디오이기는 했지만 디노 드 로란티스가 누군가? 거장 프로듀서로 할리우드를 풍미한 제작자에게 당시로서는 거만한 제안을 한다. 구성(촬영)에 대한 완벽한 예술적 자유와 최종 편집권을 달라고 말이다. 그래서 당시, 디노 드 로렌티스가 관여한 작품으로는 가장 적은 6백만 불의 돈으로 제작을 허가받았다.

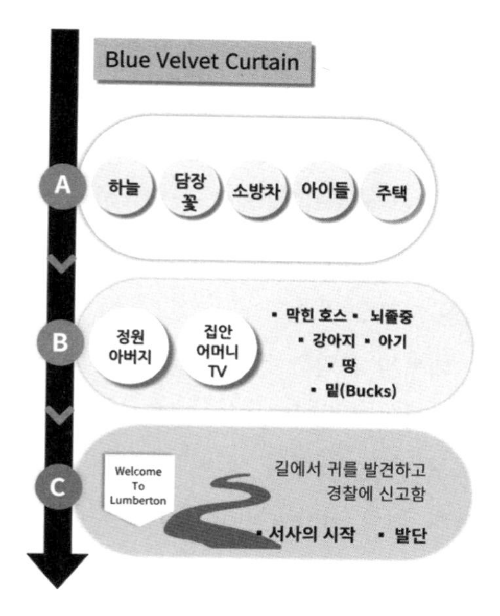

블루벨벳 도시 ABC

이후 벌어진 일은 우리가 다 아는 일이다. 전 세계에서 흥행했고, 전설이 되었으며, 린치는 거의 숭앙 받았다. 아무튼—

한편으로 보면 오만하기도 하지만, 사실 자신의 영화를 보는 이들에게 '영화'를 말하기 시작한 것이다. '영화를 보러오신 분들을 환영합니다. 여러분이 가실/있는 곳은 럼버튼이라는 마을이고, 이야기는 여기서 시작합니다, 이것이 영화의 시작입니다!'

이제 다음 부분으로 가자. 아직 전체는 아니다. C라고 할 텐데, 제프리가 전체 사건의 발단인 귀를 발견하고 사건 안으로 말려드는 부분까지이다.

아버지가 쓰러져 오랜만에 제프리는 고향에 내려온다. 병원으로 아버지를 방문하러 가는데, 예전처럼 경계를 따라간다. 그러니까 럼버튼 마을과 외부의 경계…. 잘려나 간 남자 귀를 발견하는 것은 그러니까 이 내/외부의 경계면이다. 그리고 프랭크의 근거지는 바로 그 외부이며, 뒷부분에 그 유명한 자동차 질주 후에 제프리가 프랭크에게 죽을 듯 구타당한 지역의 이름(표지판)이 외부에 대한 일종의 지시이다: '목초지meadow lane'라는 도로 표지판.

다만 프랭크는 내부의 은밀한 장소, 그가 마련한 서식지로 침투할 뿐이다. 마치 뱀파이어처럼 말이다. 이에 대해서는 조금 더 이어가자.

귀를 발견하고 제프리는 경찰에 넘긴다. 이웃으로 이미 어느 만큼 서로를 알고 있었다. 아마 여기까지여야 했을 것이다. 하지만 린치는 여기에서 제프리를 내버려두지 않는다. 자신이 알고 살았던 일상적 공간 럼버튼은 그런 일이 벌어질 곳이 아니었다. 하지만 끔찍하게도 사람의 귀를 발견했다. 궁금한 나머지 제프리는 형사에게 물어보기 위해 나선다. 여기에도 묘한 표지가 미리 던져진다. 할머니가 밤중에 나가는 제프리에게 분명히 말한다. '얘야, 링컨 가에는 가지 말아라?' 마치, 금지의 성으로 건너가는 후터(《노스페라투》의 주인공, 《드라큘라》소설의 조너선과 동일 캐릭터이다)에게 성호를 긋는 마을 여자의 장면처럼 말이다.

떠나기 직전에 여주인이 내 방으로 올라와서는 겁에 질린 듯한 어조로 물었다.

- 꼭 가야 되우? 젊은 양반, 안 가면 안 되겠수?

여자는 너무나 흥분한 나머지 독일어가 뒤죽박죽되면서 내가 전혀 모르는 언어를 막 섞어 쓰고 있는 것처럼 보였다.

[……]

- 오늘이 성聖 조지 축일 전날이우. 오늘 밤 시계가 12시를 치면 세상의 온갖 마귀들이 날뛴다는 것을 모른단 말이우 그래? 이봐요, 젊은 양반, 지금 가려는 데가 어떤 덴지나 알우? 가면 무슨 일이 생기는지 알기나 하우?

여주인이 너무 마음 아파하는 것 같아서 나는 그 여지를 안심시키려고 애썼으나 허사였다. 여자는 그 정도로는 안 되겠다 싶었던지 숫제 무릎을 꿇고 가지 말라고 사정을 했다. 가더라도 하루나 이틀 기다렸다 가라는 거였다.

— 브램 스토커, 『드라큘라』 p.15~16.p.

보라, 이 발걸음, 어둠 속으로 내미는 발걸음을 여관의 아낙이 절규하며 말린 이유가 있다. 여기는 부유하는 세상이고, 흔들리는 세상이며, 알던 것과는 다른 차원의 입구이다. 그래서 제프라가 집을 나와 익숙했던 거리에 몸을 맡기는 순간부터 이전과 다른 카메라 움직임이 끼어든다. 살짝 《블로우 업》에서 안토니오니가 사용했던 것과 유사한 카메라 워킹이다. 움직임 자체가 아니라, 영화 전체에서 일반적인 카메라 움직임의 사용법과 무언가를 구별시키는 차별로서의 움직임 말이다.

사실 밤중에 걷는 길이기는 하지만 이곳은 제프리가 늘 친숙하게 살던 곳이고 따라서 밤이라 하더라고 해서 기이할 것은 없다. 하지만 오늘은 다르다. 제프리는 외부에서 침범한 어떤 일에 진입하는 중이다. 그 차이에 대한 린치의 논평이 이어지는데 친숙한 거리의 가지가 앙

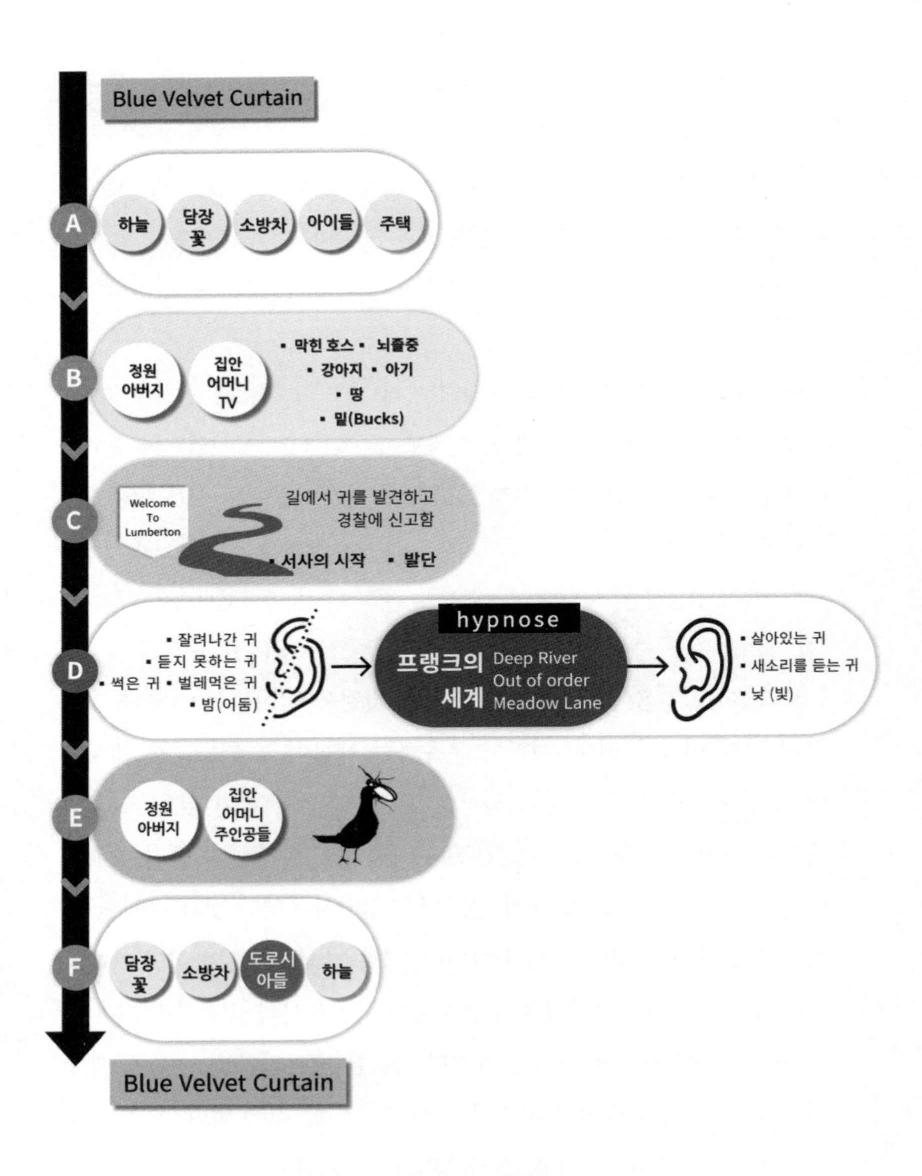

블루벨벳 전체 도식 ABCDEF

각으로 불안스럽게 보여지더니 급기야 걸어가는 제프리를 비추는 카메라가 슬쩍 좌우로 흔들린다. 그러면서…, 제프리가, 가서는 안 되는 입구에 선다. 들어가서는 안 되는 그곳으로 그리고, 들어선다. 사람의 잘려 나간 귀 안으로, 그러니까 듣지 못하는 귀, 썩어들어가는 귀, 암흑….

여기까지 말했으니 이제 영화 전체의 도식을 그리자.

놀랍지 않은가? 전체가 정확하게 배분한 듯, 클라이맥스를 두고 균등하게 대칭된다. 제프리는 이 잘려 나간 귀의 세계로 빨려드는데, 거기는 사실 한번 빠져들면 다시는 헤어 나오기 힘든 '깊은 강Deep River'이다. 도로시의 아파트 이름인데, 그 강 안의 세계는 모든 것이 어긋나 있다. 또 하나의 텍스트를 슬쩍 린치는 드러내면서 의미를 부여한다(엘리베이터 앞의 '고장 나 있음*out of order*'). 그 강에 이미 살고 있어서 헤어나지 못하는 여자 가수, 도로시가 삶을 위해 일하는 공간 역시 정상과는 다른 속도의 공간으로 프랭크가 지배한다(The slow club). 그리고 이미 말했던 메도우 래인. 처음에 나왔던 럼버튼과는 완전히 다른 공간들이며 외부의 악, 남의 생명을 탐하고 슬레이버리로 이끄는 팸파이어/프랭크가 장악한 장소이다. 보라, 이 장소가 어떤 곳이며, 여기서는 어떤 일들이 벌어지는지.

'샌드맨'이란 이름의 울긋불긋한 색으로 치장한 광대가/
휘파람과 함께 별빛 같은 요술가루 뿌리며/
살그머니 내 방으로 매일 들어오지요./
그러고는 말합니다. 자거라, 모든 게 다 잘될 거야./

그러면 나는 눈을 감고 마법의 나라로 떠납니다./
그러고는 나는 천천히 잠에 빠져 당신을 꿈꾸지요./
꿈속에서 나는 당신과 함께 걷고/
당신에게 말을 하고/
꿈속에서, 당신은 나의 전부입니다./
꿈속에서 우리는 늘 함께예요, 꿈속에서/

로이 오비슨의 "In Dreams" 노래인데, 무려 두 번에 걸쳐 반복된다. 이 정도면 사실 의도가 있다는 뜻이다. 첫 번째는 프랭크가 제프리를 데려간, 마치 제프리와 같은 악한 존재인 벤의 집에서이다. 거기서 벤은 프랭크를 위해 이 노래를 립싱크하는데, 장면이 이채롭다.

마치 무대처럼 꾸며져 프랭크와 벤을 제외한 다른 이들은 몽환적인 세계에 빠진 관객들처럼 묘사된다(실제로 이 장면에서 배우 하나가 몽환적인 춤을 추고 있다, 취한 듯). 그리고 노래의 반복은 멀리 가지 않는다. 바로 이어진 자동차 질주 장면 뒤에서 또 나오는데, 프랭크가 제프리를 차에서 끌고나와 린치를 가하는 장면이다. 애써 부하에게 이 노래를 틀라고 주문하면서 말이다. 그러고는 결국에는 노랫 말에 맞추어 제프리에게 주문을 건다. 아마 이쯤 되면 다른 표현을 써도 될 듯하다. 제프리에게 자신의 정체를 밝힌다고…. 샌드맨, 즉 자신은 수마睡魔, 곧 악마이며, 이 꿈(세계) 속에서 나는 너와 함께 걷고, 너에게 말하며, 너는 전적으로 내 것이라고.. 손가락까지 최면을 걸듯 움직이면서 말이다.

꿈을 꾸는 듯한 세계, 꿈이라는 세계, 꺼림칙하지만 이 세계는 매혹적이다. 악이 때로는 그런 비기秘器로 우리를 끌어들이지 않는가, 욕망의 성취, 그것도 내어 보일 수 없는 은밀한 욕망, 영화 안에서의 도로시에 대한 제프리의 욕망 말이다. 아, 욕망이 끼어들어 또 정신분석학적인 해석이 가능한가? 아무튼—

이것이 '블루 벨벳' 커튼을 젖히고 나면 벌어지는 세계이다. 죽은 귀, 잘린 귀, 듣는 기능을 상실해 소리를 듣지 못하는 귀….

그리고 이 세계에서 나오는 묘사는 정확히 들어갈 때의 반대이다.

살아있는 귀, 제프리의 귀인데, 새소리를 듣는 귀로 카메라가 나오며, 일상적이고 화사한 대낮이다. 그러니까 '들어가고 나온다', 이쪽이 있고 저쪽이 있다', 마치, 앨리스가 그런 것처럼, '동굴의 세계로 진입하고 동굴의 세계에서 빠져나온다': 밤과 낮이 있고, 잘린 귀와 살아있는 귀가 있다!

게다가 이 새소리, 이미 영화가 깔아 놓은 복선이다. 영화 중반에 듣는 것의 중요성을 언급하는 장면이 있다. 처음 프랭크/뱀파이어/악의 세계를 접한 후, 제프리는 샌디를 만나 절망한다. 하지만 샌디는 엉뚱한, 또 다른 꿈 이야기를 한다.

꿈속에서, 우리들의 세계가 있었어. 그 세계는 어두웠지.

거기에는 울새[25] 가 없었던 거야.

울새는 사랑을 의미하거든.

---

25) 이 울새(robins)는 실존하는 새는 아니다. 성경에서 언급되었는데 예수의 부활때에 나타나는 새를 말한다.

아주 오랫동안 그렇게 어둠만이 있었어.

그런데 갑자기

수천 마리의 울새가 날아들었어

그리고 그들이 눈부신 사랑의 빛을 가져왔어.

그것만이 유일한 것처럼…. 그리고 정말 그렇게 된 거야.

여기는 성당 앞이고, 린치가 샌디로 하여금 말하는 것은 예수의 수난과 부활 이야기이다. 울새의 울어대는 소리에 사랑이 끌려온다는….

물론 여기서 린치가 궁극적으로 크리스천이라는 애먼 주장을 하려는 것은 아니다. 린치는 자주 자신의 작품에서 거침없이 이 전통적 주제를 다루는데, 그 입장은 종교적이라기보다는 우리 세계에 대한 일종의 역사적 진단이다. 대개 공식은 꼭 같다. 내부와 외부가 있는데, 외부가 이 내부에 침투해 있으며 온갖 끔찍한 일을 감행한다. 우리가 아는 것보다 내부가 허약하며, 가냘프다. 언제나 이 가여운 싸움에서 이기는 길은 사랑이다. 말하자면 이 역시, 아주 전통적인 필름 누아르 식의 서사 공식이다. 린치에 관한 책을 계획대로 쓰게 된다면 거기서 자세히 말하겠지만, 이 서사공식은 그 자신의 테마이기보다는 '영화'를 다루기 위한, 소재로서 '악'을 말할 때의 린치의 방식에 가깝다. 린치가 할리우드 방식의 영화가 아닌, 완벽하게 자신의 영화로 돌아설 때, 진단은 훨씬 더 가혹하고 냉정하다. 이를테면, 《멀홀랜드 드라이브》쯤에서 슬쩍 일반적 영화와 자신의 경계에 걸터앉고, 그 과정을 타고 넘더니 《인 랜드 엠파이어》와 함께 완전히 다른 냉정한 비판의 시대로 넘어간다. 하지만 미국, 사람들의 생각 속에서의 세계에 대한 진단에서는 언제나 이 서사공식을 들이민다. 물론, 나약하고 무너지기 쉬운 내부를 비추면서 말이다(《트윈 픽스》가 정확히 이 공식에 들어맞는다).

이제 영화가 끝났다. 남은 것은 뭘까? 그래, 영화 바깥으로 도로시가 갑자기 빠져나온다. F부분에서 난데없이 말이다. 이 F에 해당하는 부분은 여전히 A의 뒷마무리이다. 그러니까 '이렇게 들어가고 이렇게 나온다'인데, 보라 D를 에워싸고 전부가 그런 대칭관계로 되어 있다. 그런데, 갑작스레 도로시는 맨 바깥 장치에 위치한다. 도로시, 사실 그녀 역시 들어갔다 빠져나온 이이다. 바람에 날려 마법의 세계로 들어갔던 캔자스의 도로시, 구두 뒤축을 세번 딱딱이고 집으로 돌아온 그 도로시…. 이쯤 되면 영화는 우아하고 아름다워진다. 실제로 나는 이 함의들에 쌓여 영화관에서 눈물을 흘렸다. 하지만 동시에, 아, 잔인하다. 린치는 여기에 줄기차게 반복되던 '블루 벨벳' 노래의 가사를 갑자기 생뚱맞게 넣는다. 도로시는 내부의 평온한 세계에 안착했는데, 그런들 저런들, '나는 여전히 내 눈물 속에서 블루 벨벳을 볼 수 있다'고 도로시(이사벨라 로셀리니)의 목소리로 노래하며 끝이 난다. 눈물을 글썽인 관객인 내 귀에 꽂히도록 유별나게 분별해서…. 그래, 우리는 이처럼 여전히 블루 벨벳 안의 세계에 놓여있다! 그러니까 린치의 날카로운 '눈', 이 내부에 대한 냉정한 진단은 계속되는 셈이다.

악이 애초 그렇지 않은가? 끝나지 않으며, 소멸하지 않는다. 내부에 언제든 다시 집을 짓고, 기거한다. 뱀파이어가 하는 일이며 악이 하는 일이다. 언제나 가혹한 상처가 남고, 무언가 해소한 듯싶지만 다시 악은 움직인다. 린치가 '영화' 이야기를 하고 있을 때, 그는 경쾌하다. 서사가 즐겁다는 말이 아니라, 분명하게 사인들을 불어 넣는다는 말이다. 하지만 그가 '악'을 말할 때는 언제나 명백하게 어둡고, 기괴하며, 그 정도가 너무나 신선해 보여 컬트식 추종자가 생길 정도인데, 아무튼 해결하지 않는다. 《블루 벨벳》에서나 해결하는가 싶었는데, 보라, 아니나 다를까, 《엘리펀트 맨》에서처럼 도로시도 여전히 완전히 헤어나지 못한다. 완전히 벗어날 수 없는 것이므로…. 헤어나 새로운 삶을 산다고 믿었던 존 메릭(《엘리펀트 맨》)의 허망한 죽음처럼 말이다.

*

영화는 빠져드는 것이다. 보고 논하고 평가하는 것이 아니라 먼저 빠져드는 것이고 헤어나지 못하는 것이다. 제프리가 어둠 속을 거닐며 그 썩은 귀의 세계로 빠져들고 말듯이, 평범하게 길가를 거닐다 잘라내진 귀를 발견하면서, 그 무심한 발견에서 하나씩 궁금증이 싹트고 결국에는 이사벨라 로셀리니의 몸으로 빠져들듯이, 그렇게 매혹당하는 것이다. 그것이 클래식이며, 영화가 발견한 위대한 힘이다.

어둡고 침침한, 내가 알고 있는 세상과는 다른 세상이 있는 썩은 귀의 세계로 들어가 밝은 대낮의 멀쩡한 귀를 타고 빠져나온다. 《블루 벨벳》은 그렇게 '영화'의 세계를 보여주고 있다. 프랭크가 자신의 뜻대로 이미지를 분사하는 그 '극장'의 이름이 '깊은 강Deep River'이다. 그것은 특별한 곳에 위치한 것이 아니라 우리가 잘 아는, 그처럼 기이하고 이상한 세상이 있으리라고는 전혀 생각도 못 해본 그 평범한 거리에 있다. 내가 사는 길목에서 5분쯤 가면 있는 그 곳에…. 거기서 나는 이상한 세상을 만날 것이다. 그것은 기이하면서도, 악몽처럼 끔찍스러운 것이면서도 이상하게 나를 매혹시킨다(이것이 사실 린치가 붙들고 있는 세상에 대한 주제이다). 나는 최면에 빠져든 듯하다. 그 세계로부터 빠져나와, 이제는 더 이상 밤이 아니고 밝은, 평온하며 예전과 다를 바 없는 일상으로 돌아온 뒤에도 몸을 감은 넝쿨처럼 스멀스멀 내 피부 위를 지나가는 뭔가가 있다. 꿈인가? 아님, 그것은 현실이었나? 결국 이제 세상은 더 이상 예전 같지 않다. 나는 여전히 아무 문제도 없이 살아가던 그 마을에, 그 집에, 내 가족들과 살아가고 있음에도 모든 것은 달라졌다. 분명히 변했다. 털어버리고 싶어도 자꾸 마음이 끌리고, 그래서 나는 다시 그 '깊은 강'에 빠져든다. 마치 목의 구멍들처럼 내 정신은 어딘가로 빠져나간 듯하다. 그녀에게로 가서 나는 그녀와 사랑을 나눈다. 그런데, 진짜 사랑을 나누긴 한 것일까? 어느 영화의 광고문구처럼 '우리가 사랑을 하긴 한 것일까?' 확인하기 위해선 그 세계에 계속 머물러야 한다.

플러스와 마이너스는 더 이상 확연하게 구분되는 게 아니다. 플러스는 마이너스가 되기도 하며, 마이너스는 때때로 플러스가 된다. 그가, 프랭크가 내게 알려주었다. 이 악몽의 세계는 내가 너와 함께 걷는 세계이고, 내가 너에게 말을 거는 곳이고, 그 세계에서 '너는 내 것이다'라고…. 내 앞에서 자신의 손가락으로 입을 벙긋거리는 시늉을 보이며 끔찍스러운 눈으로 나를 쳐다보며 말이다. 그는 그렇게 나를 따라다니기 시작한다. 나는 이제 대낮에도 프랭크와 꼭 같은 악몽과 신음에 시달리는 존재이다. 마치 벽에 붙은 부두교의 샤먼 상징처럼 주술의 세계에 빠져든 것이다.

'이제 충분하다' 혹은 '이제 이 정도면 됐다'. 나는 꿈을 마감한다.

한 장의 러브레터를 던지며 꿈을 마감한다. 마감 뒤에는 차디찬 단절이 있다. 어쩔 수가 없다. 러브레터는 이미 날아갔고 그럼으로써 모든 것은 이제 마감되었다. 단절의 몸부림, 그래서 나는 프랭크와 대결한다. 맞서고 결국에는 내 손에 피를 묻힌다. 짓궂게도 데이비드 린치는 그 어떤 사람도, 단지 매혹되었을 뿐인 이 선한 양도 내버려두지 않는다. 그도 손에 무언가를 묻혀야 한다. 그도 다른 사람이 되어야 한다. 꿈의 진원지를 지우고, 그것을 죽이며 다시 이 세상으로 돌아와야 할 것이다. 그리고 일상을 살아간다. 그러나, 창에는 울새 한 마리가 날아든다. 꿈의 세계에서 빠져나와 거기에 섰다.《블루 벨벳》, 나는 그처럼 '영화'에 다가간 영화를 보지 못했다. 악몽의 세계로 첫 발을 내디딜 때, TV는 필름 누아르를 방송하고 있고, 영화의 장면처럼 제프리는 디뎌선 안 되는 곳에 발을 들인다. 그리고 길에서 그는 웅웅거리며 죽음의 냄새를 풍기는 귀 안으로 들어간다. 그것은 그가 이제 기이한 경험의 세계에 빠져들 것이라는 사실을 미리 보여준다. 아, 여자는 또 어떤가? 하나는 어둠 속에서 그만의 음악과 함께 빛으로 다가오고, 다른 하나는 조명 아래 매혹의 음성과 몸짓으로 유혹한다. 그녀는 추하더라도 아름답다. 프랭크는 인도자답게 모든 것을 다 꿰뚫고 있으며 어둠의 이식자, 벤은 그를 묘한 매혹의 세계로, 꿈 안으로 이끌고 간다. 하나하나, 모든 게, 영화였다.

이것이 클래식이고 이것이 극장이며, 이것이 영화가 하는 일이다. 제프리가 말하지 않았던가, 자기는 미스터리의 한복판에 있다고, 그러니까 매혹당했다고!

한국에서는 개봉이 당시 되지 않았으므로 아예 알지도 못했고 1988년,

어느 날 프랑스의 극장에서 재개봉시에 보게 되었다. 그런 것 같다. 바로 그 순간, 나는 린치에 매혹되었는데, 그런 것 같다. 바로 그 순간, 결국 나는 '영화'에 매혹 당했던 것이다. '악'은? 뱀파이어는? 매력적인 구석이 없진 않지만, 그자에게는 매혹당하고 싶지 않다. 이 영화와 함께 그렇게 나는 내 갈증의 진원지를 발견했다. 밤거리를 돌아오면서 '영화'의 삶을 생각하고, 그가 여기에 이르기까지 해온 모든 일들에 대해 생각했다. 이전에는 자료로 기억되었으되, 이제는 그 고리들에 하나하나 깨달음이 주어지기 시작한 것이다. 그때, 나는 달라졌다. 나는 지금, 매혹과 유혹의 세계로 들어가는 중이라는 사실을. 데이비드 린치는 그렇게 '영화'가 끔찍스러운 화롯불이라고 말하고 있었다. 그가 말했다. 나와 함께 뜨겁게 달군 불판 위를 걸어가자고(firewalk with me, 《트윈 픽스》). 뜨거우면서도 아름답고, 악몽처럼 괴로우면서도 매혹스러운…. 영화, '그'에게는 마력이 있다. 린치는 다만 그 마력을 좀 더 극한으로 몰고 갈 뿐이다. 그가 이미지로 느끼고 읽은 세상은 언제나 배면에 끔찍스러움과 도저히 어찌 할 수 없는 어둠이 존재하는 것이기 때문이다. 그 점에서 그는 정확하다. 세상의 배면에는 어둠이 꿈틀댄다. 그래서 '영화' 만이라면 '뜨겁게 달군 불판 위를 걷기'로 그치지만, 세상이라면 '나와 함께 뜨겁게 달군 불판 위를 걸어가자'가 되는 것이다. 하지만, 이 린치에 대해서는 나중에 말하자. 그와 함께 들여다보는 세상의 모습에 관해서는…. 나는 다만 '영화'가 그런 세계라는 점을 말하고자 한다. 매혹시키고 유혹하며, 묘한 세상의 모습을 발견하게 해주는…. '광대가 우리를 불러낸다. 매일마다 내 잠자리로 건너오기를' 이중적이지만 여하간 영화도 그런 식으로 나를 매혹한 것이 아닌가?

그래, 그 '매혹'이 감동의 진원지일 것이다. 감동의 정체는 무엇일까? 아마도, 어떻든, 매혹당함이 아닐까? 나는 '영화'에 대해 그날, 비로소 좀 더 알고 싶어졌다.

7. 마부제Dr. Mabuse/'영화'

여전히 수많은 길이 있다. 우리는 사실 정작 뱀파이어가 무수히 등장해 왔음에도 그들에 관해서는 별로 말하지 않았다. 물론, 대부분의 뱀파이어는 그저 어디선가 복장을 사고 가짜 이를 끼워 넣었으며 괜히 팔을 들어 이를 가리는 포즈를 연습한, 광대에 지나지 않는다. 재미의 여부와 상관없이 말이다. 그러나 어떤 영화들은 우리가 다룬 고리들을 심도있게 밀어붙인다. 페라라가 있다. 《어딕션Addiction》인데, 정말로 심심하게 보이지만, 뱀파이어 되기, 그래서 '존재'의 문제를 심각하게 밀어붙인다. 페라라 역시, '영화'에 대한 줄기찬 성찰이 그의 영화들 안에 들어가는 자이다. 당연히 경이로운 드레이어가 있다. 같은 제목 《뱀파이어》인데, 애초 그 시기 포스터나 제목에 많은 오류들이 있었지만 어느 잘못나간 인쇄본을 보고는 자신의 영화제목을 그것으로 고집했다. 그래서 그의 영화는 공식적으로 i가 아닌 y, 《Vampyr》이다. 말하자면 독일어도 아니고 불어도 아닌, 비틀어진 단어. 관련자가 정정하려 했을 때, 드레이어는 갑자기 완고하게 이 잘못된 표기를 고집했다. 언어에 대한 고집이 아니라 다른 의미였다. 여태까지 우리가 알던 뱀파이어 곧 i를 쓰는 통칭 vampire는 문학에서 만들어진 자이다. 하지만 이것은 바로 영화에서 만들어진 다른 존재이다라는 의미로 말이다. 오리지널 버전에는 물론 〈알렌 그레이의 몽상〉이라는 아주 특이한 부제도 달려있다. 이 작품에는 우리가 아는 뱀파이어가 정말이지 나오지 않는다. 이것은 '영화'로 그려진 몽환적 서사인데, 인류에게 '악'이란 존재의 정체성에 대한 사색과 역시 동시에 '영화'가 하는 일들이 그려져 있다. 여기에, 음산함에 있어서는 언제나 명백한 선을 긋는 헤어조크의 《노스페라투》도 있다. 최근에는 《렛미인》이 색다른 듯 인기를 끌었지만 사실 정서만이 아름답게 그려진데 불과하다. 차라리 《홀로 밤을 걷는 소녀A Girl Walks Home Alone at Night》가 뛰어난데, 역시나 이 영화도 '영화'와, 우리 세계가 처한 정황적 의미들(정치), 성적 담론을 통과하며, 외롭고 고독한 존재를 그려낸다. 리스트는 사실 차고 넘친다. 하지만 나는 뱀파이어 자체만을 말하려던 것이 아니며 잘 만들어진 뱀파이어 영화들을 말하려는 것도 아니었다. 뱀파이어/영화/악 그리고 공포의 문법과 의미를 간략하게 다루는 것이었는데, 이제 마감하는 마지막 장의 차례가 되었다.

'영화'는 정말이지 오랜 삶을 살았다. 실제로는 겨우 백 삼십여 년인데, 그가 한 많은 것들, 그가 벌려놓은 수많은 조각들을 생각하면 수백 년은 된 듯하다. 나는 지금도 하루에 두 편 이상을 보고 있는데, 새로운 것보다는 아무래도 지난 것들이 많다. 몇 번이나 보게 되는 것도 있고, 안 봤던 것들도 있다. 이러거나 저러거나 늘 느낀다. 삶의 시간이 짧아질수록 이토록 넘치는 이야기의 잔치들을 더 이상 보지 못하게 된다는 것이 아쉽다고. 가만히 생각해보면, 이 아쉬움은 결국에는 '영화'라는 형식에 대한 것이다. 어떤 경우든 '영화'를 통해서 영화를 볼 수밖에 없으니까 말이다. 영화라는 이야기 덩어리는 다행히도 그를 만들어낸 '영화'라는 형식으로 다가오게 되는데, 내가 하루에 두 번 이상 본다는 말은, '영화'가 열어놓은 환몽의 잔치에 그만큼 빈번하게 빠져든다는 말이다. 가뜩이나 한 번 살고, 언제나 한 번의 순간밖에 없고, 시간을 던져버리고 모두를 열어놓을 수 없으므로, 그 한번의 삶에서 수많은 가능한 삶에 끼어든다는 것은 대단한 즐거움이었던 것 같다. 그것의 끝이 다가올 것이라 여기니 오직 아쉽다. 그 잔치들을 언젠가 더 이상 못 본다? 예기치 못했던 흥미진진한 이야기의 세계에 더이상 못 들어가 본다? 엄청나게 많은 이들이 앞으로도 새로운 상상을 선보일 텐데?

언제나 삶보다 서사가 길게 마련이다. 늘 작품보다 그것을 생산하는 형식이 더 많은 삶을 살게 마련이다. 더 중요하고….

그래서인지 나는 늘 역사에 관심이 많았다. 어떤 대상의 삶을 들여다보는 것. 지금도 늘 책을 읽는데 대개 주문하는 것들은 다양한 역사책들이다. 사람들이 살아온 이야기는 늘 경이롭고 인간에 대한 새로운 생각들, 의미들로 채워진다. 같은 연장에서 역시나 나는 '영화'에의 접근방식이 항상 역사적이다. 세계 영화사를 쓰려고 한 데서, 이미 『영화의 역사-첫 번째 발걸음』이 나왔지만, 두 번째 원고를 다듬는 중에도 첫 번째 발걸음에 대해 더 많은 이야기가 떠오르고, 쓰고 싶어진다. 어떤 주제로 접근하면 항상 또 다른 관점에서 이야기할 것들이 나오기 때문이다.

*

사람들은 무척이나 '영화'에 대해 알고 싶어하지만 이따금 실제 어떤 지식욕인지 궁금하기도 하다. 왜냐하면 그 왕성함에 비해서 버젓이 존재하는 쉬운 방법을 애써 내던지고 종종 더 어려운 길로 치닫곤 하기 때문이다. 어려운 길이란 바로 학위와 관련된 것으로서, 전공하는 길이다. 사실 20세기 후반부는 최소한 한국은 '전공의 시대'라고 불러도 될 듯하다. 이제 스무 살도 안 된 이들에게 앞으로 살아갈 방향을 마치 결정해야 된다는 듯이 요구하고, 그들의 뇌를 전공이라는 '부분'으로 국한하는 것. 어떤 의미에서는 이 자체가 사람을 기능적으로 대하는 태도이기도 하다. 해당 부분에서 요구되는 것들을 터득하기를 원하는 태도이니 말이다. 대학이 이처럼 앞으로 입에 풀칠하는 종목의 분류 과정이 됨으로써 학생들은 애써 스스로 자신을 비좁게 가두는 습관으로 나아가게 되며, 대학에 대해 요구하는 것들이 오직 그 경향에서 형성된다. 이것이 지난 시대이며, 기능적으로 판단할 때, 대학의 개편이 필요하다고 여기는 오늘날의 상태를 낳고 말았다. 잘못된 길 속에서도 얻을 것은 있다고 하듯 한 가지 다행스러운 일이 이렇게 됨으로써 터무니없는 '대학'의 존립이 서서히 무너지고 있다는 점이다. 이런 지식과 이 정도의 협소한 목적을 가진 교육과정이라면 굳이 '대학'일 이유가 없기 때문이다. 세상은 좀 더 열려야 하고, 이 점에서 볼 때,

더 손쉽게 지식을 취득할 길이 넘쳐나야 한다. 그럼으로써 대학이 쓸모 없어지면, 그때 가서야 대학에서 다루어야 하는 것들을 되찾게 되고, 제자리를 잡을 것이다. 지식은 지혜롭기 위해 존재하며, 양이나 기능으로 결정되어서는 안 된다. 원래 지혜 속에서 정리되어 나타난 것이 지식이기 때문이다. 교육이 잘못되었을 때 나타나는 부당함을 온통 젊은이들이 어깨 위에 지녀야 한다는 점이 안타깝기만 하다. 사실 사회가 짊어졌어야 하는 채무를 그들이 안고 있는 셈이다. 내가 젊었을 때도 마찬가지처럼 보이지만 천만의 말씀이다. 지나온 사람들은 자기 기억을 항상 변조하고 여운으로 돌아보는 오류를 범한다. 대학에 가야 하고 그래서 고등학교 교과 과정이 있는 것이며, 같은 채무가 늘 뒤따라온 것 같다. 하지만, 그렇지 않다. 그때 대학에 가는 이는 소수였고, 그만큼 보편적이지 않았다. 그러니 채무기는 했지만 누구에게나 지워져 있지는 않았다. 그 시대의 문제는 결국 그 소수가 차지하는 파이였다. 나는 그런 구조와 방향이 지금 결국 이 모양을 만들었다는 생각이 든다. 부모들에게 부담되었던 사회의 요구를 자신들이 낳은 자식들에게 더 강력하게 몰아붙임으로써, 그 많은 부모의 의지에 의해서 비틀어진 욕망들이 허깨비처럼 세상을 물들였다. 그 결과, 이리되지 않았는가 하는….

'영화'를 아는 방법은 아주 단순하다. 책을 찾고, 읽고 기억해 두는 일은 정말이지 피곤하며 쓸모도 없다. 물론 책은 지식의 보고이기는 하다. 하지만 방법을 제대로 찾지 못하면 보고이기는커녕 쓸모없는 채무에 지나지 않는다. '영화'는 읽는 것이 아니라 봐야만 하는 것이다. 그러니까 영화들을 많이 보는 일…. 그저 많이가 아니라 차곡차곡 순서대로, 역사의 발걸음을 따라 걸으며 지금 자신의 입장에서 감상해 보는 일. 1년, 2년 쌓이다 보면 자동으로 영화에 대한 지식들이 쌓인다. 생각해 보라. 어떤 책도 결국에는 영화들에 대한 말이다. 그 지은이도 영화를 보고 깨달은 것을 말한다. 그런데 영화들 없이 그 책의 내용을 쉽게 이해할 수 있을까?

어떤 경우에는 영화들을 보면, 많은 책들은 내쳐도 된다. 물론 그만큼에 이르려면 구력이 상당해야 하겠지만 보장하건대, 길어야 매일 본다고 치고 한 3, 4년이다. 그 정도면 꽤 많은 영화들을 탐닉할 수 있다. 보는 눈이 생기고, 자신의 기준이 생긴다. 필요하면 더 궁금한 것에 대해서 찾아보면 그뿐이다. 나도 그런 방식으로 공부했다. 영화를 보다 보니, 무엇을 읽으며 찾아야 하는가도 자연스럽게 형성되었다. 한 번도 거꾸로 접근한 일이 없다는 것이 내 장점이다.

하지만 보아가며 생각해 볼 영화들이 없던 시대에는 어땠을까? 어떻게 '영화'를 알아갔을까?

사실 마찬가지이다. 영화가 없었기에, 영화 이전의 것들을 두루 보며 생각했다. 영화책도 없었을 테니 이 방법 외에 달리 방도가 없지 않은가? 그런데, 결과는 꼭 같다. 얼마나 두루 보며, 다양하게 접했는가에 따라 잠긴 자물쇠가 풀려간다. 초창기의 위대한 감독들은 이 사실을 아주 명확하게 보여주는 증거품들이다.

여기 북구영화라 불린 이들이 있다. 초창기에 해당하는데, 특이하게도 오늘날 보더라도 기술 수준이나 그토록 입에 침을 발라가며 떠드는 해상도 수준에서나 차이가 날 뿐, 그들의 미장센, 장면 구성의 의도 등은 놀랄 만큼 세련됐다. 사실 따지고 보면 그들 중 누구도 우리만큼 영화를 본 이가 없다. 현저하게 적은 수의 영화들만을 봤을 텐데, 생각의 힘은 대단했다. 그래, 이들이 이른바, 내가 정말 듣기 싫어하는 개념, 천재여서일까? 천만의 말씀이다. 감각적으로 뛰어날 수는 있어도 그 소리를 들을 만한 사람들은 정작 많지 않다. 게다가 이 감각도 대개는 성장 가능한 영역이다.

이들이 한 일은 죄다 비슷한데, 먼저 '움직이는 이미지'에 대해 생각했다:대체, 저 움직이는 이미지가 뭐지?

언뜻 들으면 어이없는 질문이다. 오늘날 우리는 이런 질문은 던지지 않는다. 뭐긴 뭐야, 움직이는 이미지이지. 이것이 답이다. 그러나 사실 그들이 물은 것은 그런 의미가 아니다. 움직이는 이미지라는 사실에 관해서 물은 것이 아니라, '움직인다'라는 사실 자체에 매달렸다. '그러고 보니 움직여서 특이해 보이는 거네, 아니, 그렇다면 움직인다는 것이 어떤 의미이지?' 하는…. 왜 정작 움직이는 세상에 살면서 한 번도 그 '움직임'이 지니는 의미를 생각해 보지 않았을까 하는 반성도 했을 것이다. 때는 20세기 초이고, 아직 인류는 진지하게, 이미 제안을 했던 몇몇 철학가들을 제외하면 이 의미에 대해 질문해 보지 않았던 시기였다. 늘 움직이는 세상을 살면서, 그 사실에 대해서는 관심을 기울이지 않았던 것이다. 결국, 자신 주위로 퍼진 '세상'에 대해 관심이 없었다. 관념적이고 지적인 성질에 대한 관심들로 가득 차 있었다. 움직이는 것들에는 관념이 필요 없다. 그것은 물질적 성질이기에 물질과 연관된 감각, 지각의 문제였을 뿐, 인식의 문제에 속하지 않았다. 20세기 복판 후에 달라졌지만 말이다.

결국 그들은 움직임을 고려하고자 했을 때, 맨 처음 무엇부터 고민

빠떼 공장 여공들이 잔뜩 모여서 채색기 앞에 서있다. 프레임 하나하나 칠을 해야 했는데 따라서 엄청난 인력을 필요로 하는 작업이었다. 다행히 당시 여성 노동자의 임금은 염려할 정도가 아니었다. 그런데 '다행일까', 이 시대 공장의 모습은 언제나 착취의 형상이다. 우리가 주어진 것들 안에서 노력하지 않으면 일을 대신하는 이들이 있고, 그들은 결국 '나'에 의해 착취된다. '영화'도 이 길을 걸었고, 현재도 걷고 있다. 어떻게 이 문제를 해결할 수 있을까.

하게 되었을까?

바로 세상이다. 세상은 언제나 우리 눈에 이미지로 드러나는데, 여태껏 그리 생각을 해보지 않았다. 왜냐하면 이미지란 내심, 고정된 시각적 예술품들과 연관을 지녔기 때문이다. 내 눈에 보이는 것들은 현상이지, 움직이는 이미지라고 풀어 쓴 방식으로 생각해 본일이 없었다. 자, 대상에 대한 새로운 시각이 생기자 놀라운 의문들이 꼬리를 물게 된다. 우리가 사물을 이렇게 보는구나, 우리가 이렇게 관계하는구나,

특정한 시각적 디자인은 이처럼 다가오는구나, 이러한 의미가 이렇게 발생하는구나…. 그러고는 어느 시점에서 다시 영화에 대해, 영화가 지니고 있는 움직이는 이미지를 생각했을 것이다.

흑백이다! 그들은 아마 아쉽다고 여기지 않았을 것이다. 만일 그랬다면 일찌감치 컬러가 나왔을 텐데 한참 걸렸다. 물론 이런 종류의 아쉬움 때문에 애써 채색하기도 했다.

그러나 별로 쓰임새가 많지 않았다. 그저 흑백이라고 받아들였고, 그렇다면 색의 사용법에 대해 새로운 관점에서 접근해야 했다. 그냥 찍는 것이 아니라.

그리고 이 지점에서 북구인들 특유의 서사적 소재가 인식되었을 것이다. 흑과 백, 대비가 자연스러운 조화이다. 이 대비는 게다가 상대적으로 컬러들의 대비에 비해 강렬한데, 상징적으로 차원의 대비이기도 했다. 여기에 흑백은 사실 움직임의 표현에 있어 컬러보다 많은 제약을 지닌다. 그만큼 식별력이 크지 않으며 대비 속에 작은 움직임은 파묻혀버린다. 따라서 세상에서 본 대부분의 움직임들을 영화로 수용하기 위해서는 흑백이라는 조건 속에서 재구성해야 했다. 당연히 이 지점에서 실제 움직임의 왜곡이 발생한다. 이를 방지하기 위해서 미국 쪽에서는 대체로 저녁을 시간적 서사 배경으로 활용하지 않았는데, 무조건 빛이 있는 가운데 훤하게 찍었다면, 북구의 이 감독들은 참으로 그 쉬운 방법을 택하는 대신, 어떻게 왜곡시켜야 의도하는 바가 나올까를 고민했다. 그러다, 움직임을 이 조건 하에서 감각적으로 활용해 낼 수 있는 소재들에 대한 의식으로까지 나아갔던 것 같다. 바로 우리가 대체로 이 시기에 북구영화들이라 부른 것들은 거의 범죄나, 종교

벤자민 크리스텐센Benjamin Christensen(1879~ 1959)의 《미스터리X (The Mysterious X/ Sealed Orders)》(1914) 빛의 강렬한 대비든, 적절한 음영에 의한 깊이감의 확보든, 세련된 빛의 사용법을 보여준다.

적 색채가 진한, 하지만 그저 종교 성화가 아닌, 악을 그려내는 데 천착하고 있기 때문이다. 이들이 안티-크라이스트여서? 천만의 말씀이다. 당시까지 북구는 실제로 아주 보수적이고 엄격한 기독교 사회였고, 이 감독들도 대개 기독교인이었다. 그들이 악이나 유령, 정령들을 다룬 것은 그러니까 주제의 의도라기 보다는 표현의 수준에서 찾은 가능성이다. 더구나 이처럼 당시 '영화'의 조건들을 고민한 그들은 덕분에 실제 작업에서만이 아니라 소재와 표현의 수준에서 또 다른 엄청난 이득을 얻게 되는데 바로 '빛'의 사용법이었다.

이러한 것들은 모두 '영화'의 상태에 대한 자각이었다. 이 자각이 그에 걸맞은 서사체들을 선택하게 했고, 그처럼 아주 쉽게 '공포', '스릴', '악'이 소재로 다뤄진다. 결국에는 이 주제 혹은 소재들은 '영화'의 활용법 안에서, 표현을 매개로 탄생한 것들이다. 그러니 사진에서도 확인하듯이 이들의 영화들이 자연스럽게 표현의 수준에서 독특할 수밖에 없었다. 이들로부터 인식과 활용법을 이어받는 이들이 바로 독일의 표현주의 작가들이다. 사실 '표현주의'라는 명칭은 영화에게는 어울리지 않는 옷이다. 왜냐하면 이 영화들이 당시 예술계에 밀어닥친 예술의 한 사조로서의 '표현주의'를 주장하기 위해 만들어진 것은 아니기 때문이다. 이미 표현주의 딱지를 얻은 장식미술가, 화가, 조각가 등이 스태프로 참여했고 그들은 영화를 통해서도 한번 다뤄보면 어떨까 하는 실험을 했을 뿐이다. 오히려 영화에 있어서 '표현주의'란 사조로 읽히기보다는 북구영화들과의 연계에서 나타난 표현에의 자각이라는 의미로 받아들여져야만 한다. 왜냐하면 이들 독일 표현주의라고 일컬어지게 되는 감독들은 표현에 대한 마땅한 고민을 물려받아, 또 다른 차원으로 문제를 발전시켜 갔는데, '영화'의 의미를 더욱 깊게 몰고 갔으며, 그 의미를 나타내기 위한 소재를 발굴해 냈기 때문이다. 《칼리가리 박사의 옷장》에서 시작해, 결국에는 무르나우의 《노스페라투》로 가더니 프릿츠 랑에게까지 이어졌으며, 다시 북구 쪽에 영향을 주면서 시외스트룀, 드레이어 등으로 연장되었다. 그들이 만든 영화들에서는 그래서 줄기차게 공통점이 존재한다. 모두 마술사, 정신병자, 악마, 뱀파이어, 최면술사 등 기괴한 것들과 연관되며 하나같이 그러한 존재들이 지닌 능력들이 표현되고, 자연히 최면에 대한 영화적 표현이 담겨있다. 짐작하기 힘들 정도로 '영화'에 대한 자각은 놀라울 만큼이었는데,

이미 지금까지 우리가 다룬 바였다.

*

작가는 무엇보다 자기의 세계를 실현한다. 이 말이 창작을 해본 이들이라면 얼마나 힘든 일인지 금세 알겠지만, 창작에서의 가치는 그것만으로 채워지지 않는다. 과연 작가가 자기의 세계를 실현하는 것만으로 얻어지는 지위일까? 여기에서 '작가'라는 말이 지닌 역사 안에서의 권력 문제는 논외로 치자. 어떻든 그 개념이 예술적 영역에 존재하므로 그 안에서만 충실하게 이야기를 해보자는 말이다.

예술가에게 있어 자신의 실현이란 언제나 자신이 지닌 도구에서 얻어진다. 즉, 도구의 표현력 안에서 자기 생각과 관점이 드러나야 하는 것이다. 그렇기에 실제 작가의 초점은 이 표현력을 이용해 완성하고자 하는 자기 생각과 관점에 가 있는 작업을 하는 것이 아니다. 작가 자신이야 그것이 가장 중요하지만, 도구에 손을 대는 순간, 생각과 관점이 도구를 통과해 나타나는 '표현'에 매달리고 있는 셈이며, 이미 있어온 '표현'들과 자신 사이에 묘한 차이들을 만들어가고 있는 셈이다. 이 표현의 가치는 따라서 단지 작가의 생각과 관점을 실현하는 것에 그치지 않고 나아가, 그 도구의 영역에서 새로운 '표현'의 성립으로 진행한다. 결국 작가의 '표현'은 도구로부터 시작했지만 '도구'의 가능성을 확장하며 그것에 영향을 준다. '도구'의 정체성이 '표현' 안에 융화되고 새로운 것으로 넓어지는 것이다. 들뢰즈가 프랜시스 베이컨의 작업에 대한 글에서 '화가는 자신의 붓으로 미술사를 요약하고 있다'는 말의 의미는 바로 이것이다. 그저 멋진 말을 쓴 것이 아니라.

작가는 이쯤 되어야 비로소 역사적인 주목의 대상이 된다. 지금까지 유독 배경을 길게 늘어놓았지만, 이 무성시대, '영화'가 자신을 찾아 나서는 시기의 작가들은 바로 여기에 이른 이들이다. 그들은 조건 자체가 그럴 수밖에 없었는데, '영화'라는 도구 자체에 대해 요즘보다 더 심각하게 고민하고 구체화시킬 수밖에 없던 시기를 살았다.

'마부제 박사'는 이 점에서 더더욱 놀라운 지점으로 한발 나아간 시리즈이다. 이제까지 영화사에서 이런 프로젝트가 없다고 단언할 만큼 야심 찬 시리즈이기도 하다. 아마도 프릿츠 랑이 살아있다면 이 야심의 폭은 더더욱 길어졌을 것이다. 물론, 이 장의 제목으로 달아서 프릿츠 랑을 전면에 내세운 셈이지만, 오직 그 하나가 아니다. 프리드리히 빌헬름 무르나우, 벤자민 크리스텐센, 아벨 강스, 떼오도르 드레이어, 장 업스텡…. 서로 현저하게 다르지만 이들 모두가 '영화'를 성장시켰고, 중요한 공통점을 지니고 있었다. 다름 아닌, '영화'의 개념과 의미에 관한 헌정들을 자신들의 작품에 남겼다는 사실이다!

그중에서 나는 다만 '마부제 박사'를 내세웠을 뿐이다. 프릿츠 랑이라면 다들 《M》을, 《메트로폴리스》를 기억한다. 그러나 그의 대표작은 그 외에도 즐비하다. 상품으로서 가장 흥미로운 것만을 우리는 기억하는 셈이다. '마부제 박사'는 상당히 장기간에 걸친 시리즈였다. 모두 세 편이 있는데, 각기 무성시대, 유성영화 시대, 1960년대에 나왔다. 무성시대의 영화가 가장 길어서 한편으로도 당시로서는 언뜻 받아들이기 힘든 네 시간에 육박하는 길이인데, 1922년, 《Dr. Mabuse der Spieler(the Gambler), 도박사 마부제 박사》로, 1부와 2부로 나뉘어 있다. 1부가 《Der große Spieler: Ein Bild der Zeit(The Great Gambler: An Image of the Time)》이며, 2부가 《Inferno: Ein Spiel von Menschen unserer Zeit (Inferno: A Game for the People of our Age.)》이다. 그다음 작품은 상당한 시간을 건너뛴다. 유성영화가 나타난 이후, 1933년에 만들어졌는데 《Das Testament des Dr. Mabuse(The Testament of Dr. Mabuse), 마부제 박사의 유언》이었다, 그러고는 다시 삼십여 년의 시간이 걸린다. 《Die Tausend Augen des Dr. Mabuse(The Thousand Eyes of Dr. Mabuse), 마부제 박사의 천 개의 눈》, 1960년에 만들어졌다. 이 이후에도 물론, 마부제 박사는 사라지지 않았다. 이러저러하게 세 편이 더 존재하는데, 이는 프릿츠 랑의 '마부제'를 관심 있게 보았던 다른 감독들에 의해 만들어진 것이며, 염두에서 지워도 상관이 없다. 프릿츠 랑의 야심과는 다르게 단지 내용에 대한 리메이크에 지나지 않기 때문이다.

프릿츠 랑의 이 시리즈 세 편이 애초부터 그 자신이 원대하게 기획한 것이 아님은 분명하다. 1922년 당시, 언젠가 영화에 사운드의 시대가 오리라고 짐작한 이는 아무도 없으며, 그로부터 사십 년 후에 카메라가 그처럼 발달해 건물 안에서 사람들을 훔쳐볼 수 있으리라고 상상한 이도 없다. 기획 자체의 완결성보다 오히려 이 시리즈는 더 중요한 계획에 의존하고 있다. 왜냐하면, 프릿츠 랑은 그의 영화로 '영화'를 말하고자 한 것이기 때문이다. 즉, 1922년 작, 《도박사 마부제 박사》가 전체 시리즈로 이어질 수밖에 없던 계획을 담고 있다. 놀랍게도 이 영화로 프릿츠 랑은 '영화'를 풀어놓고자 했다. 즉, 그저 은근히 '영화'를 인물이나 상황 속에서 설명하는 것이 아니라, 그를 곧 주인공으로 내세운다. 뒤에 다시 말하겠지만 아무튼 결과는 흡족스러웠는데, 그로부터 십여 년 후에 사운드의 시대가 영화에 도래한 것이다. 그때 감독은 '영화'에게 무언가 중요한 변화가 있음을 주목했고, '마부제 박사'가 더 음흉해졌음을 간파했다. 그래서 두 번째를 만들고, 다시 삼십 년이 지나갈 즈음, 이번에는 세상이 바뀔 조짐이 나타났다. 당연히 세상이 바뀌면 '영화'도 바뀐다. '마부제 박사'도 자신의 욕망을 위해서 스스로를 또 바꿀 것이고. 그래서 세 번째 영화가 나왔다. 즉, 이 시리즈는 각 시대마다의 '영화'의 정체성에 대한 고민과 해명이 들어있다. '마부제 박사', 그가 곧 '영화'이다.

랑의 능력은 우선 분명하다. 《메트로 폴리스》를 기억하겠지만 이미 《거미The Spiders》(1919) 2부작으로 초기부터 확실하게 보여준 바 있다. 바로 관객들의 시선을 사로잡는 것이다. 어떤 그림도, 사진도 이러한 방식으로 시선을 사로잡은 일은 없다. 그야말로 한 시간 반, 두 시간, 하나도 놓치지 않도록 시선을 유도하는데, 조금 우습게 말하자면 이것은 시선에 대한 폭력이다. 당최, 다른 것으로 돌리지 못하도록 시선을 강제로 가두는 것이니 말이다. 대단한 이미지, 화려한 무언가를 첨부해서가 아니다. 언제나 '영화'가 끼어 있어서인데, 그가 작동하는 방식을 서사에 투영시키고 있기 때문에 관객들은 끌려다닐 수밖에 없었던 것이다. 그렇다고 직접 악마를 등장시키거나 뱀파이어 류의 존재가 나오지는 않는다. 지극히 현실적인 인물들을 통해서 대체시키는데, 그런 점에서 랑은 어쩌면 의도적으로 '악'을 외면했던 것 같다. 물론 '영화'를 자신의 캐릭터로 삼는 이상, 속성은 비슷하다. 무엇보다 최면을 걸며,《조셉 발사모》처럼 세상 사람들을 조정한다.

1부의 마부제 박사는 바로 이러한 능력을 지닌 자이다. 다름 아닌 최면으로, 그는 그가 가진 시선의 힘에 의해 주식시장을, 정치를, 도박판을 모두 통제한다. 그는 또한 변신의 귀재이기도 한데, 위에서 말한 각 장소마다 다른 신체로 나타난다. 이는 뱀파이어의 속성이기도 한데, 이 편재성이라는 개념은 또한 배우에게도 적용되며, 무엇보다 스크린이 지닌 개념이다.

프릿츠 랑은 우선, '영화'가 어떻게 시선을 유도하고 있는지 마부제 박사의 시선을 통해, 카메라의 시선을 통해 보여준다. 그가 주시하는 대상은 그의 최면에 걸려들고 그가 원하는 바에 따라 반응한다. 아주 미묘한 작가의 생각이 들어있는데, 이미 말했듯이 마부제 박사를 '그'로, '영화'로 치환해 보자. '영화'가 시선이 있다면 그가 보고 있는 대상은 누구일까? 관객만이 시선을 가지고 있다고만 생각지 않으면, 프릿츠 랑이 말하고자 하는 바가 드러난다. '영화'는 관객을 주시한다. 앞서 말한 대로 우리의 시선이 스크린에 묶여 있는 만큼이나 스크린도 우리를 단지 보는 것이 아니라 완벽하게, 집요하게 주시한다. 그리고 우리가 볼 것과 생각할 것을 유도한다. 결국 앞서 말했던《샤이닝》과 마찬가지 얘기이다. 우리는 그의 시선으로 끌려들어가, 때로는 그 안의 인물이 보는 것을 보며, 생각하며, 느끼며, 때로는 어떤 인물에게도 구속된 바 없이, 전지적으로 전체를 바라본다. 이때 사실 기가 막힌 일이 발생하는데, 우리는 그 점에 대해서는 좀체 의식하지 못한다. 이를테면《다크나이트 라이즈The Dark Knight Rises》(Christopher Nolan, 2012)에서 마지막 핵폭탄을 에워싼 스펙터클에서 끊어진 금문교야 말할 것도 없고, 그 뒤 먼 배경으로 버젓한 현실인 샌프란시스코가 보인다. 하지만, 어느 순간, 그 샌프란시스코는 당시 진짜 현실에서의 샌프란시스코가 아니고, 이야기에 따라 배트맨이 전면에서 뛰어놀고, 베인이 난리법석을 벌이고, 핵폭탄이 곧 터질 샌프란시스코가 된다. 우리는 그렇게 스크린의 시선 안에 속박되는 것이다. 하지만 랑은 여기에서 한 발 더 나아가, 그러한 영화 이미지의 작동 방식까지 설명한다. 《샤이닝》에서처럼 이 악한 주인공의 시선이 자꾸 껄끄럽게 관객인 우리 몸 안으로 밀고 들어오는데, 그래서 이질적인 거부감에 지속적으로 시달리게 한다.

'영화'에 대한 감독의 의식이 이쯤 되면, 남들이 '영화'를 단지 오락이며 저속한 쇼라고 하든 말든, 예술이기는커녕, 즐거운 구경거리라고 여기든 말든 상관없다. '영화'는 이미 대단한 경지에 이른 것으로, 다른 예술들이 한참의 세월을 거쳐서 깨달은 자의식을 지닌 것이기 때문이다. 자신이 그려내는 화폭 안에 미술의 개념이 들어있는 인상주의 화가들, 언어가 어떤 기능을 하며, 그것이 뭉친 텍스트가 독자에게 어떻게 작용할지를 알고 이야기의 내용 안으로 그것 자체를 끌어들이는 제임스 조이스, 알랭 로브그리예…. 화음이기 이전에 음이란 무엇이며, 음은 어떻게 인간의 감각과 의미를 통제하고 조절하는가를 실험한 현대음악들…. 이미 여기에 이른 '의식'이기 때문이다. 1921년, 마부제 박사, 아니 그보다 이전 '노스페라투 백작', 《바퀴La Roue》[26], 그리피스가 의미를 조직하는 방법을 '영화'와 함께 고민한 이후로, 유럽은 훌쩍 '영

---

26) 아벨 강스Able Gance, 1923.

화'의 개념을 영화들과 함께 나타내고 완성시키고 있었다.

*

사운드의 시대가 도래했고, 이후로 우리에게 '영화'는 당연히 사운드를 담고 있었다. 그러한 인식이 당연해지면서 오히려 이전 영화에 대해 '무성영화'라는 명칭을 붙인다. 소리가 이미지와 함께 존재하지 않는 상태를 지칭하는 말이다. 그러나, 1927년 이전까지 인류에게는 '영화'가 곧 무성영화였다. 그들은 소리의 있고 없음을 의식하거나 구분의 기준으로 삼지 않았다. 이는 '소리'가 중요하지 않다는 말이 아니다. '소리'와 함께 새로운 시대로 접어들었음을 의미할 뿐이다. 그 이전 시대에 '영화'는 행위와 형상, 그리고 그것의 절개와 연이음, 시선의 방향, 피사체와의 거리(크기)를 통해서 서사와 의미를 만들어냈다. 그것으로도 충분했는데, 분명하게 이제까지 없던 미적 대상을 만들어내었으며, 미적 경험을 제공했기 때문이다. 미쉘 시옹Michel Chion은 이따금 자신이 사운드와 함께 자신의 가치를 붙들기로 작정한 이후로 이러한 시선에 대해 오해한 바가 있다. 물론 오해가 아니라 잘못된 시각에 기초한 것도 분명히 있기는 하다. 이를테면, 사운드를 '영화'에 없었어도 되는 것으로 여기는 듯한 견해들, 사운드 없이도 '영화'가 이미 완성되었으며, 사운드의 출현이 오히려 '영화'의 고유성을 해쳤다고 말하는 견해들 말이다. 사운드가 없는 상태에서 '영화'가 이미 완성되었다는 말은 맞다. 이미 앞서 말한 대로 말이다. 하지만, 후자, 곧 사운드가 이 완성된 '영화'의 고유성을 훼손했다고 하는 것은 다른 문제이다. 사운드는 이 고유성을 더 발전시켰으며, '영화'의 완성을 더 충족시켰기 때문이다. 하지만, 무성의 상태에서, 자신이 가진 조건들로 '영화'의 개념을 이미 완성했다고 하는 사실 역시 부정할 수가 없다. 그렇게 해서 '영화'는 이미지의 문제가 되었으며, '영화' 이전까지 존재하던 '이미지'에 대한 이해를 새로운 방향으로 나아가게 했다. 사운드 시대 이후로도 이러한 측면에서의 '영화'의 중요성은 달라지지 않았다.

마부제2편은 바로 이러한 '영화' 개념의 확장에 대한 프릿츠 랑의 화답이다. 최면은, 시선을 통한 관객의 상태의 유도는 여전한 근간이다. 그런데, 이제 서사 속에서 그 시선을 유도해 낼 마부제 박사가 없다. 왜냐하면 그는 1편에서 이미 죽었기 때문이다. 《에이리언4》는 3편에 연이은 흥미로운 전개로써 기대를 모았는데 이미 서사의 어려움도 지니고 있었다. 3편에서 시고니 위버가 죽어버렸기 때문이다. 그래서 죽은 시고니 위버를 유전자 공학으로 되살려낸다. 사실 이미 이 전제에서 억지가 시작되는 셈이다. 물론 이는 이미 3편이 잘못 길을 걸었다. 2편에서 탈출한 시고니 위버가 탈출한 우주선 안에서 공격을 받아 감옥행성에 불시착하는 것으로 시작했으니 말이다. 더구나 이 경우, 2편에서 그럴 만한 개연성도 주어지지 않은 채, 3편 서사에 대한 전제로써 단순하게 던져지니, 3편이 자기 자체 내에서 이룩한 흥미로운 완성도와 상관없이 서사적 연계와 그에 의한 기대감은 허물어지는 셈이다. 4편이 보여준 생뚱맞은 서사는 따라서 어쩔 수 없는 선택이었다. 보라, 에이리언은 계속해서 연작 개념의 연계에 애를 먹는다. 아무리 맞추려고 해도 전편의 마감이 문제가 되곤 한다. 《프로메테우스Prometheus》(2012)에서 《에이리언 커버넌트Alien: Covenant》(2017)로의 과정 역시, 이야기가 짜맞춰지지 못하고 훌쩍 건너뛰어버린다. 애초 계획되지 않은 프로젝트들은 어쩔 수가 없다.

프릿츠 랑 역시 마찬가지의 문제에 봉착할 수밖에 없었다. 그에게 있어 마부제 박사는 시리즈가 아니었는데, 사운드 시대가 되면서 시리즈로서 움직이게 되었기 때문이다. 그렇다고 그는 죽은 자를 억지로 다시 불러내지는 않았다. '부활'은 억지나 설정의 문제가 아니기 때문이며, 랑이 그것이 가능한 '악마'를 다루는 것도 아니다. 마부제 박사에게는 유언이 남았는데, 이 유언 테이프의 재생이 신체로 존재하지 않는 마부제 박사의 실체를 존재하게 만들고 최면을 성립시킨다. 사운드가 그렇지 않은가, 그것이 존재하지 않는 것을 존재하게 만들고 우리로 하여금 실체로 여기게 한다. 사운드도 분명한 최면의 도구로 '영화'에는 자리 잡고 있는 것이다. 여러분이 카페나 음악이 나오는 곳에서 데이트하는 것이 아니라면 데이트하며 귀로 감미로운 음악을 듣고 있지는 않을 것이다. 만일 음악이 들린다면 우선 여러분은 정신병원에 가보아야 하고. 멜로 영화의 음악은 그런 감미로움에 빠져있는 인물의 심리상태를 관객과 이어내는 것으로 우리는 그들의 심정과 상황을 분명하게 실체로 간주하게 된다. 멜로는 이러한 관계가 유지되지 않으면 보기 힘든 장르로, 우리 자신이 사랑을 갈구하고 그 사랑에 빠져야 성공하기 때문이다. 또한 괴물이나 귀신은 늘 관객의 귀에 기이한 소리와 함께 프레임 바깥에 존재한다. 그리고 나서야 화면 안으로 들어오곤 하는데, 비록 여러분 중에는 이처럼 괴물이나 귀신을 만나본 일은 없을 수도 있지만, 이 소리 역시 괴물과 귀신에게, 혹은 그들이 나타난 상황에 '실체성'을 부여하기 위한 것이다. 이것을 단순히 '효과'라고 여기면 안 된다. 사운드는, 분명히 말하지만, 현장에서는 그리 지칭할지 몰라도, 언제나 '효과' 이상이다.

마부제 박사 3편은?

2편에서 죽은 마부제 박사 대신 그의 정신을 입은 바움박사(전염된 뱀파이어처럼)가 등장하듯이 여기도 마부제는 죽었으니 다른 자가 필요하다. 코르넬리우스 박사라는 자가 등장하는데…. 이는 되도록 여러분이 직접 보고 '영화', '이미지 문명'의 개념에서 쫓아보기를 바란다. 이 영화는 TV시대에, 전파의 시대에 만들어졌다! 그렇다 해도 프릿츠 랑이 놀라운 것은 1960년에는 아직 있지 않았을뿐더러 사실상 요즘 시대에 가능해진 개념을 가지고 만들어졌다. CCTV가 등장하는데, 시대를 정말이지 한참 앞서갔다. 그러나 사실 시대를 앞서는 존재는 없다. 언제나 다른 이유로 그리 말하게 되는데, 이 감시카메라의 개념이 사실상 TV의 개념적 연장이기 때문에, TV의 문제를 고찰하는 데서 이러한 상상까지 이르게 된 것이다. 아무튼, 이 작품은 여러분에게 남겨두도록 한다. 이 안에 다른 여러 흥미진진한 문제들도 있으니 함께 생각해 보길 바란다.

괴물들—우리는 공포에 대해 뭘 아는가?

비현실이란 어떻게 되는 것일까? 물론 나는 19세기를, 그 말미를 이처럼 바라봤다고 해서 단정할 수 없다는 점을 잘 알고 있다. 모든 것은 서서히 변화하고—우리가 줄기차게 말해 온 핵심도 이것이다—, 어느 순간에 느닷없이 '사건'이 벌어진다고 생각하지만 아주 느리게 움직이고 그것을 일으킬만한 조짐은 언제나 천천히 준비되기 때문이다. 그러나 이 시기는 그래도 변화의 커다란 뿌리들이 불쑥, 한꺼번에, 마구 튀어나오는 시기라서 무언가 말하지 않으면 안 될 것이다. 그 여러 가지 문제들 중의 핵심은 비현실의 스테이터스가 아닐까? 19세기, 그리고 20세기가 받아들인, 생각하는 비현실 말이다.

문제는 하나이다. 비현실은 이제 더 이상 감추어진 것이 아니다. 그것은 드러내어질 만한 어떤 것이며, 밝혀져야 할 대상이다. 그것도 철저하게 과학적으로 말이다. 달리 말하면, 해석되고 분해되고 추적되며,

끝끝내 서식지와 서식의 습성들이 낱낱이 드러나야 하는 대상이 된 것이다.

1895년이나 1897년, 이 시기가 펼쳐놓은 시대를 다시 돌아보자. 다름 아닌, 우리가 방금 통과한 20세기 말이다. 사람들은 벌써 20세기를 잊어버린 듯하다. 나는 지난 1999년과 2000년의 입구에서 묘한 기분에 빠졌었다. 과거에, 과거의 속박에서 한 움큼도 제대로 벗어나지 못하는 사람들이 어떻게 그토록 미래를, 다가올 21세기에 환호할 수 있는지 말이다. 정작 우리가 더 들여다보고, 더 집요하게 생각해야 했다면 그것은 방금 우리의 육체를 벗어나고 있는 20세기가 아닌가? 왜냐하면 그때, 그 시기에 바로 '현대'가 시작되었으며 이것은 일종의 고전적인 것과의 단절을 의미했다. 물론 모든 것이 이 단어처럼 정말로 끊겨버린 것은 아니다. 우리의 혼돈과 불행은 여기에서 발생하는데 이 '고전적인 어떤 것'은 삶의 인자로 우리 내면에 여전히 남아있으며, 사실 그 정도를 넘어서서 우리의 모든 것을 결정하는 가장 중요한 주제로 여전히 작용하기 때문이다. 따라서, 현대와 고전의 혼재, 어느 부분은 여전히 고전적인 가운데 새롭게 착용한 현대적 인자들도 판단의 근거들로 작용하는 혼란감. 우리는 이러한 상태에 빠져있다. 때문에 보다 집요하고도 냉정하게 자신들에게 주어진 지점들을 점검해 보지 않으면 안 되는 것이다. 20세기는 그렇게 '나'를 제외한 세상, 외부의 것들에 대한 명료한 점검과 확증들로 시작했지만 결국 모든 것은 내게로 되돌아오고 말았다.

현실은 달라지는 게 없다. 사람들은 모두 현실이 급변하고 있다고 생각한다. 하지만 현실이란 언제나 외부의 변화로부터 충격을 받으며 달라지기 시작한다. 우리에게 비현실의 변화가 없었더라면 현실은 결코 변화하지 않았을 것이다. 비현실의, 좀 더 포괄적으로 말하면 현실이 아닌 것들, 물질의 세상에 들어오지 않는 것들의 변화가 현실을 건드리고, 현실에 대한 생각을 흔들며 새로운 좌표를 요구하는 것 아닌가?

일단 비현실의 경계가 허물어졌다는 사실로부터 출발하자. 비현실은 저편의 대상이 아니라 내 눈앞의 대상이 된다. 그것은 이제 논의의 테이블로 올라오며 거기서 이러저러하게 분해된다. 그래서 우리는 좀 더 이 비현실에 다가갔다고 생각했다. 정작, 진지하게 알게 된 것은 하나도 없는데 말이다.

그러나, 당시로서는 아무도 비현실을 정복할 수 없으리라고는 생각지 않았을 것이다. 왜냐하면 모든 것은 명백했고 샅샅이 들여다볼 수 있었기 때문이다. 이 시대는 모든 것을 볼 수 있는 시기가 아니던가? 인간에게 보는 것의 힘이 명백하게 증명이 됨은 물론, 그것에 의해서 자신들의 존재를 확증 짓거나 자신들의 가능성, 힘을 자랑하던 시대, 우리의 19세기는 자신감과 함께, 세상에 대한 확신과 미래에 대한 열렬한 환호와 함께 시작했던 것이다.

그래서 비현실의 실체, 비현실적 존재들은 도처에서 일어난다. 지적했듯이 논의의 대상, 살펴봄의 대상, 심층적인 이야기의 대상이 된 것이다. 물론, 그림자는 여전하다. 이 형상화는, 이전에는 그려내지 못했던 것들의 형상화는 그것들의 '존재'를 명확하게 보여준 듯하지만, 그 자체로 우리가 감당해야 할 차원의 혼란, 그것이기도 했기 때문이다. 그래서일까? 문제는 언제나 형상화 뒤 편에 아직 개운치 않게 남아있는, 내재한 '어떤 것'으로 집중되었다. 그 '어떤 것'은 사실 결코 형상화

될 수 없던 것이었다. 아직도 풀어지지 않은 실타래처럼 그저 인간의 내면에 내재해 있는 것이기 때문이다. 인간에게, 그의 내부에 은밀하게 잠자고 있는 무엇. 어떤 설명으로도 해명이 되지 않는 여러 사건들, 범죄들…. 하지만 사건과 범죄가 문제는 아니다. 그것을 '인간'이 저질렀다는 사실이 문제일 것이다. 그러한 사건의 한복판에 서있는 예가 바로 '잭, 더 리퍼'일 것이다. 1888년 8월에서 11일 사이에 벌어진 일련의 연쇄 살인사건은 사람들에게 '악성'에 대해 다시 생각하게 했다. 그들은 아마도 그들이 방금 읽은 『지킬 박사와 하이드씨』를 떠올리고 치를 떨었을 것이다. 1886년에 나온 로버트 스티븐슨의 소설은 그러한 내재된 악성에 대해 말하고 있지 않은가? 어울리지 않게도 그는 모험극 『보물섬』(1883)의 작가였다.

여기서 뱀파이어까지는 사실 몇 발자국 안 된다. 그 이야기들이 내포하고 있는 것들은 다름 아닌, 자신감에 대한 회의, 인간이라는 존재에 대한 실망감들, 과학의 언저리에 남아있는 불확실함이기 때문이다. 그것은 뱀파이어 출현 이전에 이미 쌓이고 농축되고 흘러넘치고 있었던 것이다. 결국 뱀파이어가 나타난다. 인간의 내부로 들어가서는 도저히 성립이 안 되는 문제들을 안고 있는 존재로서…. 사실 브램 스토커가 얼마나 당시의 상황을 반영했든 간에, 뱀파이어는 그 자체로 절망이다. 그는 인간이 아닌 악으로 돌아가는 것이었기 때문이다. 하지만, 이 절망감과 공포는 충분히 당시에는 전이가 가능했다. 그 시대가 얼마나 야만적이었는지 따져보면 말이다.

모든 일이 빚어지며 낱낱이 눈앞에 뿌려진다. 죽음이 은폐된다고? 천만의 말씀이다. 시체는 장막에 가려있지만 죽음의 냄새는 은폐되어 있지 않다. 그것은 내가 사는 주택가, 다니는 길, 익숙한 거리와 광장에서 똬리를 틀고 자신의 시간을 기다릴 뿐이다. 런던의 거리는 어둠과 함께 광기와 죽음, 예컨대 악이 넘치는 거리였다. 산업이 모든 이들을 거침없이 희생시켰고, '사람으로서'라는 의미는 계몽주의와 낭만주의 시대임에도 쓸모가 없었다. 그런 점에서 사람들은 뱀파이어에게 이용당할 수 있는 조건을 충분히 지닌 것이 아닌가? 이러한 조짐은 1818년, 이미 충분히 예견될 만한 것이었다. 걸어 다니는 시체, '프랑켄슈타인'이 그때 나타났던 것이다. 죽은 자들의 살로 이루어진, 광인의 뇌를 지닌 과학과 욕망이 탄생시킨 괴물, 『프랑켄슈타인』은 M. W. 셸리의 작품이었는데 19세기초에 풍미했던 괴기소설들과 함께 나왔다. 인간들은 악마를 지우고 악을 통제 대상으로 삼았지만 천만의 말씀이다. 악마는 형태를 지우는 대신, 새로운 몸/대상으로 나타난 것이다. 물론, 엄청난 인기를 끌었지만 이 시대에는 뱀파이어에게 밀려 흐물흐물 사라진다. 일단 뱀파이어가 나타난 이상, 프랑켄슈타인 류의 괴물이 설 자리는 없었다. 악마 앞에서 괴물이 할 수 있는 일이 뭐가 있을까?

그러나, 아직 대단한 힘을 발휘하지 못한다고 하더라도 진짜 현실, 런던 사회의 음울함을 대체하는 괴물들은 계속해서 나왔는데, 사실상 괴물이야말로 실존이 보고된 바가 거의 없는(네스호나 유명한 설인 정도) 상상의 산물인 까닭이다. 작가들은 안개와 그 아래에서 벌어지는 잔인한 인간의 악한 심성을 결합해 살인자-괴물을 만들어내기에 바빴다. 이 사회적 혼란을 어떻든 뱀파이어 출간 이전에 드러낸 저작이 『지킬 박사와 하이드 씨』라면 그것은 오해일까? 1886년, 『보물섬』의 작가, 로버트 스티븐슨은 모험으로부터 선회해 인간에게 '내재'한 악성을 의미심장하게 다룬 소설을 출간한다. 이 역시 성공한다. 사실 『프랑켄슈타인 』과 『지킬박사와 하이드씨』는 이들은 앞으로 발생할 모든 괴물의 전형으로 작동했다. 20세기 말 즈음에는 달라졌지만, 이전까지 대개의 괴물들은 인간성보다는 인간의 악한 속성을 물려받은 존재로, 그 자체로 기이하게 태어난 선천적인 악으로 다루어졌다. 결국 이러나 저러나 '악'이 문제이다.

브램 스토커가 그런 일을 계책 하지는 않았지만, 상관없이, 역사 속에서 뱀파이어의 등장은, '악'에서 '악마'로의 관심의 전환이었다. 그러나 우리는 19세기 브램 스토커의 시대에는 다시 '악마'는 관심사에서 멀어지고 소설과 영화가 즐기는 서사 소재로 전락한다. 그렇다고 정말 '악마'가 물러선 것일까?

그것은 어쩌면 괴물들과 함께 분산된 일부 조각들로 분해된 것은 아닐까? 사실상 분해라기보다 자신을 위장하고 산업사회의 사회 속에서 존속시키는 방식으로? 내가 보기에, 이 19세기의 공포는 그런 점에서 이채롭다. '악마'는 괴물과 살인자들에게 자리를 물려주었는데, 실제 세계에서 잭 더 리퍼이든, 화이트샤펠 연쇄살인마같은 이들이 넘쳐나는 때였다. 그저 단순한 살인자가 아니라 살인마라 부를 만한 사건들이 도처에서 펼쳐졌다.

사실, 이 세기의 끔찍했던 사건과 어처구니없는 인간의 행위들을 돌아보는 일은 외딴 관심을 지닌 경우가 아니면, 특별할 것이 없다. '괴물들'은 어디나, 언제나 있어왔으니까 말이다. 영화들 안에서 그들은 이미 말했듯이 '악마'의 파생 상품들이다. 옷장 안에 기거하다 기회가 오자 바깥으로 튀어나왔는데, 옷장에서의 바깥이 어디인가, 바로 우리가 사는 '내부'이다. 정교하게 탐색 되었든, 그저 외피만 빌려 입은 싸구려이든 중요하지 않다. 아니, 어떤 의미에서는 후자가 더 문제가 된다. 우리가 '괴물'을 괴물로 인식하는 대신, 함께 놀며, 눈요깃거리로 삼고, 식사자리에 초대하고, 술자리의 안주로 삼는, 그 익숙함을 제공했다는 징표니까. 말하자면 그 '괴물들'이 그토록 영화 안에서 인간들을 살해하고 찢으며 별의별 잔혹한 행위를 하는데도 전혀 관심 없어 하면서 말이다. 영화관에 처음 그들이 등장했을 때는 조금 달랐다. 사람들은 그 끔찍함에 치를 떨었고, 인간들을 염려했다. 지금은, 주인공만 죽지 않으면 된다. 아니, 이제는 그조차 달라졌다. 다 죽고 괴물만 남아, 2탄을 기다린다.

그래, '악'이 친숙해지면 세상은 그처럼 된다. '이야기야, 그냥 그뿐이잖아?' 천만에, 내가 말했다. '영화'는 그 이야기에 실체의 옷을 입힌다고. 이 책은 그 기능에 대한 설명이기도 하다. 그러니, 결코 그저 '이야기야'가 되지 않는다. 우리의 의식 속에서 스멀스멀 '조금 그렇긴 하지만 그래도 돼'를 만들어낸다. 남의 이야기라고 여기며 사람들에 대한 관심과 의식을 거둔다. 그러고는 '휴머니즘'의 연대에 사인을 하고 동참한다. 잘못이라는 말이 아니다. 세계가 어떻게 우리를 무감각하게 만드는지 지켜봐야 한다는 말이다. 영화들은 언제나 그럴 수밖에 없다. 하지만 '영화'는 그리 나아가다가 매번 되돌아와 인간을 지켜본다. 모던 시네마는 튀어나온 뒤, 슬금 뒤로 물러났지만 '영화'의 그러한 반성이었다. 즐기지 말라는 소리가 아니다. 하지만 정체를 인식해야 즐길 수도 있다. 정체를 알아야 어쩔 수 없는 우리 삶에서도 자꾸 길을 찾는다. 위정자들이 안심하게 두지 말자. 당하기도 하지만 우리에게는 목이 있고 목은 의지를 받치는 뼈이다. '영화'가 그렇다. 그것은 우리가 세계의 작동과 의식의 방법들을 간파하게 해준다. 이 무기를, 소비하는 것만으로는 제대로 사용하는 것이 아니다.

괴물들, 악의 자식이지만 형편없는 몰골들로 나타나 별것 아닌 것 같은데, 그래도 악의 자식이라는 사실은 사라지지 않는다. 도처에 괴물들이 존재한다. 우리는 그에 대해서 얼마나, 알고 있을까?

*

'악'은 애초에 내 관심의 대상은 아니었다. '공포' 역시 그러하다. 관심을 지니기에는 내게는 엄청난 상흔이 있는데 사실 상흔이라는 과거 상태에 머물지 않는다. 이 책에는 대단한 내용이 없지만, 그렇게 말하면 어떨까, 나는 힘들게 이 책을 썼다. 내용 때문이 아니라, 경험 때문이다. 즐기면서도 내게는 도저히 즐길 수만은 없는 경험이 각인되어 있다. 사실 한 인간으로서 지금까지 사는데, 가장 분깃점이 된 사건이다. 마녀와 뱀파이어, 나아가 엑소시즘은, 그 단어를 쓰고 발음하고 인식하는 것만으로 며칠 동안 끔찍하게 혼재된 기억들과 만나야 한다. 말하지 않았는가, 원치 않는 기억-이미지가 무작위로 올라와 현재를 찔러댈 때의 정신 일탈. 그래, 여러분은 어찌 여길지 모르지만 나는 그와 만난 적이 있다. 그는 '악'도 아니고 '괴물'도 아니었다. 그는 '악마'였는데, 내 삶의 모든 것을 바꾸었다. 그래서 원치 않지만, 어쩔 수 없이 천형처럼 나는 이 존재에 대해 너무나 잘 알게 되었다. 그것을 지식으로 화해 두툼한 악의 연대기를, 실체를 드러내 보일 수 있지만 죽어도 안 하며, 못 할 짓이다. 이 책에서 다룬 범주와 앞으로 펴낼 책인 '기괴한 것들' 정도가 최선이다. 나는 시나리오 작가이기도 하다. 그 때문에 마찬가지로 너무나 잘 알아, 정말이지 '공포영화'에 어울리는 이야깃거리들이 있지만 천만에 절대 쓰지 못할 것이다. 그 때문에 내가 겪을 영혼의 고통을 너무나 잘 알기 때문이다. 악은 이처럼 매혹이다. 벗어나려 하는데, 어쩔 수 없이 머리에 똬리를 틀고 자꾸 증식한다. 성경에 이르기를 '귀신도 이름이라'했다. 이름은, 부르면 응대하는 기호이다. 여러분에게는 상관도 없겠지만 자료들을 볼 때마다 끔찍했다. 『지옥의 사전』 최근 인쇄판이나 여러 중세 자료들이나, 학문적 관점에서 보면 가치가 있을 테지만 이 책을 쓰는데 사용된 정도만으로 만족하고 다 버릴 생각이다. 내 삶의 공간에 기호들을 놔두는 것이 영 끔찍스러운 일이니까. 내 영이 다만 화평하기를 바란다. 충분히 화평해서 맑아질 수 있다면 어쩌면 조금은 그의 정체를 파는 글을 쓸 수 있을지도 모르니까.

물론, 영화 이야기라면 여전히 관심을 둘 수 있을 것이다. 그러나, 어떤 영화들은 세상의 심연을 다루어, 은근히 '문제들'을 다룬다. 흥미진진하지만 볼 때마다 기운이 빠진다. 그가 내게 걸어오는 속삭임과 의식을 장악하려는 노스페라투의 양 손짓이 버거워서 말이다.

시간에 밀려 애초 계획했던 충실한 책이 되지는 못한 듯하다. 이점, 반드시 수정본으로 보완할 것이다. 파리에서 《블루 벨벳》을 보았을 때였다고 말을 했듯이 이 책의 내용과 연관되는 관심은 꽤 오래되었다. 그러나 앞서 말한 내 정신의 문제도 있고, 솔직히 게으름도 있어서 정리하는 데도 오래 걸렸다. 한 편의 영화는 경우에 따라서 그처럼 감동적인 실타래를 풀어간다. 나는 '영화'에 대해 그날, 비로소 좀 더 알고 싶어졌다고 했다. 나는 늘 그런 영화를 기다린다. 더 생각하고, 더 감동에 겨워, 음미하는 영화들 말이다. 여러분이 앞으로 줄기차게 그런 영화들을, 삶의 시간이 다할 때까지 만들어주기를 바란다. 얼마간 지나, 먼 듯하지만 부지불식간에 다가올 내 노년의 삶이 지구라는 땅 위에서 충만하도록…. 그때 나는 말할 것이다. '아, 오늘 이 영화를 봤어', 미소 속에 용광로 같은 희열을 머금고…. 그때는 이제 바깥으로 내뱉지 못할 용광로 같은 즐거움.

영뚱하지만, 내 잘못되고 초라한 삶에서 '영화'를 보는 즐거움을 남겨준 하나님께 감사를 드린다. 언제든 버려져도 시원찮을 삶에 그는 빛을, 빛으로가는 선을 그었다. 보라, 빛이 도달해서 벌어지는 일들을….

책과 논문

브람 스토커, 드라큘라, 이재욱역, 열린 책들, 1992.

"La photographie est déjà tirée dans les choses", entretien avec Gilles Deleuze, par Pascal Bonitzer et Jean Narboni,*Cahiersducinéma*, n° 352, octobre 1983.

Alexandre Dumas,*Joseph Balsamo*, Poche —Grand livre, 1990 (1846).

Bernard Eisenschitz (dir.), *Fritz Lang, la mise en scène*, Cinémathèque française, 1993.

Christian Metz, Le film de fiction et son spectateur, *Communication*, n° 23, 1975.

Christian Metz, Le signifiant imaginaire, *Communication*, n° 23, 1975.

Claude Lecoouteux) 《Histoire des Vampires》, IMAGO, 2009.

Francis Vanoye ,"Rhétorique de la douleur", *Vertigo*, n° 67, 1991.

Francis Vanoye, "Esquisse d'une réflexion · sur l'émotion", *Cinémaction*, Psychanalyse et cinéma, n° 50, 1989.

Frantz Anton Mesmer, *Le Magnétisme*, Payot, 1971.

Friedrich Nietzsche, *Le Gai Savoir*, Livre troisième, Société du Mercure de France, 1901.

Gilles Deleuze, *L'image-temps*, Paris, Minuit, 1985.

Henri Bergson, *Matière et Mémoire*, P.U.F., 1990

Jacques Albin Simon Collin de Plancy, *Dictionnaire Infernal (1863)*, Hachette, 2021.

Jacques Du Clercq, *Mémoires* De *Jacques Du Clercq*, Legare Street Press, 2023.

Jacques Lacan, *Les quatre concepts fondamentaux de la psychanaliyse*, Seuil, 1973

Jean-Louis Baudry, Le dispositif, *Communication*, n° 23, 1975.

Jean-Louis Leutrat, "L'avant-corps" (compte-rendu sur L'homme ordinaire du cinéma de Jean-Louis Schefer), Iris, n° 12, 1983.

Jean-Paul Sartre, "Un nouveau mystique", *Situations I*, Gallimard, 1975.

Jean-Paul Sartre, *Esquisse d'une théorie des émotions* (1939), Hermann, 1960.

Julia Kristeva, Ellipse sur la frageur et la séduction spéculaire, *Communication*, n° 23, 1975.

Lazrence Kubie et Sudney Margolin, "The Process of Hypnotism and the nature of hypnotic state", The *American Journal et de Psychologie*, Vol. 100, n° 5, March 1944

Léon Chertok, Freud et les théories de l'hypnose histoire et interrogation, n° 2, 1976.

Marc Vernet, Clignotements du noir et blanc, *Théorie du film*, Albatros, 1980.

Marc Vernet, Le regard à la Caùéra, *Iris*. Vol. n° 2

Maurice Blanchot, *L'espace littéraire*, Gallimard, 1985

Michel Chion, "Les silences de Mabuse", *La Voix au cinéma*, Cahiers du cinéma, 1982.

Michel Ciment, "Signalons aussi, moins denses mais utiles", *Fritz Lang, le meurtre et la loi*, Gallimard, 2003

Michel Foucault, "Le Panoption", *Surveiller et Punir*, Gallimard, 1975.

Noel Burch, De "《Mabuse》 à 《M》: Le Travail de Fritz Lang," *Cinéma, Théorie, Lecteurs*, Klincksieck, 1974

Pascal Bonitzer, "Système des émotions", *Le Champ aveugle*, Cahiers du Cinéma-Gallimard, 1982.

Raymond Bellour , "Les Oiseaux: analyse d'une séquence", *Cahiers du cinéma*, n° 216, octobre, 1969.

Raymond Bellour, "Croire au Cinéma, Jacques Tourneur", *Caméra-Studio*, n° 6, 1986.

Raymond Bellour, "Idéal Hadaly", *inHarmoniques*, n° 5, 1989.

Raymond Bellour, "La machine à hypnose", Les théories du cinéma aujourd'hui, *Cinémaction*, n° 47, 1988.

Raymond Bellour, "La machine-cinéma", *Le Temps des Machines*, Valence, 1990.

Raymond Bellour, "Le film qu'on accompagne", *Trafic*, n° 4, automne 1992.

Raymond Bellour, "Le malheur dénoncer", Le *Mal au Cinéma*, Dunkerque, 1989.

Raymond Bellour, "Le regard de Haghin", *Iris*, n° 7, 1986.

Raymond Bellour, "L'entretemps", *Trafic*, n° 11, été 1994.

Raymond Bellour, "L'interruption, l'instant", *L'Entre-Images*, La Différence, 1990.

Raymond Bellour, "Sur Fritz Lang", *L'Analyse du film*, Calmann-Levy, 1980.

Raymond Bellour, *le Corps du cinéma: hypnoses, émotions, animalités*, Paris POL/Trafic, 2009.

Roland Barthes, "Le troisième sens", *Cahiers du èinéma*, n°222, juillet 1970.

Rolant Barthe, En srotant du cinéma, *Communication*, n° 23, 1975.

Thierry Kuntzel, "Le défilement", *Cinéma: Théories, Lectures*, Klincksieck, 1973.

Walter Map, De *nugis curialium*, Edition de Latin, 2010.

밤파이어, 이미지에 관한 생각

발행일 | 2024년 10월 31일 초판 1쇄
지은이 | 김성태
발행인 | 김영신
펴낸곳 | 불란서책방

출판등록 | 2019년 1월 17일 제2019-000015호
전화/팩스 | 0504-266-3516
전자우편 | bookfest@naver.com

ISBN 979-11-988700-1-8 03860

이 도서는 2024 경기도 우수출판물 제작지원 사업 선정작입니다